西藏视点丛书

清王朝与西藏

赵志忠／著

SINO-CULTURE PRESS

图书在版编目（CIP）数据

清王朝与西藏 / 赵志忠著. -- 北京：华文出版社，1999.10（2026.1重印）
（西藏视点丛书）
ISBN 978-7-5075-0915-1

Ⅰ.①清… Ⅱ.①赵… Ⅲ.①地方史—西藏—清代—史料
Ⅳ.①K297.5

中国版本图书馆CIP数据核字(1999)第38308号

清王朝与西藏

著　　者：赵志忠
责任编辑：刘超平
出版发行：华文出版社
　　　　　（北京市丰台区右外西路2号院　100069）
电　　话：总编室 010-59900723　发行部 010-59900727
　　　　　责任编辑 010-59900736
经　　销：新华书店
印　　刷：三河市航远印刷有限公司
开　　本：710mm×1000mm　1/16
印　　张：14
字　　数：187千字
版　　次：1999年10月第1版
印　　次：2026年1月第10次印刷
标准书号：ISBN 978-7-5075-0915-1
定　　价：36.00元

版权所有，侵权必究

再 版 序 言

华文出版社于2000年首版《西藏视点丛书》，受到了广大读者的好评。为适应读者群，特别是藏学爱好者和工作者的需要，现在又对这套丛书进行再版。

丛书中的《达赖喇嘛传》《班禅额尔德尼传》是西藏刚和平解放时就进藏工作的牙含章先生的力作，以元朝西藏正式纳入中国政府行政管理以来的历史为经，以达赖、班禅两个世系历代活佛的主要活动为纬，织成了一幅西藏六百多年历史的画卷。这两本书作为早期自觉以马克思主义理论为指导，研究西藏历史和社会，研究达赖、班禅世系发展的学术专著，曾对几代藏学研究者和涉藏实际工作者产生启蒙的作用，至今有着重要的学术价值和资料价值。蔡志纯与黄颢合著的《藏传佛教中的活佛转世》比较系统、扼要地介绍了活佛转世的由来及转世全过程、新转世活佛的教育和日常生活、中央政府对转世活佛寻访认定的管理和对大活佛的册封，等等。活佛及活佛转世是藏传佛教的一种特有现象，对西藏的政治及社会生活曾具有关键性影响，至今这种影响力仍不可忽视。无论是从西藏的发展与稳定工作角度看，还是从藏学研究的角度看，活佛转世问题都是一个必须重视、必须搞懂的问题。赵志忠的《清王朝与西藏》将满学与藏学相结合，详细论述了清朝对西藏长达二百多年的有效治理，记述了清朝的西藏政策、这一时期西藏的重大历史事件以及达赖、班禅进京觐见皇帝等重大历史活动，不仅以丰富的史实说明西藏自古以来就是中国领土的一部分，而且也为今天涉藏工作提供了一定的历史借鉴。这四本书分别出自不同时期我国学者之手，各有特点，自成体系，同时又互相映衬，可以视为研究西藏的历史，研究西藏的政治、经济、文化、宗教，研究西藏与中央政府关系的基础性读物。

在中国，现代意义上的藏学是在新中国成立以后才逐渐发展起来的。特别是改革开放以后，国家高度重视藏学研究工作，促使藏学研究更加生机勃勃、繁荣兴旺。中国藏学研究中心、西藏社会科学院等一大批综合性专业研究机构、出版机构以及群众性的学术团体相继建立起来并不断发展壮大，全国藏学科研人员逐年增长到三千多名，研究领域扩大，研究成果丰硕，基本形成了系统的学科框架，国际学术交流也日趋活跃。这些不仅使藏学在短短二十多年间成为我国学术界一门"显学"，也为藏学今后更大的发展奠定了雄厚基础。

当前，我们国家已经进入全面建设小康社会的新的历史阶段。加强藏学研究与出版，对于人们从历史和文化的更深层面上理解国家对西藏工作的方针政策，对于促进西藏社会的长期稳定和经济的跨越式发展，对于保护和发展西藏文化，对于世界上更多的人正确认识西藏，都具有重要的意义。藏学工作者如同他们的研究对象——西藏一样，都面临着历史上未曾有过的大好机遇。

现代意义上的藏学研究从一开始就有很强的政治属性。早在17、18世纪，外国殖民势力觊觎西藏，从不同方向派遣人员进藏刺探情报，其中一些人也就开始研究西藏，以"藏学家"自居。为殖民主义服务是出不了什么真正意义上的科学成果的，直到今天，国际上还有一些势力或挖空心思地歪曲历史，炮制所谓"西藏独立"的依据，或在民族、宗教、人权等领域以学术为幌子，攻击我们国家的西藏政策。这就使我国藏学研究领域不能不成为学术领域维护祖国统一和反对分裂的前沿，我国藏学工作者不能不直接面对维护民族利益的责任。多年来，我国的藏学工作者倾注大量心血，拿出了一大批兼有正确的政治立场和深厚的理论学术水平的成果，使国际藏学研究领域一扫阴霾，透出些许生气。但是战斗未有穷期，我们还要在已有基础上，深入研究，还西藏历史和文化的本来面目，有针对性地批驳各种谬论，自觉为维护国家统一和民族团结服务。这是西藏反分裂斗争的重要组成部分，也是我们藏学工作者光荣的历史使命。

进入新世纪新阶段，国家做出了促进西藏从加快发展走向跨越式发展、从基本稳定走向长治久安，与全国人民一道实现全面建设小康社会宏伟目标的战略决策。实现这一决策，需要藏学研究从各个领域予以理论和学术上的支持，同时也就为藏学研究指明了方向，提出了新的更高的任务。藏学工作者要始终把握时代的发展脉络，把自己的研究最大限度地同西藏各族人民创造历史的实践结合起来，提高为藏区经济社会发展、满足群众精神生活需求服务的能力。只有这样，藏学研究才能建立在坚实的基础之上，才能找到广阔的舞台。

藏学是一门富有民族（藏族）和地域（藏区）特色的学科，领域广阔，门类众多。由于历史原因，也由于学科发展自身规律，藏学在相当长的一段时期内囿于狭小领域。时代到了今天，我们不能再接着画地为牢，不自觉地限制了自己的视野；要坚持以马克思主义为指导，贴近社会的发展变化，关注藏族群众现实的生产生活，从更广阔的角度研究西藏的过去、现在和未来，研究西藏的经济和各项社会事业，吸收、运用国内外新的理论成果和研究方法，推进藏学不断拓展新的研究领域。中国是藏学的故乡，有着取之不尽的藏学资源，新时代的新生活又为藏学提供了新的源头活水。我们要进一步加强对藏学研究的领导和协调，统筹研究项目，整合各方力量，形成整体优势，使藏学在其故乡不断焕发新的光彩。

2006年6月13日

序

西藏之隶属于祖国版舆尚矣。早在唐代，中原王朝即与吐蕃政权建立了亲密关系。元、明、清三代王朝都对西藏进行了有效的直接统治。

清王朝与西藏地方的关系以及对西藏地方的治理，更是达到了前所未有的水平。清王朝是由满族建立起来的一代封建王朝，其在处理民族关系、民族矛盾过程中有许多值得借鉴之处。通过对喇嘛教的支持，对达赖、班禅等上层宗教人士的封号，以及"金奔巴瓶"制度的确立，将西藏的宗教事务处理权牢牢地掌握在自己手里。通过在西藏设立驻藏大臣衙门，使得西藏政务由中央王朝派人直接管理。清代初年，为了西藏的安定，清王朝曾多次出兵西藏，清除不安定因素，反对外来侵略，从而更有力地控制了西藏。历史证明，清王朝的一系列治藏政策和举措是符合西藏实际的，是行之有效的。也可以说，清王朝实现了有史以来对西藏最有效、最彻底、最完全的统治，并且长达二百多年。

清王朝与西藏地方这一研究课题历来为学者们所关注。它既属于清史、满族史的研究范围，又属于藏学的研究范围，只不过是各自研究的角度不同罢了。搞历史的人似乎更注重于清王朝对西藏的政治统治，侧重于研究驻藏大臣的设立、西藏地方经济、内地与西藏的文化交流等；搞藏学的人似乎对清王朝的宗教政策，达赖、班禅的册封以及他们的内地之行更感兴趣。清王朝与西藏这一课题，目前研究得还很不够。特别是从一代王朝对西藏地方的全面统治角度，还没有人做过系统的论述；将清史、满族史研究与藏学研究相结合，更是少见。

现在，赵志忠君所著《清王朝与西藏》一书即将出版，实在是一个良好的开端。赵君是中央民族大学文学系副教授，也是满学研究所的副研究员，主要从事少数民族语言文化及满学研究。曾经出版过《中国少数民族民间文学概论》《满族民间文学概论》《〈满谜〉研究》《北京的王府与文化》等著作，并有《满族与佛教》《中国少数民族民间文学与宗教》等几十篇论文。《清王朝与西藏》一书是从满学与藏学相结合的角度进行研究的。其选题新颖、材料丰富，值得肯定，并具有十分重要的学术价值和现实意义。赵君通满文，并应用了大量的藏文、汉文史料，使此课题研究更有新意。

《清王朝与西藏》一书分别论述了清王朝的西藏政策、驻藏大臣制度的建立、出兵西藏的始末、"金奔巴瓶"制度的设立、达赖和班禅的北京之行等问题。虽说不上全面与深入，但也是一个新的探索，为今后深入研究打下一个很好的基础。

本书行将出版，问序于我，爰为之略抒所见如上。是为序。

王锺翰
1999 年 5 月撰于中央民族大学

目　录

第一章　绪　论

第一节　元、明王朝与西藏的关系 …………………………………… 1

第二节　清王朝与西藏的关系 ………………………………………… 4

第二章　支持喇嘛教　利用喇嘛教：清王朝对西藏的基本国策

第一节　后金政权与西藏的最初接触 ………………………………… 7

第二节　清王朝对达赖、班禅的册封 ………………………………… 14

第三节　金奔巴瓶制度的确立 ………………………………………… 33

第四节　清王朝的喇嘛教宣言：《喇嘛说》 …………………………… 38

第三章　政教合一　经济一体：清王朝对西藏的特殊政策

第一节　清王朝的民族政策 …………………………………………… 44

第二节　清王朝治理西藏的基本法：《钦定章程》 …………………… 53

第三节　政教合一体制的确立 ………………………………………… 77

第四节　西藏的地方经济与货币 ……………………………………… 84

第四章　有力的靠山　强烈的向心:达赖、班禅的内地之行

第一节　五世达赖北京之行 ··· 93
第二节　六世班禅承德之行 ··· 97
第三节　十三世达赖北京之行 ······································ 107

第五章　进驻西藏　管理西藏:清王朝驻藏大臣的设置

第一节　驻藏大臣设置始末 ·· 114
第二节　驻藏大臣衙门 ·· 120
第三节　驻藏大臣事迹 ·· 124

第六章　维护统一　维护统治:清王朝出兵西藏

第一节　康熙朝驱除准噶尔之战 ································· 135
第二节　雍正朝平定西藏内乱 ······································ 139
第三节　乾隆朝击退廓尔喀之入侵 ································ 141
第四节　出兵西藏的历史意义 ······································ 148

第七章　民族和睦　共建家园:内地与西藏的文化交流

第一节　清代汉藏关系 ·· 151
第二节　清代蒙藏关系 ·· 156
第三节　清代满藏关系 ·· 162

第八章　国家一统　雪域繁荣：清王朝统治西藏的历史功绩

第一节　中国版图的最后确定 ················· 176
第二节　多民族国家的形成 ··················· 180
第三节　西藏地区的百年安定 ················· 188

附表：一、清代皇帝一览表 ··················· 194
　　　二、历世达赖、班禅一览表 ··············· 195
　　　三、清代历任藏王、摄政一览表 ············ 196
　　　四、清代驻藏大臣一览表 ················ 197

参考文献 ································· 210
后　　记 ································· 212

第 一 章
绪 论

西藏是中国的重要组成部分。藏族是中国56个民族之一。早在唐代，中原王朝就与西藏建立了友好的关系。文成公主下嫁松赞干布，揭开了汉、藏民族友好往来的序幕。元朝时期，中央政府设立了管辖全藏地区的事务衙门——宣政院，并分封了13个万户侯，对西藏实行全面治理。明朝时期，除了沿用元代制度外，还分封了众多的宗教之王，让他们分别管理西藏地方僧俗事务。清王朝时期，是中央政府对西藏治理最好的时期。达赖、班禅的册封，驻藏大臣的派遣，国家军队的长期驻扎，大喇嘛转世制度的制定以及经济、货币体系的确立等，都是其他王朝所不及的。有清一代三百年间，西藏的安定、繁荣也成为西藏历史上的极好时期。

第一节 元、明王朝与西藏的关系

1234年，元朝灭金，成吉思汗之子窝阔台在位。窝阔台之子阔端奉命进攻西南，并于1240年由蒙古将军多达率兵进入藏地，其先头部队已达距拉萨不远的热振寺。1246年，应阔端之召萨斯迦班智达衮噶坚藏掌管萨斯迦寺事务，并带两个侄儿八思巴、洽那，前往凉州与阔端会晤。此次会晤是元王朝与西藏地方上层的直接接触。

1260年，忽必烈继承皇位，改元中统，并封八思巴为国师。这时的八思巴已经成为藏传佛教萨斯迦派的领袖人物，也是忽必烈一家信仰佛教的启蒙者。国师的职权在于总理天下释教，掌管全国的佛教事务。忽必烈封八思巴为国师，其意义是深远的。其一，说明蒙古族上层已经在一定程度上接受了佛教，并且开始重视佛教。其二，封藏人八思巴为国师，确立其宗教领袖的地位，也是对西藏僧俗统治的需要，说明西藏已经被元代所统治，成为元代的一部分。1269年，八思巴依据藏文字母创造了新蒙古文"八思巴文"。为了表彰八思巴，忽必烈将整个藏族地区赐给八思巴，并加封为"帝师"——帝王之师。帝师奉皇帝圣旨可以向西藏各个寺院发布文告，可以向皇帝推荐藏区的主要官员。

1276年，八思巴回到故乡萨斯迦，并推荐贡噶桑波为新本钦。1280年八思巴暴死于萨迦寺，终年只有46岁。由于贡噶桑波与八思巴不和，元朝第二年出兵十万进入西藏，并杀死了贡噶桑波。

元朝总管西藏事务的机构称"宣政院"。宣政院的前身为"总制院"，是元世祖忽必烈时专门管理吐蕃事务的机构。总制院又称释教总制院，主要用来管理佛教事务。1288年改名为宣政院。宣政院归帝师统辖，并设有院使、同知、副使等官员。在藏族地区受中央任命的最大官吏为宣慰使，其机构名称为"宣慰使司"或"宣慰司"，兼理军政要务者称其为"宣慰司都元帅府"。宣慰使由帝师或宣政院推举，由中央任免。元代，藏族地区分别设有三处"宣慰司都元帅府"：今甘肃南部、青海南部和东部、四川西北一部分，统由"吐蕃等处宣慰司都元帅府"管辖；今四川西部岷江、大渡河、雅砻江流域，昌都地区、甘孜藏族自治州，统由"吐蕃等路宣慰司都元帅府"管辖；今西藏自治区地方，由"乌斯藏纳里速古鲁孙等三路宣慰使司都元帅府"管辖。[①]

---

① 邓锐龄：《元明两代中央与西藏地方的关系》，中国藏学出版社1989年版。

元代在西藏地区还设有十三个"万户"。"万户"一职是由中央认可、并受封的地方势力集团。据一些藏文史料记载,十三万户为前藏六个、后藏六个、前藏与后藏之间的羊卓一个。① 这些万户也统归"乌斯藏纳里速古鲁孙等三路宣都慰使司都元帅府"管辖。

1368年,朱元璋建立明王朝,改元为洪武。大约到洪武八年(1375年),整个藏区接受了明中央王朝的政令,确定了辖属关系。明王朝对藏政策基本上沿袭了元代。除将三个"宣慰司都元帅府"改为"乌斯藏卫指挥使司"和"朵甘卫指挥使司"外,其他行政机构和官员都转到了新政权之下。

在宗教上,明王朝取消了"帝师"一职,赐给僧人以"灌顶国师""大国师""国师"等称号。为了体现西藏政教合一的特殊制度,从永乐皇帝起又在灌顶国师之后加上"王"。永乐四年(1406年),封札巴坚赞为"灌顶国师阐化王"。之后,又封"馆觉灌顶国师"为"护教王","灵藏灌顶国师"为"赞善王"及"思达藏辅教王""必力工瓦阐化王"等。永乐五年(1407年),封噶玛噶举派的第五世活佛得银协巴为"如来大宝法王西天大善自在佛领天下释教"之名号。这个"大宝法王"实际上就相当于元代的帝师,为藏传佛教在明代的最高职位。之后,又封萨斯迦派僧人昆泽思巴为"大乘法王西天上善金刚普应大光明佛领天下释教"之名号,成为仅次于"大宝法王"的又一佛教领袖。

明朝初期,新的教派格鲁派在西藏兴起。永乐帝派人请创始人宗喀巴进京觐见。宗喀巴因年高辞谢,只派其弟子释迦也失到京。永乐帝先封释迦也失为"西天佛子大国师"之名号,后其再次赴京被封为"至善大慈法王"。明朝规定的僧人等级为:法王、西天佛子、大国师、国师、禅师、都纲、喇嘛,共为七等。

明王朝所封诸王,都兼有大国师之名号,是政教合一制度的具体

---

① 邓锐龄:《元明两代中央与西藏地方的关系》,中国藏学出版社1989年版。

体现。在中央王朝的领导下，西藏内部事务均自治管理，二百多年间比较安定。

第二节 清王朝与西藏的关系

1644年，清王朝取代了明王朝。在总结、借鉴前人经验、教训的基础上，清王朝制定了一系列对西藏的特殊政策。从而在新的历史时期，对西藏进行了二百多年的卓有成效的统治。

早在后金时期，皇太极就在盛京（今沈阳），接见了五世达赖、四世班禅及固始汗的使者。此次西藏使者内地之行，成为清王朝与西藏的最初接触，并且为后来的中央王朝与西藏地方的领属关系打下了基础。皇太极时期，以五世达赖、四世班禅为首的格鲁派深受藏巴汗等人的摧残。为了保护格鲁派，使格鲁派在西藏获得更大的发展，五世达赖和四世班禅请蒙古固始汗出兵入藏，推翻了第悉藏巴汗地方政权，建立起自己的政权。当时正是1642年（明崇祯十五年、后金崇德七年），距清王朝入主中原只有两年。此时，西藏的上层人士，包括五世达赖、四世班禅及固始汗等人，已经感到清王朝入主中原，改朝换代是不可避免的了。为了求得中央王朝的认可，确立格鲁派在藏传佛教中的领导地位，他们主动派遣使者前往盛京与后金政权取得联系。1642年，西藏使者肩负重任，从西藏走到盛京，为清王朝与西藏地方正式建立起了联系。

次年，清王朝入主中原，建立起一代中央王朝。顺治帝成为入主中原后的第一位皇帝。顺治称帝后，曾专门派人到西藏问候达赖、班禅，并到各大寺熬茶，布施。达赖、班禅也派人到北京朝贺，献土仪。顺治八年（1651年）顺治皇帝派人到西藏敦请五世达赖前往北京与其会晤。五世达赖接受了敦请，于第二年率众三千人赴京。达赖到京后，受到了以顺治皇帝为首的清中央王朝的热烈欢迎，并受到了皇帝的册封。从此，才有了"达赖喇嘛"这个封号，并且确立了达赖在西藏的宗教领袖地位。此时为顺治十年（1653年）。这次册封具有重大的历史意义：一方面，清王朝沿用了历代王朝对西藏上层宗教人士册封的惯例，使宗教管理权掌握在自己手里。同时，也是对格鲁派及其政权的承认和最大的支持，使格鲁派有中央王朝作为靠山。另一方面，顺治在册封达赖的同时，也册封了当时握有西藏实权的固始汗，这样就顺利地完成了清王朝对西藏主权的延续。从此，西藏地方政权便牢牢地掌握在清王朝手中。

康熙末年西藏地区局势不稳，在确定"何人为六世达赖"时产生了严重的分歧。为了稳定局势，加强格鲁派，康熙皇帝于康熙五十二年（1713年）册封五世班禅为"班禅额尔德尼"，并按照封达赖之例，赐以金册、金印，其地位与达赖喇嘛相同。班禅的册封，一方面确立了他在格鲁派乃至整个西藏的宗教领袖地位，使西藏有了两个由中央王朝册封的领袖。另一方面削弱了达赖的势力，以便于中央王朝对西藏僧俗的统治。清王朝对达赖、班禅的册封，使格鲁派成为全藏的主要宗教派别，为清王朝的西藏统治和西藏的安定起到了积极的作用。

康熙朝治理西藏的另一个重要举措是，在西藏设置驻藏大臣。设置一个由中央政府直接派人领导的、拥有自己军队的、长期驻扎西藏的机构是历代王朝所没有的创举。驻藏大臣的设置时间，大约始于康熙四十八年（1709年），终于清末（1911年），共驻西藏二百余年。驻藏大臣衙门是清王朝驻藏的一个派出机构，代表中央王朝行使对西藏的主权。驻藏大臣更是由皇帝任命，官衔在二品的清朝官员，并多由满、蒙官员担任。驻藏大臣的设置，对于更好地治理西藏，沟通中央与西藏地方的联系具有重要意义。

乾隆五十七年（1792年），乾隆皇帝写了《喇嘛说》一文，并刻文立碑。此文除全面地阐述了清王朝对藏传佛教的政策外，还对大喇嘛转世作了明确规定，那就是著名的"金瓶掣签"制。这一规定也是前所未有的，对于杜绝舞弊，纯洁宗教具有十分重要的意义。金瓶掣签制，既是一项重要的宗教改革措施，也是清王朝宗教管理的一个成功范例。它不但在历史上起到了应有的作用，而且时至今日仍有它的现实作用。

为了西藏地方的安定和祖国领土的完整，清王朝还曾多次出兵西藏，在维系西藏内部的安定，清除宗派势力，反对外来侵略方面做出了贡献。

除此之外，清王朝在经济、货币等方面也制定了一系列相应政策，使整个清代处于一种良性的、符合西藏实际的统治时期，并出现了二百多年的安定繁荣局面。

第 二 章
支持喇嘛教　利用喇嘛教：
清王朝对西藏的基本国策

从清太祖努尔哈赤起，有清一代近三百年一直奉行支持喇嘛教，扶持格鲁派的政策。大量庙宇的修建，西藏地区大批喇嘛走向内地，蒙古族对格鲁派的笃信以及达赖、班禅宗教领袖地位的确立，"金奔巴瓶"制度的建立等，都是这种政策的直接结果。但从历史上看，清王朝支持喇嘛教的最终目的还是为了利用它，以期达到安抚西藏僧众，维护统治，巩固边疆的作用。从一定意义上说，这个政策是符合西藏实际情况的，因而也是成功的。

第一节　后金政权与西藏的最初接触

明万历四十四年（1616年）女真族民族英雄努尔哈赤在经过三十多年的征战，统一了女真族各部之后，自立称汗，定国号金（史称后金），建元天命。后金政权的建立成为清王朝的开端，经过努尔哈赤、皇太极两代人的努力，最终形成了统治全国近三百年的一代封建王朝。"大清"（满文 daicing）国号始于皇太极。1635年，皇太极宣谕废诸申（女真旧称），改定族名为"满洲"（满文 manju），并于1636年称帝，定国号为大清，是为清朝之始。

后金政权从成立（1616年）到清朝入关（1644年）虽然只存在近三十年，但在清王朝发展史上却有着重要的意义。政权伊始，万事开头，其一系列方针、政策的制定，对后来清王朝的方方面面都起到了重要的作用。

努尔哈赤在位虽然只有十一年（1616—1626年），却先后完成了满文创制、八旗制度、萨尔浒大战、迁都盛京等一系列大事，为清王朝的建立打下了良好的基础。为了巩固后金政权，扩大自己的势力范围，努尔哈赤深感蒙古民众对此具有的举足轻重的作用。当时的蒙古族正处于由原始宗教萨满教向喇嘛教转变的重要时期。支持格鲁派，赢得民心，使众多的蒙古族民众归顺，是后金政权对蒙古以至对西藏的主要政策。在努尔哈赤时期，后金政权与西藏虽然没有直接接触，但却接触到了从西藏到蒙古传教的藏族喇嘛[①]。据《满文老档》记载："（天命六年五月二十一日）是日，科尔沁老人囊苏喇嘛至。入汗衙门时，汗起身与喇嘛握手相见，并坐大宴之。"[②]囊苏喇嘛是到蒙古科尔沁地区传教的西藏喇嘛，曾多次来到辽东，受到努尔哈赤的厚待，成为最早到达后金的藏族喇嘛。囊苏喇嘛在与后金的交往过程中，对辽东地方有了一定的感情，并决定死后葬在后金地方。天命六年（1621年），囊苏喇嘛圆寂，根据他本人的遗愿，努尔哈赤命在辽东城的南门外韩参将的庄园里修庙，安放遗体。天聪四年（1630年），皇太极又为囊苏喇嘛修了一座塔，并立碑一通，题为《大金喇嘛法师宝记》，其碑曰：

> 法师斡禄打儿罕囊素（苏），乌斯藏人也。诞生佛境，道演真传，既已融通乎大法，复意普渡乎群生。于是，不惮跋涉，东历蒙古诸邦，阐扬圣教，广敷佛惠，凡蠢动含灵之类，咸沾佛性。

---

① 赵志忠：《满族与佛教》，载《世界宗教研究》，1977年，第二期。
② 中国第一历史档案馆、中国社会科学院历史所译注：《满文老档》，中华书局1990年版。

及到我国，蒙太祖皇帝敬礼师尊，倍常供给。至天命辛酉八月二十一日，法师示寂归西，太祖有敕，修建宝塔，敛藏舍利。缘累年征伐，未建寿域。今天聪四年，法弟白喇嘛奏请，钦奉皇上敕旨、八王府令旨，乃建宝塔。事竣，镌石以志其胜，谨识。①

囊苏只不过是一个普通的西藏喇嘛，死后却受到后金政权的如此厚待，可见努尔哈赤等人对喇嘛教的重视程度。皇太极能够子承父志，在囊苏喇嘛去世九年之后，为其建塔，使我们更看到了后金政权支持喇嘛教的一贯立场。囊苏喇嘛宝塔为藏式喇嘛塔，并有其他一些附属建筑，当地人称"喇嘛塔园"，今无存。其碑原为满、汉两种文字书写，现已从喇嘛塔园移到辽宁省辽阳市文管所保存。囊苏喇嘛作为第一位有文字记载的、葬于后金地方的西藏喇嘛，不远万里来到蒙古、辽东地区传教，其促进藏、蒙、满文化交流的业绩，将同那座丰碑一样载入史册。

后金政权时期，对佛教的支持还表现在大修寺庙上。努尔哈赤早在后金政权建立的头一年（1615年）就在赫图阿拉"始建三世诸佛及玉皇庙，共建七大庙"②。《清太祖武皇帝实录》中亦说："于城东阜上建佛寺、玉皇庙、十王殿，共七大庙，三年乃成"③。最引人注目的是，皇太极于崇德三年（1638年）在盛京（今沈阳）建成了后金最大的喇嘛庙实胜寺。据《崇德三年满文档案》记载：

先是，圣上征伐蒙古察哈尔部落时，察哈尔汗畏于威，逃往图白忒部落，至打草滩而卒。至是，察哈尔部咸来归顺。来时有墨尔根喇嘛，载古帕斯八喇嘛所供嘛哈噶喇佛至。圣上命部于盛京城西三里外建寺供之。三年寺成，名曰实胜寺。东西两侧建立

---

① 张羽新：《清政府与喇嘛教》（附：清代喇嘛教碑刻录），西藏人民出版社1988年版。
② 中国第一历史档案馆、中国社会科学院历史所译注：《满文老档》，中华书局1990年版。
③ 《清太祖武皇帝实录》，载《清入关前史料选辑》，中国人民大学出版社1984年版。

石碑，东侧一碑，前镌满洲字，西侧一碑，前镌蒙古字，后镌图白忒字。①

文中的"帕斯八"又译作"八思巴"（1235—1280年），为藏传佛教萨迦派的第五代祖师，元世祖时被封为国师。他曾用千金铸护法嘛哈噶喇佛，奉祀于五台山上。元被灭亡后，有西藏喇嘛沙尔巴呼图克图，又将其移于大元后裔察哈尔林丹汗国祀之，成为内蒙古的护法神。当后金征服察哈尔部时，墨尔根喇嘛将佛像移至盛京，献给后金。这无疑是一种彻底臣服的标志，承认后金政权为内蒙古喇嘛教的保护者。对此，皇太极格外重视，用了三年时间，花了二万余两黄金，建成了实胜寺。此寺为后金时期最大的喇嘛庙，其全称为"莲华净土实胜寺"。据《实胜寺碑文》记载，当时的建筑规模很大，"构大殿五楹，装塑西方佛像三尊，左右列阿难、迦叶、无量寿、莲华生八大菩萨，十八罗汉。绘四怛的喇佛城于棚厂，又陈设尊胜塔、菩萨塔，供佛金华严世界。又有须弥山七宝八物，及金壶、金钟、金银器皿俱全。东西庑各三楹，东藏如米一百八龛托生画像，并诸品经卷，西供嘛哈噶喇。前天王殿三楹，外山门三楹。至于僧寮、禅宝、橱舍、钟鼓音乐之类，悉为之备"②。此寺今尚存，其主要建筑仍在，当地人俗称"皇寺"或"黄寺"。

不仅如此，皇太极还听从大喇嘛的建议，在盛京建成了四塔、四庙，象征着四方一统，后金强盛。其东，设东塔和永华寺，有庙宇三十五楹及钟鼓楼、碑亭各两座，并有喇嘛二十人。其西，设西塔和延寿寺，有庙宇四十五楹及钟鼓楼、碑亭各两座，并有喇嘛二十人。其南，设南塔和广济寺，有庙宇四十五楹及钟鼓楼、碑亭各两座，并有喇嘛二十人。其北，设北塔和法轮寺，有庙宇四十二楹及钟鼓楼、碑

---

① 季永海、刘景宪：《崇德三年满文档案译编》，辽沈书社1988年版。
② 张羽新：《清政府与喇嘛教》（附：清代喇嘛教碑刻录），西藏人民出版社1988年版。

亭各两座，并有喇嘛二十人。每寺当中有大佛一尊，左右佛两尊，菩萨八尊，天王四位，浮屠一座。

后金大修寺庙，尊崇佛教，深得人心。那些蒙古僧众纷纷归顺后金，就是这种政策的最好回报。尽管，后金统治者支持佛教是有其政治目的的，但从客观上讲，对于佛教的传播，对于藏传佛教——喇嘛教的发展起到了一定的积极作用。如果说，努尔哈赤时期所崇尚的佛教还带有汉地佛教色彩的话，那么到了皇太极时期就越来越倾向于喇嘛教，正在逐渐向藏、蒙宗教信仰靠拢。从历史上看，清王朝对佛教的态度越来越明确，从努尔哈赤时期一般地崇尚佛教（主要是汉地佛教）到皇太极时期支持喇嘛教，到后来顺治、康熙、乾隆时期扶持格鲁派，其意图是很明确的。对宗教的支持与政治目的一直伴随着清王朝对蒙、藏的佛教政策。

皇太极时期的最大一件事是：后金政权与西藏地方建立了联系，达赖、班禅及固始汗的使者到达了盛京。

明朝末年，达赖、班禅的格鲁派在西藏并没有取得政权，此时正是第悉藏巴汗统治时期。藏巴汗与噶玛噶举派等对格鲁派采取了压迫、摧残的政策，迫使达赖等人不得不起来抗争。1641年（明崇祯十四年、清崇德六年），五世达赖与四世班禅派人赴青海请固始汗率兵入藏，并推翻了噶玛政权，取得了对西藏的统治。固始汗部为蒙古厄鲁特四大部之一，主要在新疆天山南北一带游牧。1637年（明崇祯十年、清崇德二年）率部进入青海，占领青海全境，以后又占领西康一些地方。固始汗入藏，使其势力范围从青海扩展到了西藏，并且先后统治西藏长达70多年。

固始汗在1641年（明崇祯十四年、清崇德六年）时，就已经向皇太极称臣，归顺大清。皇太极深知达赖、班禅地位的重要，为了怀柔蒙古、西藏，在固始汗的劝说下，于崇德四年（1639年）派人去见第悉藏巴汗和达赖喇嘛，并带信要他们派高僧前来。据《清太宗实录》

记载：

> 遣察汉喇嘛等致书于图白忒汗。书曰："大清国宽温仁圣皇帝致书于图白忒汗：自古释氏所制经典宜于流布，朕不欲其泯绝不传，故特遣使延致高僧，宣扬法教。尔乃图白忒之主，振兴三宝，是所乐闻。倘即敦遣前来，朕心嘉悦！至所以延请之意，俱令所遣额尔德尼达尔汗格隆、察汉格隆、玉噶扎礼格隆、盆绰克额木齐、巴喇究噶尔格隆、喇克巴格隆、伊思谈巴达尔扎、准雷俄木布、根敦班第等使臣口述。"
>
> 又与喇嘛书曰："大清国宽温仁圣皇帝致书于掌佛法大喇嘛：朕不忍古来经典泯绝不传故特遣使延致高僧，宣扬佛教，利益众生，唯尔意所愿耳。其所以延请之意，俱令使臣口述。"①

清使者到藏之时，正值西藏格鲁派政权初立，与中原王朝通好，并取得支持正是当务之急。在明朝腐败之极，摇摇欲坠的情况下，他们只有选择蒸蒸日上的清朝。这也是达赖、班禅、固始汗审时度势，顺应历史潮流的明智选择，表现出他们非凡的政治洞察力。于是，五世达赖、四世班禅与固始汗商量，决定遣使前往盛京。西藏使者于清崇德七年（1642年）到达后金。据《清太宗实录》记载：

> 图白忒部落达赖喇嘛遣伊拉古克三呼图克图、戴青绰尔济等至盛京，上亲率诸王、贝勒、大臣出怀远门迎之。还至马馆前，上率众拜天，行三跪九叩头礼毕，进马馆。上御座，伊拉古克三呼图克图等朝见，上起迎。伊拉古克三呼图克图等以达赖喇嘛书进上，上立受之，遇以优礼。上升御榻坐，设二座于榻右，命两喇嘛坐。其同来徒众行三跪九叩头礼。次与喇嘛同来之厄鲁特部落使臣及其从役行三跪九叩头礼。于是，命古式安布宣读达赖喇

---

① 《清太宗实录》卷四九。

嘛及图白忒部落藏巴汗来书。赐茶，喇嘛等诵经一遍方饮。设大宴宴之。伊拉古克三呼图克图及同来喇嘛等各献驼马、番菩提数珠、黑狐皮、羝单、羝褐、花毯、茶叶、狐腋裘、狼皮等物，酌纳之。①

西藏使者在盛京受到热烈欢迎，"每五日一宴之，凡八阅月"②。1643年（清崇德八年）使者返藏时，清太宗亲自为他们饯行，并命睿亲王多尔衮、武英郡王阿济格等人送至永定桥。使者还带回了清太宗皇太极的信件和礼品。在给达赖喇嘛的信件中，皇太极说：

> 大清国宽温仁圣皇帝致书于大持金刚达赖喇嘛：今承喇嘛以拯济众生之念，欲兴扶佛法，遣使通书，朕心甚悦！兹特恭候安吉，凡所欲言，俱令察汗格隆、巴喇究噶尔格隆、喇克巴格隆、诺木齐格隆、诺莫干格隆、萨木谭格隆、究格垂尔札尔格隆等口悉。外附奉金碗一、银盆二、银茶桶三、玛瑙杯一、水晶杯二、玉杯六、玉壶一、镀金甲二、玲珑撒袋二、雕鞍二、金镶玉带一、镀金银带一、玲珑刀二、锦缎四，特以侑缄。③

同时，还分别给班禅呼图克图、藏巴汗、固始汗写了信。在给固始汗的信件中，皇太极说：

> 大清国宽温仁圣皇帝致书于顾实汗：朕闻有违道悖法而行者，尔已惩创之矣。朕思自古圣王致治，佛法未尝断绝。今欲于图白忒部落敦礼高僧，故遣使与伊拉古克三呼图克图偕行，不分服色红黄，随处咨访，以宏佛教，以护国祚，尔其知之。附具甲胄全副，特以侑缄。④

清太宗皇太极对达赖、班禅和固始汗的使者如此重视，热情接待，

---

① 《清太宗实录》卷六三。
②③④ 《清太宗实录》卷六四。

平等相处，其用意是十分明显的。那就是怀柔蒙、藏，使其宗教权、地方政权早日归顺大清王朝，从而进一步扩大自己的势力范围，统治全国。

后金政权历经努尔哈赤、皇太极两代，有天命、天聪、崇德三个年号。从崇德元年（1636年）皇太极改年号称皇帝，是为清王朝之始。为了政治上的需要，在称帝的头一年（1635年），皇太极将原族名"女真"改定为"满洲"。"满洲"一词为何义？历来被史学家们所关注，而其中一说却与西藏有关，也算是清王朝与西藏或者是满族与藏族的一种缘分。清代乾隆钦定的《满洲源流考》一书考证说："以国书考之，满洲本作满珠，二字皆平读。我朝光启东土，每岁西藏献丹书，皆称曼珠师利大皇帝。翻译名义曰曼珠，华言妙吉祥也。又作曼殊室利大教王。经云释迦牟尼师毗卢遮那如来，而大圣曼殊室利为毗卢遮那本师，殊珠音同，室师一音也。当时鸿号肇称，实本诸此。"① 此说将西藏丹书上称"曼珠师利大皇帝"中的"曼珠"解释为"满洲"一词的来源，并译为"妙吉祥"，虽不能成为定论，却从中可以看出满族历史上与西藏及佛教的关系。

后金时期，清王朝与西藏地方上层人物的来往具有十分重要的历史意义。它表现出达赖、班禅以及固始汗对中原王朝的向心力，代表了西藏僧俗人等对未来中央王朝的信任，并且成为清王朝与西藏几百年间中央与地方良好关系的开端。

第二节　清王朝对达赖、班禅的册封

清顺治元年（1644年）清王朝入京，结束了明王朝的统治。从顺治十年（1653年）封五世达赖罗桑嘉措始直到清末，西藏的历代达赖、

---

① （清）阿桂等：《满洲源流考》，辽宁民族出版社1988年版。

班禅全部由清中央王朝进行分封，从而确立了清王朝对西藏宗教的领导权及格鲁派在藏传佛教中的统治地位。

佛教传入西藏是在松赞干布时代（约公元7世纪中）。佛教传入之前，西藏的固有宗教为苯教。受西藏传统宗教苯教的影响，外来宗教佛教便成为今天的藏传佛教，俗称"喇嘛教"。藏传佛教是具有西藏传统文化特点的宗教，它一经产生就在广大藏族地区产生了一定的影响。在西藏佛教史上，779年建起了第一座佛教寺院桑耶寺；1073年建立萨迦寺及萨迦派；1260年萨迦政权创史始人八思巴被元世祖忽必烈任命为国师；黑帽派第三世攘迥多吉（1284—1339年）成为西藏第一个转世灵童，从此确立了噶玛噶举派转世相承制度；约1388年宗喀巴创立了格鲁派；1653年罗桑嘉措被清顺治帝封为五世达赖喇嘛；1713年五世班禅罗桑益喜被康熙帝封为"班禅额尔德尼"。从这些重大事件中，我们可以大致看出藏传佛教在西藏的产生与发展。

在西藏佛教的发展史上，曾经出现过大大小小众多的派别，其中宁玛派、噶当派、萨迦派、噶举派、格鲁派是影响较大的派别。在这些派别中，格鲁派产生较晚，至今只有600多年的历史。

格鲁派创始人宗喀巴（1357—1419年），元顺帝至正十七年生于今青海西宁塔尔寺地方。本名罗桑扎巴，后来按当地人习惯称之为宗喀巴。其兄弟六人，排行第四。三岁从噶玛巴饶必多吉受近事戒，得名贡噶宁布。七岁从噶当派大喇嘛顿珠仁钦出家，受沙弥戒，名为罗桑札巴贝。十六岁到前后藏深造。十九岁开始参加辩场，以《现观庄严论》立宗答辩，成绩优秀，崭露头角。二十九岁受比丘戒于南结拉康。三十二岁（明洪武二十一年，1388年）开始写《现观庄严论狮子贤释详疏》，约此时宗喀巴改戴黄色僧帽。四十五岁至五十二岁期间撰写了《菩提道次第广论》等八部著作。五十三岁（明永乐七年，1409年）在拉萨大昭寺举行大祈愿法会，总施主为阐化王扎巴坚参，宗喀巴为名义创办人和主持人。此次法会有各地不同派别的僧众一万多人、俗众几万人参加。这在西藏的宗教史上也是少见的。宗喀巴主持了这次盛会,使他成为藏传佛教的著名人物。会后,宗喀巴在拉萨东五十里的旺古尔山旁创建了甘丹寺,标志着以宗喀巴为首的新教派格鲁派的形成。五十四岁时甘丹寺建成,宗喀巴主持开光法会。五十九岁收根敦朱巴为弟子,其人即后来的第一世达赖喇嘛。六十三岁(永乐十七年,1419年)卒于甘丹寺,贾曹杰·达玛仁钦接任甘丹寺墀巴。①

格鲁派是藏传佛教中的一个新派别。从它产生的那天起,就受到了西藏僧俗民众的欢迎。格鲁派以其严格的戒律、佛教经典的系统学习,使喇嘛教为之一新。1416年宗喀巴的弟子扎希贝丹,在拉萨西部创建了哲蚌寺。1418年他的另一个弟子释迦耶歇,在拉萨北部创建了色拉寺。1447年他的又一个弟子根敦朱巴,在后藏日喀则创建了札什伦布寺。拉萨的甘丹寺、哲蚌寺、色拉寺和后藏的札什伦布寺成为格鲁派在西藏的重要寺庙,也是格鲁派不断发展的象征。

根敦朱巴(1391—1474年)生于后藏萨迦寺附近的一个牧场主家庭。幼年家境颓败,帮助父亲牧羊,后在纳尔塘寺出家。二十岁受比丘戒。二十五岁到前藏游学。二十五岁(明永乐十三年,1415年)拜宗喀巴为师。创建札什伦布寺后,成为该寺的第一任墀巴,直到八十四岁(明成化十年,1474年)圆寂。后来被追认为第一世达赖喇嘛。

根敦嘉措(1475—1542年)生于后藏达纳地方的一个普通农民家庭。三岁时由根敦朱巴的亲戚比丘卓玛和札什伦布寺的堪布公钦群觉二人,认定为根敦朱巴的转世"灵童",成为格鲁派达赖喇嘛转世的开端。② 十一岁进札什伦布寺。十二岁从隆日嘉措受近事戒,不久出家受沙弥戒。因与札什伦布寺堪布不合,受哲蚌寺之请前往学经。二十一岁受比丘戒。三十八岁(明正德七年,1512年)回到札什伦布寺做堪布,主持教务。四十三岁(明正德十二年,1517年)担任哲蚌寺堪布。

---

① 王森:《西藏佛教发展史略》,中国社会科学出版社1987年版。
② 牙含章:《达赖喇嘛传》,人民出版社1984年版。

五十二岁（明嘉靖五年，1526年）又兼任色拉寺的堪布。他已经成为格鲁派的实际领袖。六十八岁（明嘉靖二十一年，1542年）在哲蚌寺圆寂。后来被追认为第二世达赖喇嘛。

索南嘉措（1543—1588年）生于拉萨堆垅地方的一个贵族家庭。不久，被哲蚌寺的上层喇嘛认为是根敦嘉措的转世。四岁时进哲蚌寺，从堪布索南扎巴受近事戒。七岁时出家，从索南扎巴受沙弥戒。十岁时任哲蚌寺堪布。十六岁时兼任色拉寺住持。三十五岁（明万历五年，1577年）应蒙古土默特部俺答汗之请，到青海与其会面。事后，索南嘉措与俺答汗互赠尊号。索南嘉措赠俺答汗尊号为"咱克喇瓦尔第彻辰汗"。其中"咱克喇瓦尔第"为梵文"轮转王"之义，"彻辰汗"是"聪睿汗王"之义。俺答汗赠索南嘉措的尊号为"圣识一切瓦齐尔达喇达赖喇嘛"。其中"瓦齐尔达喇"为梵文"金刚持"之义，"达赖"为蒙古语"大海"之义，"喇嘛"为藏语"上师"之义。① 此后，就有了达赖喇嘛这一称号。索南嘉措与蒙古俺答汗在青海会面，成为蒙、藏文化交流史及藏传佛教史上的重要事件。从此，格鲁派开始传向蒙古地区，并且最终使蒙古人放弃了自己的传统宗教萨满教改信了喇嘛教。四十一岁（明万历十一年，1583年）俺达汗去世，索南嘉措到内蒙古为其诵经祈祷，并且到达归化（即今呼和浩特）宣扬格鲁派。四十六岁时（明万历十六年，1588年）应明朝皇帝邀请，从内蒙动身去北京，在路上圆寂。后来被追认为第三世达赖喇嘛。

云丹嘉措（1589—1616年）生于蒙古世家，为俺达汗之曾孙，也是达赖喇嘛中唯一的一位蒙古族。生后即被哲蚌寺上层喇嘛认定为索南嘉措的转世。十三岁时由蒙古军队护送到西藏，次年在热振寺升座。后到哲蚌寺，拜甘丹墀巴为师受沙弥戒。二十五岁时请罗桑却吉坚赞来哲蚌寺，为其授比丘戒。以后，他又分别任哲蚌寺和色拉寺堪布。

---

① 王森：《西藏佛教发展史略》，中国社会科学出版社1987年版。

二十八岁（明万历四十四年，1616年）在哲蚌寺圆寂。后来被追认为第四世达赖喇嘛。

罗桑嘉措（1617—1682年）生于前藏穷结地方的一个贵族家庭。六岁时被迎至哲蚌寺供养。九岁时从四世班禅，受沙弥戒。二十二岁时从四世班禅，受比丘戒。后来分别任哲蚌寺和色拉寺的座主。此时，西藏为噶玛政权时代，第巴藏巴汗主持政事。他们对格鲁派采取了摧残政策，使当时的格鲁派领袖达赖喇嘛、班禅喇嘛不得不采取对策。明崇祯十四年（1641年），罗桑嘉措与班禅商量请青海的固始汗率兵入藏，推翻了第巴藏巴汗政权。尽管西藏地方完全在固始汗的控制下，但格鲁派从此兴旺起来，达赖也建立了噶丹颇章政权。格鲁派在西藏取得了统治后，早已归附的固始汗和达赖、班禅于1642年派使臣前往盛京（今沈阳）与皇太极通好。清顺治元年（1644年），顺治帝定都北京后，继续与达赖等人保持联系，并派使者前往西藏问候达赖、班禅，敦请达赖、班禅前往北京与顺治帝会面。达赖方面也派人到北京朝贺，献土仪。顺治九年（1652年）达赖率领班禅和固始汗的代表，以及藏官侍众三千人前往北京。达赖到京后，清王朝以隆重的礼仪迎接来自远方的西藏代表团。顺治帝亲自为达赖设宴洗尘，并赏赐大量金银珠宝。顺治十年（1653年）达赖率众回藏，行至代噶地方接到顺治皇帝的册封。金册、金印用满、汉、蒙、藏四种文字写成。金印的全文是"西天大善自在佛所领天下释教普通瓦赤喇怛喇达赖喇嘛之印"。其中"所领天下释教"，确立了达赖在蒙、藏喇嘛教中的宗教领袖地位；"普通瓦赤喇怛喇达赖喇嘛"，是三世达赖喇嘛的"圣识一切瓦齐尔达喇达赖喇嘛"的沿用，"普通"意为"普遍通晓"，与"圣识一切"意思相近①。金册共有十五页，全文如下：

朕闻兼善独善，开宗之义不同；世出世间，设教之途亦异。

---

① 王森：《西藏佛教发展史略》，中国社会科学出版社1987年版。

然而明心见性，淑世觉民，其归一也。兹尔罗布臧扎卜素达赖喇嘛，襟怀贞朗，德量渊泓，定慧偕修，色空俱灭，以能宣扬释教，诲导愚蒙，因而化被西方，名驰东土。我皇考太宗文皇帝闻而欣尚，特遣使迎聘。尔早识天心，许以辰年来见。朕荷皇天眷命，抚有天下，果如期应聘而至。仪范可亲，语默有度，臻般若圆通之境，扩慈悲摄受之门。诚觉路梯航，禅林山斗，朕甚嘉焉。兹以金册印封尔为"西天大善自在佛所领天下释教普通瓦赤喇怛喇达赖喇嘛"。应劫现身，兴隆佛化，随机说法，利济群生，不亦休哉。①

顺治对达赖喇嘛的册封具有深远的历史意义。首先，达赖喇嘛首次得到了清代中央王朝的册封，从此历世达赖喇嘛的认定都必须经过清代中央王朝。这不仅是西藏宗教界对中央王朝的认可，也是西藏僧俗民众对中央王朝的归附。尽管达赖喇嘛的称号在此之前已经有了，但一个蒙古汗王所赠之号与一国之君所封之号不可相提并论。俺答汗代表的只是一个蒙古部落，顺治皇帝代表的却是一个国家。其次，中央王朝对达赖喇嘛的册封，让其"领天下释教"，是对他在藏传佛教领域中宗教领袖地位的确立，从此他的影响和作用在喇嘛教中举足轻重。罗桑嘉措被后人列为五世达赖喇嘛，对其前辈亦进行了追认。从此，达赖世系代代相传直到今天。最后，对达赖喇嘛宗教领袖地位的确立，也是对格鲁派的认定和支持，对于格鲁派的发展、格鲁派势力的扩大具有重要意义。从一定意义上来说，没有清王朝的册封就不会有达赖喇嘛的宗教领袖地位，没有清王朝对格鲁派的支持就不会有格鲁派的今天。

在册封达赖喇嘛的同时，顺治皇帝也册封了固始汗。因为，当时达赖喇嘛还只是宗教领袖，西藏地方的其他政权全部掌握在固始汗手

---

① 《清世祖实录》卷七四。

中。清王朝不但要取得在藏宗教的管理权，而且还要取得在藏的统治权，让西藏成为大清王朝的不可分割的一部分。顺治皇帝封固始汗为"遵行文义敏慧顾实汗"，并有满、汉、蒙古三种文字的金印、金册。其册文曰：

> 帝王经纶大业，务安劝庶邦，使德教加于四海。庶邦君长能度势审时，归诚向化，朝廷加旌异，以示怀柔。尔厄鲁特部落顾实汗尊德乐善，秉义行仁，惠泽克敷，被于一境，殚乃精诚，倾心恭顺，朕甚嘉焉。兹以金册印封为"遵行文义敏慧顾实汗"。尔尚益矢忠诚，广宣声教，作朕屏辅，辑乃封圻。如此，则带砺山河，永膺嘉祉，钦哉。①

顺治皇帝对达赖喇嘛和固始汗的册封，使西藏的僧俗统治纳入了清王朝的势力范围，为以后中央王朝对西藏的全面统治打下了良好的基础。

罗桑嘉措被册封为五世达赖喇嘛之后，其名声威望越来越高，格鲁派也成为西藏各教派中占统治地位的派别。康熙二十一年（1682年），五世达赖喇嘛在布达拉宫圆寂。

六世达赖喇嘛仓央嘉措（1683—1706年）生于西藏南门隅之宇松地方的一个农民家庭。康熙三十六年（1697年）被第巴桑结嘉措定为五世达赖喇嘛的转世灵童。不久，他被迎至拉萨，拜五世班禅为师，剃发受戒，并举行坐床典礼。仓央嘉措从他被指定为达赖喇嘛那天起，就注定成为悲剧式的人物。他任达赖喇嘛只有九年，圆寂时也只有23岁。他的文学天赋要远胜于他的宗教才干，《仓央嘉措情歌》成为藏族文学史上不可多得的佳作。仓央嘉措悲剧的起因在于，他的达赖喇嘛身份是由第巴桑结嘉措指定的。五世达赖喇嘛圆寂以后，第巴桑结嘉措为了达到驱除蒙古拉藏汗的目的，纵容、唆使噶尔丹反叛，并匿不

---

① 《清世祖实录》卷七四。

报丧长达 15 年之久。其阴谋暴露以后，受到康熙帝的严厉斥责，所立仓央嘉措也被当作假达赖喇嘛，谕旨解送京城。康熙四十五年（1706年）仓央嘉措被解送京城，"行至西宁口外病故"①。

康熙四十六年（1707 年），蒙古拉藏汗与第巴隆素又立巴噶曾巴·伊喜嘉措（波克塔胡必尔汗）为六世达赖喇嘛，居布达拉宫十一年之久。尽管后来清廷曾一度认可"给以印册，封为六世达赖喇嘛"，但西藏僧众一直不承认他的达赖喇嘛身份，清廷也就放弃了。在后来任命七世达赖喇嘛噶桑嘉措时，将其称为"弘法觉众第六世达赖喇嘛"②。这样，在册封六世达赖喇嘛时，共出现了三个达赖喇嘛。直到乾隆四十八年（1783 年）册封八世达赖喇嘛时，乾隆谕敕中称强白嘉措为"八转世身"③，才将仓央嘉措认定为六世达赖喇嘛，噶桑嘉措认定为七世达赖喇嘛，伊喜嘉措只好被认定为假达赖喇嘛。

七世达赖喇嘛噶桑嘉措（1708—1757 年）生于西康理塘。八岁时出家，九岁时在塔尔寺供养。康熙五十九年（1720 年）册封为达赖喇嘛。据《清圣祖实录》记载："抚远大将军允禵复奏：'臣遵旨传集青海王、台吉等会议进兵安藏及送新胡必尔汗往藏之事，其青海王、台吉等皆同心协力情愿派兵随征，并请封新胡必尔汗掌持格鲁派。'至是，命封新胡必尔汗为弘法觉众第六世达赖喇嘛，派满汉官兵及青海之兵送往西藏。其四十九旗扎萨克并喀尔喀泽卜尊丹巴胡土克呼等，亦令遣使会送。"④是年九月，在布达拉宫举行坐床典礼，受沙弥戒。雍正五年（1727 年）受比丘戒。

七世达赖在位期间西藏发生了几件大事。一是，康熙五十六年（1717 年）准噶尔部占领西藏后，杀了拉藏汗，从而结束了固始汗子孙控制西藏七十五年的历史。清军平定准噶尔叛乱后，康济鼐总理全藏

---

① 《清圣祖实录》卷二二七。
②④ 《清圣祖实录》卷二八七。
③ 《清高宗实录》卷一一八六。

事务，阿尔布巴、隆布鼐、颇罗鼐、札尔鼐为四噶伦，协助藏王康济鼐处理政务。二是，雍正五年（1727年）西藏上层内乱。藏王康济鼐被噶伦阿尔布巴、隆布鼐、札尔鼐杀害。噶伦颇罗鼐逃往后藏，集结兵力平息了内乱。颇罗鼐平乱有功被清王朝封爵"贝子"，并总理西藏事务。三是，乾隆十五年（1750年）颇罗鼐之子珠尔墨特那木札勒谋反，被驻藏大臣傅清、拉布敦击毙，两大臣同时殉难。此时，七世达赖喇嘛站在正义一边，立即命公班智达代理藏王，将杀害驻藏大臣的凶手捉拿归案，听候朝廷处置。事后，清王朝提出了《酌定西藏善后章程》（十三条），成为第一个较为完善的治藏文件。

七世达赖喇嘛虽然生活在多事之秋，战乱不断，但其所领导的格鲁派却得到了很大的发展。据一份乾隆二年的统计数字表明，仅达赖喇嘛在藏的寺庙就有三千一百五十多所，喇嘛三十万二千五百多人①。乾隆十六年（1751年）七世达赖喇嘛开始亲政。乾隆二十二年（1757年）在布达拉宫圆寂。

八世达赖喇嘛强白嘉措（1758—1804年）生于后藏托布甲地方的一个贵族家庭。五岁时被认定为达赖转世灵童，迎至布达拉宫坐床。乾隆三十年（1765年）拜六世班禅为师受沙弥戒。乾隆四十二年（1777年）从六世班禅受比丘戒。乾隆四十五年（1780年）乾隆皇帝谕旨正式册封八世达赖喇嘛。其旨曰：

> 谕达赖喇嘛呼毕勒罕曰："班禅额尔德尼因朕七旬万寿祝嘏来京，经朕问及，据奏尔年渐长成，深明经典，可兴格鲁派。闻奏不胜欣喜。朕俯临亿兆，中外视为一体，尔能奉持法律，普渡群生，宜加优奖。尔前世荷蒙圣祖仁皇帝厚恩赏给金印敕封，今尔勤习经典，亦宜锡以金印敕封，俾大兴格鲁派，祝国裕民，以绵我大清亿万年无疆之景运。其都伯持事宜，仍照前世率领属下

---

① （清）魏源：《圣武记》，中华书局1984年版。

妥协办理。尔宜仰体朕心，始终勿怠。所有金册、银缎等物俱交副都统乌尔图纳逊等前往赏赉。"①

册封之后，八世达赖喇嘛开始亲政。乾隆四十八年（1783年），乾隆皇帝又赐予八世达赖喇嘛玉册玉宝，用于"国庆典用之章奏"，而"其余奏书文移仍用原印"。据《清高宗实录》记载：

> 赐达赖喇嘛玉册玉宝。敕曰："国家海宇清晏，民物敉宁，抚育中外，振兴格鲁派。自宗喀巴崇阐宗风，宣扬梵律，尔达赖喇嘛乃宗喀巴之法嗣，根敦噜布八转世身也。夙惠圆成，性身常住，十方供养，华夏皈依。先是顺治年间，五转世达赖喇嘛来京瞻觐，恩礼崇隆。自兹四世咸倾心依向，广布教乘，宠渥有加焉。尔达赖喇嘛教演禅宗，诚殷唪祝，普天福寿，永世吉祥，诚国家道洽重熙，休和之盛事也。以尔性体纯全，法源广布，朕甚嘉焉。兹特加殊礼，锡之玉册玉宝。尔其祗领，供奉于普陀宗乘之庙，永镇法门，逢国庆典用之章奏。其余奏书文移仍用原印。尔膺兹宠锡，其益励清修，宏宣宗乘，副朕阐扬梵教，福佑群生至意，以广布尔前世达赖喇嘛之善缘，寿世福民，用光我国家亿万年之休命。钦哉。"②

此次赐玉册玉宝，对八世达赖喇嘛倍加恩崇，进一步表明了乾隆皇帝对格鲁派的重视和支持。而其中认定强白嘉措"乃宗喀巴之法嗣，根敦噜布八转世身"，在藏传佛教中具有重要意义。册封强白嘉措时，在其上已经有三个六世达赖喇嘛存在。对于这三个达赖喇嘛的真假之争，已经有八十多年的历史了，而西藏僧众的意见与清王朝的册封又有些抵牾。强白嘉措到底当属几世达赖？达赖喇嘛的世系如何承继下去？这个敏感问题在此次赐玉册、玉宝时，终于得到了解决，广大西

---

① 《清高宗实录》卷一一一六。
② 《清高宗实录》卷一一八六。

藏僧众也得到了满意的回答。

八世达赖喇嘛在位期间，正值廓尔喀（尼泊尔）人与西藏发生冲突。清王朝任福康安为大将军，率军入藏，赶走了廓尔喀人，并制定了《钦定章程》（二十九条）。与此同时，清王朝还确定了"金瓶掣签"的转世灵童认定制度，进一步加强了清廷对西藏僧俗的统治。强白嘉措于嘉庆九年（1804年）在布达拉宫圆寂。

九世达赖喇嘛隆朵嘉措（1805—1815年）生于西康邓柯地方。三岁时被认定为达赖喇嘛的转世灵童。七世班禅等认为，隆朵嘉措确系达赖喇嘛转世，并向驻藏大臣提出免于掣签的要求。嘉庆皇帝同意了这个意见，谕旨九世达赖喇嘛免予金瓶掣签。旨曰"今达赖喇嘛甫逾二岁，异常聪慧，早悟前身，似此信而有证，洵为从来所未有。设当高宗纯皇帝时，亦必立沛恩施，无须复令贮瓶签掣。但此系仅见之事，且征验确凿，毫无疑义，嗣后自应仍照旧章，不得援以为例。倘因稍有端倪即附会妄指，一经查明，必当治以虚捏之罪。"① 第一次使用金瓶认定达赖喇嘛就免于掣签，所以嘉庆皇帝显得格外小心，不仅亲自过问，而且还派成都将军特清额入藏查验。嘉庆十三年（1808年）隆朵嘉措在布达拉宫坐床。嘉庆十八年（1813年）由班禅传授小戒。嘉庆二十年（1815年）在布达拉宫圆寂。

十世达赖喇嘛楚臣嘉措（1816—1837年）生于西康理塘地方。六岁时（道光二年，1822年）在布达拉宫经过金瓶掣签，被认定为十世达赖，也成为第一位经过金瓶掣签的达赖喇嘛。道光八年（1828年）入哲蚌寺学经。道光十四年（1834年）拜七世班禅为师受比丘戒。道光十七年（1837年）在布达拉宫圆寂。

十一世达赖喇嘛凯珠嘉措（1838—1855年）生于西康打箭炉内泰宁寺附近的一个富裕家庭。三岁时（道光二十一年，1841年）通

---

① 《清仁宗实录》卷一九二。

过金瓶掣签被认定为十一世达赖喇嘛。第二年在布达拉宫举行坐床典礼。据《清宣宗实录》记载："达赖喇嘛于明年四月十六日坐床。届期著派孟保会同成都副都统什蒙额及章嘉呼图克图看视。章嘉呼图克图由京驰驿前往，著由广储司赏银三百两制办行装。所有颁给金册，即著章嘉呼图克图赍往。"① 道光皇帝亲下谕旨，并派大臣和章嘉呼图克图前往西藏，正式册封了十一世达赖喇嘛。咸丰五年（1855年）凯珠嘉措亲政，不久在布达拉宫圆寂。

十二世达赖喇嘛成烈嘉措（1856—1875年）生于沃卡巴卓地方。二岁时（咸丰八年，1858年）在布达拉宫通过金瓶掣签，被认定为十二世达赖喇嘛。第二年迎至布达拉宫坐床。据《清文宗实录》记载："达赖喇嘛呼毕勒罕于明年七月初三日坐床，著派满庆、恩庆前往看视。所有颁给敕书、赏赍等件，著理藩院拣派司员二人驰驿赍往。……一并赏给达赖喇嘛"②。同治十二年（1873年）成烈嘉措亲政。光绪元年（1875年）在布达拉宫圆寂。

十三世达赖喇嘛土登喜措（1876—1933年）是清王朝册封的最后一位达赖喇嘛。他生于拉萨东南部的朗敦地方。十二世达赖喇嘛圆寂后，只寻得一位灵童土登喜措，并被八世班禅及摄政等官员认定为新达赖喇嘛，请求免予金瓶掣签。光绪三年（1877年）"驻藏办事大臣松溎奏请将访获灵异幼童可否免其掣瓶即作为达赖喇嘛之呼毕勒罕一折。得旨：'工噶仁青之子罗布藏塔布克甲木错即为达赖喇嘛之呼毕勒罕，毋庸掣瓶。'"③ 光绪五年（1879年）在布达拉宫举行坐床典礼。光绪皇帝谕旨，"以达赖喇嘛之呼毕勒罕坐床，赏给黄哈达一方、佛一尊、铃杵一分、念珠一串，并赏给伊父工噶仁青公衔。准达赖喇嘛之呼毕勒罕用金印及黄轿、黄车、黄缰并黄布城"④。1882年（光绪八

---

① 《清宣宗实录》卷二五五。
② 《清文宗实录》卷二九六。
③ 《清德宗实录》卷五二。
④ 《清德宗实录》卷九十。

年）拜师学经，并受沙弥戒。光绪二十一年（1895年）受比丘戒，并亲政。光绪三十三年（1907年），清王朝批准达赖喇嘛进京。次年九月到达北京，受到了光绪皇帝和慈禧太后的接见。光绪皇帝还在中南海紫光阁赐宴达赖喇嘛。十月，清王朝遵照旧制封达赖喇嘛为"西天大善自在佛"，并特加"诚顺赞化西天大善自在佛"之号，"并按年赏给廪饩银一万两"①。1933年十三世达赖喇嘛圆寂。

班禅世系同达赖世系一样也是格鲁派的重要世系。一世班禅与一世达赖同是格鲁派创始人宗喀巴的弟子。达赖以布达拉宫为中心主前藏事务，班禅以札什伦布寺为中心主后藏事务。二人宗教地位平等，历世达赖、班禅互为师徒，共同管理西藏宗教事务。

一世班禅克珠杰（1385—1438年）生于后藏拉堆多雄地方。年幼出家，受沙弥戒。十六岁时赴昂仁寺辩论获胜，在宗教界有一定的影响。明永乐元年（1403年）拜萨迦寺高僧仁达娃为师，受比丘戒。明永乐五年（1407年）正式拜宗喀巴为师。明宣德七年（1432年）任甘丹寺墀巴。克珠杰撰写的《宗喀巴传》在藏传佛教中有很大的影响，并且为格鲁派的创立做出了贡献。明正统三年（1438年）克珠杰圆寂。后被追认为一世班禅。

二世班禅索南确朗（1439—1504年）生于后藏恩萨地方。年幼出家，在甘丹寺学经多年。中年以后回家乡主持安贡寺，宣传格鲁派，并撰写阐述宗喀巴教义之著作。明弘治十七年（1504年）索南确朗圆寂。后被追认为二世班禅。

三世班禅罗桑丹珠（1505—1566年）生于后藏恩萨地方。十一岁（明正德十一年，1516年）时出家，受沙弥戒。十六岁（明正德十六年，1521年）时得一治天花病的秘法，救活了许多人，在后藏有一定的影响。晚年回故乡安贡寺，并撰写格鲁派著作。明嘉靖四十五年

---

① 《清德宗实录》卷五九七。

（1566年）罗桑丹珠圆寂。后被追认为三世班禅。

四世班禅罗桑曲结（1567—1662年）生于后藏日喀则之西的拉柱甲尔地方。十三岁（明万历十年，1582年）时出家，受沙弥戒，在安贡寺学经。十四岁时任安贡寺墀巴。十七岁到札什伦布寺学经，深造。明万历十九年（1591年）拜札什伦布寺墀巴唐曲元培为师，受比丘戒。明万历二十九年（1601年）任札什伦布寺墀巴。宗喀巴的宗教改革，一开始就遭到了那些旧教派的反对，除了帕竹噶举派外，其他教派大都采取敌对态度。而其中最强大的敌对势力就是噶玛噶举派、直贡噶举派及藏巴汗。这三大势力当时掌握着西藏的大部分土地、农奴、寺院、军队及地方政权。而格鲁派只有一些寺院和僧侣的支持，其实力远不如他们。四世班禅在位期间是格鲁派处境最为艰难时期。格鲁派寺庙被占、僧人被杀事件屡屡出现。格鲁派著名寺院哲蚌寺、色拉寺曾一度被藏巴汗占据，并一次杀死两寺僧俗五千余人。明万历四十四年（1616年）四世达赖喇嘛突然死亡，年仅二十八岁。达赖去世以后，藏巴汗下令禁止达赖转世，对格鲁派是一个极大的打击。直到罗桑曲结治愈了他的重病以后，他才答应允许达赖转世。五世达赖喇嘛罗桑嘉措于明万历四十五年（1617年）转世。后来均从罗桑曲结受沙弥戒和比丘戒，建立起达赖与班禅之间的师徒关系。为了彻底消灭格鲁派，藏巴汗准备引青海蒙古却图汗之兵入藏，一举灭掉格鲁派。这个消息被四世班禅、五世达赖得知后，感到形势严重，必须想办法阻止藏巴汗，否则格鲁派将不保。在这生死存亡的时刻，四世班禅挺身而出（当时五世达赖喇嘛只有十七岁），与达赖喇嘛等人商量，请求信仰格鲁派的蒙古和硕特部固始汗的支持。明崇祯十五年，清崇德七年（1642年）固始汗率大军入藏，消灭了藏巴汗的军队，结束了藏巴汗的统治。从此，在藏出现了蒙古汗王与达赖、班禅共同主持西藏僧俗事务的新政权。在这场格鲁派存亡的斗争中，作为当时格鲁派的实际领袖四世班禅做出了重要贡献，是他在关键时刻带领僧众渡过了难关，保存了格鲁派；也是他在中央王朝更替的情况下，及时派使臣到盛京（沈阳）与清王朝通好，使西藏置于清中央王朝的统治之下。

固始汗占领西藏以后，于顺治二年（1645年），仿效蒙古俺答汗赠达赖喇嘛尊号的先例，赠罗桑曲结以"班禅博克多"之尊号。"班"是梵语"班智达"的简称，为"智慧"之义；"禅"是藏语"钦波"的简称，为"大"之义；"博克多"是蒙语，为蒙古人对睿智英武人物的尊称。是为"班禅"称号之始。①

顺治九年（1652年）应顺治帝之请，五世达赖前往北京。班禅虽然已八十二岁高龄，仍前往前藏与达赖会晤，协商进京之事。顺治十二年（1655年）顺治帝派人前往札什伦布寺看望罗桑曲结。康熙元年（1662年）四世班禅在札什伦布寺圆寂，享年九十二岁。班禅圆寂后，康熙曾派遣官员专程从北京前往西藏致祭。

五世班禅罗桑益喜（1663—1737年）生于后藏托布加地方的一个小贵族家庭。五岁时（康熙六年，1667年），被认定为四世班禅转世灵童，迎至札什伦布寺。次年，举行坐床典礼。八岁时（康熙九年，1670年），拜五世达赖喇嘛为师，受沙弥戒。康熙二十一年（1682年）五世达赖罗桑嘉措在布达拉宫圆寂。当时的第巴桑结嘉措秘不发丧，假借达赖喇嘛的名义处理一切藏务，长达十五年。当事情暴露后，又于康熙三十六年（1697年）立仓央嘉措为六世达赖喇嘛，并且立即迎至布达拉宫坐床，以成事实。康熙四十六年（1707年）蒙古拉藏汗又立伊喜嘉措为六世达赖喇嘛。西藏僧众对于谁是六世达赖喇嘛说法不一，各执一端。整个西藏形势很不稳定。这时，需要一名德高望重、能够服众的人出来主持西藏僧众事务。而五世班禅罗桑益喜正是这样一个合适的人选。于是，康熙五十二年（1713年）清王朝册封罗桑益喜为"班禅额尔德尼"。据《清圣祖实录》记载："谕理藩院：'班禅

---

① 牙含章：《班禅额尔德尼传》，西藏人民出版社1987年版。

呼图克图，为人安静，熟谙经典，勤修贡职，初终不倦，甚属可嘉。著照封达赖喇嘛之例，给以印册。封为班禅额尔德尼。"① 其中"班禅"意思，仍如其旧；"额尔德尼"是满语 elden，为"智慧之光、德之光"的意思。据有关藏文史料记载，康熙五十二年四月，皇上特派才仁克雅大喇嘛诺布、加日郭吉等人前往札什伦布颁圣旨，并赐班禅金册一份、金印一颗。圣旨大意为：班禅屡代弘扬佛法，广惠众生，朕亦尊崇佛教，为众生谋利，与尔宗旨相同，为了表达对尔之敬重，特册封尔为班禅额尔德尼，并赐尔满、汉、藏文之金册一册、金印一颗。② 康熙帝册封班禅的用意很明显，那就是提高班禅在西藏僧俗中的社会地位，使其地位与达赖喇嘛平等，"照封达赖喇嘛之例，给以印册"。同时，康熙帝也希望班禅额尔德尼能够协助拉藏汗稳定西藏局势，给边疆以安宁。

班禅的册封，对于整个藏传佛教也是一个重要的历史事件。在此之前，班禅虽有旧号"班禅博克多"，但这个尊号只是一个蒙古汗所赠，其实际意义不大。而"班禅额尔德尼"之号却是一代王朝所封，其地位、所起的作用与昔日不可同日而语。班禅的册封也使藏传佛教之教权有所分散。从此以后，达赖喇嘛专管前藏，班禅额尔德尼专管后藏。而蒙古地区的教权，康熙三十二年（1693 年）封哲布尊丹巴呼图克图为"大喇嘛"，主管外蒙古格鲁派；雍正年间令章嘉呼图克图领内蒙格鲁派。雍正皇帝上谕中说，哲布尊丹巴呼图克图"乃与达赖喇嘛、班禅额尔德尼相等之大喇嘛也"，"章嘉呼图克图者，西域有名之大喇嘛也，唐古特人众，敬悦诚服，在达赖喇嘛、班禅额尔德尼之上，各处蒙古皆尊敬供奉"③。达赖喇嘛、班禅额尔德尼、哲布尊丹巴呼图克图、章嘉呼图克图同掌格鲁派，一分为四，互不统领。达赖喇嘛之

---

① 《清圣祖实录》卷二五三。
② 牙含章：《班禅额尔德尼传》，西藏人民出版社1987年版。
③ 《清世宗实录》卷六三。

权只局限于前藏,其格鲁派领袖地位实际上只成为一种名誉。

五世班禅受封之后,没有辜负清王朝对他的信任。在西藏风云变幻的年代里,他始终心系中央王朝,兢兢业业为西藏僧俗尽力,为西藏的安定贡献自己的力量。后世历任班禅,不但承袭了"班禅额尔德尼"这一封号,而且继承了"班禅精神",为维护祖国的统一,西藏的繁荣做出了贡献。乾隆二年(1737年),五世班禅额尔德尼圆寂,享年七十四岁。

六世班禅巴丹益喜(1738—1780年)生于后藏南木林宗札西则豁卡地方。二岁时(乾隆五年,1740年)被认定为五世班禅的转世灵童。次年,举行坐床大典。乾隆二十二年(1757年)在札什伦布寺受比丘戒。乾隆三十年(1765年)作为八世达赖喇嘛的上师,为达赖受沙弥戒。同年,清王朝册封六世班禅。据《清高宗实录》记载:"班禅额尔德尼年齿长成,经典淹洽,复教导达赖喇嘛经卷,理宜加恩册封。著交该院照例办理。"① 此次册封,藏文史料比较详尽。乾隆三十一年(1766年)清高宗派钦差大臣到藏,受到热烈欢迎。班禅先向钦差大臣问候乾隆皇上,然后由钦差大臣宣读圣旨。圣旨为:"奉天承运皇帝诏曰:朕为众生之主,长求众生安宁,泽被四海,普天之下,凡我赤子,皆受庇护,此人尽皆知者。班禅额尔德尼慧性澄圆,佛学精渊,任达赖喇嘛之师,传授戒律,功行圆满。前世班禅学识渊博,本世亦如来世,朕深喜悦。特援前世之例,册封尔为班禅额尔德尼,掌管札什伦布政教两事,发扬光大格鲁派,是所厚望。并希多诵经典,保佑国家安宁。钦此,乾隆三十年正月初四日。"金册用满、汉、藏三种文字书写,共十三页,用纯金二百三十两。另有一颗金印,重二百零八两,用满、汉、藏三种文字写成,字为"敕封班禅额尔德尼之印"②。乾隆四十五年(1780年),六世班禅应乾隆皇帝的邀请,在乾隆帝七十大寿

---

① 《清高宗实录》卷七四五。
② 牙含章:《班禅额尔德尼传》,西藏人民出版社1987年版。

祝贺之际，到达承德避暑山庄。乾隆皇帝亲自接见了他，并用藏语与他交谈。班禅下榻之地为乾隆皇帝为他特建的须弥福寿寺（即热河札什伦布寺）。祝寿完毕，班禅在皇六子的陪同下来到北京，以五世达赖住过的黄寺为行宫。乾隆四十五年（1780年），六世班禅巴丹益喜因出天花在北京黄寺圆寂。次年，六世班禅的灵塔运到西藏札什伦布寺。乾隆四十九年（1784年），乾隆皇帝特命在黄寺西侧建立"清净化城塔"，并亲自撰写碑文，以纪念六世班禅。其塔今为北京市重点文物保护单位，保存完好。

七世班禅丹白尼玛（1782—1853年）生于后藏白朗吉雄地方的一个小贵族家庭。三岁（乾隆四十九年，1784年）由驻藏大臣博清额主持坐床大典，并拜八世达赖喇嘛为师，受近事戒。乾隆五十四年（1789年）受沙弥戒。乾隆五十六年（1791年）廓尔喀人再次入侵西藏，一直打到札什伦布寺，并抢劫了大量的财物，其中包括乾隆皇帝册封六世班禅的金册一份。对此，乾隆皇帝非常气愤，降旨曰："金册系前辈班禅进京时朕特赏。该喇嘛等不能协力保护，为贼抢去，致烦天兵远涉，代为剿捕，贼匪因震慑声威，知金册为天朝所赐，不敢销毁，兹据检出送缴。福康安等宜向达赖喇嘛、班禅及戴绷、堪布等详谕以'尔等不能保守金册，本有应得重罪，大皇帝施恩，免其究治，仍将金册赏给班禅，俾在札什伦布安奉。嗣后宜加意保护，勿得再有疏虞。"① 好在金册失而复得，加上七世班禅尚幼，免其治罪，仍赏给保管。嘉庆六年（1801年）八世达赖喇嘛为其授比丘戒。道光十五年（1835年）清王朝颁给七世班禅金册一份。据《清宣宗实录》记载："文蔚等奏查明达赖喇嘛、班禅额尔德尼请换金册一折。前因理藩院修办喇嘛事例奏请饬查呼图克图印信册敕事宜，兹据该大臣等奏称，达赖喇嘛现已及岁，受戒坐床，与早经受戒坐床之班禅额尔德尼均只有

---

① 《清高宗实录》卷一四一二。

金印，未经赏给金册。达赖喇嘛、班禅额尔德尼俱著赏给金册，该衙门照例颁给。"① 道光二十二年（1842年）加封班禅"宣化绥疆班禅额尔德尼"封号。其金册内容如下："奉天承运皇帝诏曰：朕抚临华夏，亿兆登春，敷宏化于寰中，广善缘于方外，其有阐明格鲁派，矢励清修者，胜果即彰，新纶宜沛，惟尔妙宣会觉，慧本前生，谭奥义于名经，衍灵机于内典。溯自化身示现，迄今净业坚持，用示懋嘉，特颁册命，仍封尔为宣化绥疆班禅额尔德尼，主持札什伦布一带寺宇，尔其督率部众，秉乃宗传。严戒律于兑方，普沾利济，辑麻祥于震旦，共乐皈依。兹随册赍往哈达一、……尚其祇受，无懈恭勤，钦此！"② 咸丰三年（1853年）七世班禅丹白尼玛在札什伦布寺圆寂。

八世班禅丹白旺修（1854—1882年）生于后藏托布加竹仓地方的一个小贵族家庭。三岁时（咸丰七年，1857年）经过金瓶掣签被认定为八世班禅。次年，举行隆重的坐床仪式，并受沙弥戒。光绪元年（1875年）受比丘戒。光绪八年（1882年）圆寂。

九世班禅曲吉尼玛（1883—1937年）生于前藏塔布地方的一个贫困家庭。五岁时（光绪十四年，1888年）经过金瓶掣签被认定为九世班禅。光绪十八年（1892年）举行坐床典礼，受沙弥戒。光绪二十八年（1902年）受比丘戒。民国二十六年（1937年）圆寂。

清王朝从顺治年间开始册封达赖到清末，一共册封了九位达赖喇嘛；从康熙年间开始册封班禅到清末，一共册封了五位班禅额尔德尼。他们大都为西藏的治理，国家的统一做出了自己的贡献。

---

① 《清宣宗实录》卷二六八。
② 牙含章：《班禅额尔德尼传》，西藏人民出版社，1987年版。

第三节　金奔巴瓶制度的确立

金奔巴瓶制度是清王朝对藏传佛教大喇嘛转世制度的一种改革。这一制度对于革除昔日喇嘛转世中存在的弊病，防止蒙、藏贵族权力集中，体现中央对大喇嘛转世灵童的认定权力等，具有十分重要的意义。

"金奔巴瓶"一词中的"奔巴"为藏语"瓶"之义。此制度设立前，蒙、藏地区的大喇嘛圆寂之后，其转世的呼毕勒罕①由前藏的神职人员拉穆吹忠作法指定。拉穆吹忠与内地的巫师相似，不过是装神弄鬼的那一套，以其作法选定转世灵童很难真实。拉穆吹忠在确定呼毕勒罕的过程中，往往用自己手中的权力，弄虚作假，收取贿赂，反而败坏了喇嘛教的名声。比如，乾隆年间喀尔喀三音诺颜部落额尔德尼班弟达呼图克图圆寂后，其商卓特巴那旺达什有意营谋汗王子弟为呼毕勒罕，代求达赖喇嘛、拉穆吹忠附会妄指。结果，拉穆吹忠接受那旺达什所贿送的银五十两、缎一匹、哈达一个以后，即指定其汗王之子为真呼毕勒罕②。更有甚者，从前哲布尊丹巴呼图克图圆寂后，其图舍图汗之福晋有孕，即指为呼毕勒罕。结果生出来的却是个女孩儿，弄出了个笑话③。不仅如此，认定大喇嘛的呼毕勒罕还关系到清王朝对喇嘛教的控制权力。将大喇嘛的转世权掌握在手，就可以牢牢地控制整个喇嘛教。因此，乾隆五十七年皇帝下谕旨，设立金瓶掣签制度，"所有找寻呼毕勒罕一事，永远不准吹忠指认"③。

乾隆五十七年（1792年）六月上谕曰：

---

① 呼毕勒罕，即转世灵童。
②③ 《清高宗实录》卷一四二七。
③ 乾隆：《喇嘛说》，详见本章第四节。

达赖喇嘛、班禅额尔德尼二大喇嘛乃西方布行格鲁派，掌管佛法之宗，但南北所有地方一切事务僧俗人等，皆系达赖喇嘛管辖，必须聪慧有福相之人，方能护持佛法而有裨益于格鲁派。从前认呼毕勒罕，皆恃拉穆吹忠看龙单于此，拉穆吹忠或受贿恣意舞弊，或偏庇亲戚妄指，或达赖喇嘛班禅额尔德尼暗中受意，令其指谁，此等皆有之事，朕悉知之，而与法教中甚为无益。即令达赖喇嘛一家之中，大呼图克图之呼毕拉罕出有数人，而此辈班禅额尔德尼之呼毕拉罕，又系拉穆吹忠之外孙，即如内地汉僧等传衣钵，皆各传各弟子，相沿已久，竟成蒙古王公、八旗世职相同。如此谋利舞弊，则不但不能振兴格鲁派，而反致于坏其教。何则出家之人，当万虑皆空，无我无人，净持佛教。昨据生擒之廓尔喀贼供称，沙玛尔巴呼图克图，即前辈班禅额尔德尼之兄。而班禅额尔德尼遗留物件，伊亦有分，是其所供，皆为争财。此次廓尔喀贼抢掠后藏之事，皆伊诱唆所致者，即是不慎认呼毕拉罕之明徵也。从前喀尔喀四部落人等，共争哲卜尊丹巴呼图克图之呼毕拉罕时，有郡王桑斋多尔济尚然具奏，嗣后请一阿哥作为呼毕拉罕之语。朕彼时将桑斋多尔济训诫责斥。以此观之，不拘何人均可以谓之呼毕拉罕。若果呼毕拉罕者，必能前世所诵经典，认记所持过物件，则始可以谓之呼毕拉罕。倘惟计其亲属，徇其情面，即作为呼毕拉罕，焉能振兴格鲁派以服众心哉。今朕送去一金瓶，供奉前藏大招寺内。嗣后达赖喇嘛、班禅额尔德尼、哲卜尊丹巴、噶勒丹锡勒图、第穆、济咙等，并在京掌印大呼图克图及藏中大呼图克图等圆寂，出有呼毕拉罕时，禁止拉穆吹忠看龙单，著驻藏大臣会同达赖喇嘛、班禅额尔德尼将所出呼毕拉罕有几人，今将伊等乳名各书签放入瓶内，供于佛前虔诚祝祷念经，公同由瓶内掣取一签，定为呼毕拉罕，如此佛之默祐，必行得聪慧有福相之真呼毕拉罕，能保持佛教。朕尚且不能主定，拉穆吹忠更不得从中舞弊,恣意指出,众心始可以服。钦此。①

根据规定,在前藏的大昭寺和北京的雍和宫各设一金奔巴瓶。大昭寺金瓶为西藏地方出达赖喇嘛、班禅额尔德尼及大呼图克图呼毕勒罕时用,雍和宫金瓶为蒙古地方出呼毕勒罕时用。掣签时,西藏由达赖喇嘛、班禅额尔德尼和驻藏大臣、驻藏帮办大臣共同完成,北京由理藩院来主持完成。

从乾隆五十七年开始,所有大喇嘛转世皆照此办理。但在执行过程中也有例外,如达赖喇嘛、班禅额尔德尼及驻藏大臣等共同认定确实是转世灵童时,可以奏明皇帝请求免予掣签。如果皇帝认可就免予掣签,如果不同意还得重新再来。从金奔巴瓶制度确定以来,达赖喇嘛、班禅额尔德尼也有免予掣签者。清代历世达赖喇嘛、班禅额尔德尼掣签情况如下:

　　九世达赖隆朵嘉措　　嘉庆皇帝颁旨免予金瓶掣签
　　十世达赖楚臣嘉措　　道光二年在布达拉宫掣签
　　十一世达赖凯珠嘉措　　道光二十一年在布达拉宫掣签
　　十二世达赖成烈嘉措　　咸丰八年在布达拉宫掣签
　　十三世达赖土登嘉措　　光绪皇帝颁旨免予金瓶掣签

　　八世班禅丹白旺修　　咸丰七年在布达拉宫掣签
　　九世班禅曲吉尼玛　　光绪十四年在布达拉宫掣签

在清代,通过金奔巴瓶确定的达赖喇嘛有五位,其中九世达赖、十三世达赖免予掣签;班禅额尔德尼两位,都是通过掣签产生的。也就是说,在清王朝确定了金瓶掣签制以后,呼毕勒罕转世基本上都采取了这种办法,从而达到了限制蒙、藏贵族宗教权,杜绝舞弊现象的

---

① 吴丰培校订:《番僧源流考》,西藏人民出版社1982年版。

目的。

据《番僧源流考》一书的考释,清代金奔巴瓶"掣签典礼"的过程大体如下:

> 进门先挨次入座,献清茶,次献酥茶,毕。令满印房人将原文呈阅,合对入掣牙签上所写满洲字、蒙古字、西番字名字年岁相符,又令官送至达赖、班禅阅看后,将该入掣各本家之人唤来跪看签上名字、年岁有无舛误,祛彼疑心。后交满印房官人觌面,用黄纸包妥,供在瓶前。又俟番诵经念至应将签入瓶时,喇嘛回请该帮办大臣,起立行至瓶前,行一跪三叩首礼毕,不起立即跪,将签双手举过额入瓶内,以手旋转二次,盖瓶盖,起立仍归旧座。其帮办大臣将签入瓶时,正办大臣在左旁侍立礼毕,同归本座。又俟念经至掣签时,仍系喇嘛回请正办大臣,亦行一跪三叩首礼毕,跪启瓶盖,用手旋转,掣签一枝。帮办大臣在左侍立,拆开黄纸,同众开看,唤掣得本家人跪听,令其观签后,又使满印房官人送至达赖、班禅前阅看,将签供设瓶前,又将未曾掣出之签拆阅与众人观看,又给各本家之人观看,以除疑义,后用纸擦去。①

金奔巴瓶制度产生后,九世达赖喇嘛本应是第一位经过掣签产生的达赖喇嘛,但经过嘉庆皇帝的恩准免予掣签,而十世达赖喇嘛楚臣嘉措就成了第一位通过金瓶掣签产生的达赖喇嘛。十世达赖喇嘛楚臣嘉措,生于清嘉庆二十一年(1816年)。当时在西藏找到了三个达赖的灵童,道光皇帝颁旨将三个灵童送到拉萨,在布达拉宫举行掣签仪式。结果在道光二年(1822年)通过掣签确定楚臣嘉措为十世达赖喇嘛。

八世班禅丹白旺修是第一位通过金瓶掣签产生的班禅额尔德尼。八世班禅丹白旺修生于清咸丰五年(1855年)。据八世班禅的藏文传记

---

① 吴丰培校订:《番僧源流考》,西藏人民出版社1982年版。

记载，当时在后藏共找到了三个灵童，后因一个灵童的父母决定不参加掣签，结果就剩下两名灵童。经咸丰皇帝谕准，于咸丰七年（1857年）在布达拉宫进行了金瓶掣签。仪式是在布达拉宫皇帝牌位前举行的。首先将灵童的名字写在象牙签上，投入瓶内，然后由从札什伦布寺来的喇嘛和三大寺的喇嘛念经，共念七天"金瓶经"。在掣签当天，西藏的摄政、噶伦等僧俗官员齐集布达拉宫。仪式由驻藏大臣满庆、赫特贺亲自主持。经过掣签，丹白旺修被认定为八世班禅额尔德尼。①

在《番僧源流考》一书中有一幅《掣签仪制图》，比较形象地画出了金瓶掣签仪式的位次。如下：

万岁牌　金　瓶
（拜垫）
班禅额尔德尼　达赖喇嘛席　　驻藏大臣　驻藏帮办大臣席
掣签本家跪席
众僧列排正对念经席

从位次我们可以看出：皇帝牌位放在了重要的位置上，代表了清王朝对天下僧俗人等的统治；驻藏大臣与驻藏帮办大臣与达赖、班禅席位平等，共同参与金瓶掣签仪式，而驻藏大臣在此代表的是清代中央王朝；掣签仪式在驻藏大臣的主持和监督下进行，并且亲自掣出灵童之签。

金瓶掣签制是一项对藏传佛教活佛转世制度的成功改革。这项改革完全是在清王朝指导下进行的，由于它顺应民心，杜绝舞弊，受到了广大僧俗人等的欢迎。直到今天，这项制度在藏传佛教活佛转世中仍在采用。

---

① 牙含章：《班禅额尔德尼传》，西藏人民出版社1897年版。

第四节　清王朝的喇嘛教宣言：《喇嘛说》

清王朝对喇嘛教的政策是一贯的。从后金时期的努尔哈赤、皇太极起，到顺治、康熙、雍正、乾隆几代兴盛时期的皇帝，直至清末的光绪、宣统皇帝，始终把喇嘛教作为巩固边疆，安定蒙、藏的大事来看。对于历代达赖、班禅的分封，喇嘛事务的管理等方面都制定了一套较为完整的制度。《喇嘛说》就直接体现了清王朝对喇嘛教的基本思想。

《喇嘛说》是乾隆皇帝于乾隆五十七年为制定金奔巴瓶制度而亲自写成的。它总结了清王朝对喇嘛教的基本经验，系统地阐述了对喇嘛教的方针政策，成为清王朝对待喇嘛教的纲领性文件，并且一直影响到清代后期。为了观其全貌，特录全文如下：

喇　嘛　说

佛法始自天竺，（即厄纳特珂克部，其地曰痕都斯坦）东流而至西番。（即唐古特部，其地曰三藏）其番僧又相传称为喇嘛。喇嘛之字，汉书不载，元明史中，或讹书为剌马（陶宗仪《辍耕录》载元时称帝师为剌——读作拉，下同——马。毛奇龄《明武宗外纪》又作剌麻，盖系随意对音，故其字不同）。予细思其义，盖西番语谓上曰喇，谓无曰嘛。喇嘛者，谓无上。即汉语称僧为上人之意耳。喇嘛又称格鲁派，盖自西番高僧帕克巴（旧作八思巴），始盛于元，沿及于明封帝师、国师者皆有之（元世祖初封帕克巴为国师，后复封为大宝法王，并尊之曰"帝师"。同时，又有国师者亦封帝师，其封国师者，不一而足。明洪武初，封国师、大国师者，不过四五人。至永乐中，封法王，西天佛子者各二。此外，灌顶大国师者九，灌顶国师者十有八，及景泰、成化间，盖不可胜记)。我朝惟康熙年间,祗封一章嘉国师,相袭至今(我朝虽兴格鲁派,而并无加崇帝师封号者。惟康熙四十五年敕封章嘉呼土克图为灌顶国师,示寂后,雍正十二年乃照前袭号为国师)。其达赖喇嘛、班禅额尔德尼之号,不过沿元明之旧,换其袭敕耳(格鲁派之兴,始于明。番僧宗喀巴生于永乐十五年丁酉,至成化十四年戊戌示寂。其二大弟子曰达赖喇嘛、曰班禅喇嘛。达赖喇嘛位居首,其名曰罗伦嘉穆错,世以化身掌格鲁派。一世曰根敦珠巴,二世曰根敦嘉穆错,三世曰索诺木嘉穆错,即明时所称活佛锁南坚错也,四世曰云丹嘉穆错,五世曰阿旺罗卜藏嘉穆错。我朝崇德七年,达赖喇嘛、班禅喇嘛遣使贡方物。八年,赐书达赖喇嘛及班禅呼土克图,盖仍沿元明旧号。及定鼎后,始颁给敕印,命统领中外格鲁派焉)。盖中外格鲁派,总司以此二人。各部蒙古,一心归之。兴格鲁派,即所以安众蒙古,所系非小,故不可不保护之,而非若元朝之曲庇谄敬番僧也(元朝尊重喇嘛,有妨政事之弊,至不可问,如帝师之命与诏敕并行;正衙朝会,百官班列,而帝师亦专席于坐隅。其弟子之号司空、司徒、国公、佩金玉印章者,前后相望,怙势恣睢气焰薰灼,为害四方,不可胜言。甚至强市民物,摔捶留守与王妃争道,拉殴坠车,皆释不问。并有民殴西僧者,截手;詈之者断舌之律。若我朝之兴则大不然。盖以蒙古奉佛信喇嘛,不可不保护之,以为怀柔之道而已)。其呼土克图之相袭,乃以僧家无子,授之徒,与子何异,故必觅一聪慧有福相者,俾为呼毕勒罕(即汉语转世化生人之意)。幼而皆习之,长成乃称呼土克图。此亦无可如何中之权巧方便耳。其来已久,不可殚述。孰意近世其风日下,所生之呼毕勒罕,率出一族,斯则与世袭爵禄何异,予意以为大不然。盖佛本无生,岂能转世,但使今无转世之呼土克图,则数万番僧无所皈依,不得不如此耳。(从前达赖喇嘛示寂后,转生为呼毕勒罕。一世在后藏之沙卜多特地方，二世在后藏大那特多尔济丹地方，三世在前藏对咙地方，四世在蒙古阿勒坦汗家，五世在前藏崇寨地方，六世在里塘地方，现在之七世达赖喇嘛在后藏托卜扎勒里冈地方。其出世且非一地，何况一族乎？自前辈班禅额尔德尼示寂后，现在之达赖喇嘛与班禅额尔德尼之呼毕勒罕及喀尔喀四部落供奉之哲布尊丹巴呼土克图皆以兄弟叔侄姻娅递相传袭，似此掌教之大喇嘛呼毕勒罕，皆出一家亲族，几与封爵世职无异。即蒙古内外各扎萨克供奉之大呼毕勒罕，近亦有各王公家子弟内转世化生者，即如锡口拃图呼土克图即系喀尔喀亲王固伦额驸拉旺多尔济之叔，达克巴呼土克图即系阿拉善亲王罗卜藏多尔济之子，诺颜绰尔济呼土克图即系四子部落郡王拉什燕丕勒之子，堪卜诺们汗扎木巴勒多尔济之呼毕勒罕即系图舍图汗车登多尔济之子。似此者难以枚举。又从前哲布尊丹巴呼土克图圆寂后，因图舍图汗之福晋有妊，众即指以为哲布尊丹巴呼土克图之呼毕勒罕，及弥月，竟生一女，更属可笑，蒙古资为谈柄，以致物议沸腾，不能诚心皈信。甚至红帽喇嘛沙玛尔巴垂涎扎什伦布财产自谓与前辈班禅额尔德尼及仲巴呼土克图系兄弟，皆属有分，唆使廓尔喀滋扰边界，抢掠后藏，今虽大振兵威，廓尔喀畏惧降顺，匍匐请命，若不为之刬除积弊，将来私相授受，必致格鲁派不能振兴，蒙古番众猜疑轻视或致生事，是以降旨藏中，如有大喇嘛出呼毕勒罕之事，仍随其俗，令拉穆吹忠四人降神诵经，将各举呼毕勒罕之名，书签贮于由京发去之金奔巴瓶内，对佛念经，令达赖喇嘛或班禅额尔德尼同驻藏大臣公同掣签一人，定为呼毕勒罕，虽不能尽除其弊，而较之从前各任私意指定者，大有间矣。又各蒙古之大呼毕勒罕，亦令理藩院行文，如新定藏中之例，将所报呼毕勒罕之名贮于雍和宫佛前安供之金奔巴瓶内，理藩院堂官会同掌印之扎萨克达喇嘛等公同掣签，或得真传以息纷竞。）去岁廓尔喀之听沙玛尔巴之语，劫掠藏地，已其明验。虽兴兵进剿，彼即畏罪请降，藏地以安，然转生之呼毕勒罕出于一族，是乃为私。佛岂有私，故不可不禁。兹予制一金瓶，送往西藏，于凡转世之呼毕勒罕，众所举数人，各书其名置瓶中，掣签以定。虽不能尽去其弊，较之从前一人之授意者，或略公矣。夫定其事之是非者，必习其事，而又明其理，然后可。予若不习番经，不能为此言。始习之时，或有议为过兴格鲁派者，使予徒泥沙汰之虚誉，则今之新旧蒙古畏威怀德，太平数十年可得乎？且后藏煽乱之喇嘛，即正以法。（上年廓尔喀侵略后藏时，仲巴呼土克图既先期逃避，而大喇嘛济仲扎苍等遂托占词为不可守，以致众喇嘛纷纷逃散。于是，贼匪始敢肆行抢掠，因即令将为首之济仲拿至前藏，对众剥黄正法，其余扎苍及仲巴呼土克图等俱拿解至京治罪安插。较元朝之于喇嘛方且崇奉不暇，致使妨害国政。况敢执之以法乎？若我虽护卫格鲁派，正合于王制所谓修其教，不易其俗，齐其政不移其宜，而惑众乱法者，仍以王法治之，与内地齐民无异。询问自帕克巴创教以来，历元明至今五百年，几见有将大喇嘛剥黄正法及治罪者？天下后世岂能以予过兴黄教为讥议乎？）元朝曾有是乎？盖举大事者，必有其时与其会，而更在乎公与明。时会至而无公与明以断之，不能也，有公明之断，而非其时与会，亦望洋而不能成。兹之降廓尔喀，定呼毕勒罕，适逢时会，不动声色以成之。去转生一族之私，合内外蒙古之愿，当耄近归政之年，复成此事，安藏辑藩，定国家清平之基于永久，予幸在兹，予敬益在兹矣。

乾隆五十有七年岁次壬子孟冬月之上浣御笔①

此《喇嘛说》用满、汉、蒙、藏四种文字，刻文树碑立于北京雍和宫内，至今尚存。乾隆五十七年（1792年），乾隆皇帝已经八十一岁

---

① 张羽新：《清政府与喇嘛教》（附：清代喇嘛教碑刻录），西藏人民出版社1988年版。

了。他除了在治国、武功等方面有不凡的政绩外，对于喇嘛教也有一定的造诣。正如他自己所说："夫定其事之是非者，必习其事，而又明其理，然后可。予若不习番经，不能为此言。"在《喇嘛说》中，乾隆简略地叙述了喇嘛教的历史，达赖、班禅分封的由来及兴格鲁派的利弊，并且重点阐述了清王朝支持喇嘛教的意义，金奔巴瓶制度的实行和元、清两朝对喇嘛教的不同态度。

清王朝为什么要支持喇嘛教？乾隆一语中的，毫不隐讳。那就是"兴格鲁派，即所以安众蒙古，所系非小，故不可不保护之"。接着，乾隆解释说"盖以蒙古奉佛信喇嘛，不可不保护之，以为怀柔之道"，写《喇嘛说》的目的不外乎"安藏辑藩，定国家清平之基于永久"。也就是说，清王朝之所以花这么大的工夫保护蒙、藏信仰的格鲁派，其根本问题就在于怀柔蒙、藏，边疆安定，国家太平。

金奔巴瓶制度是乾隆皇帝首创的。在西藏问题上，如果说皇太极的功劳主要在于首先与西藏僧俗取得了联系，顺治皇帝册封了达赖喇嘛，康熙皇帝册封了班禅，雍正皇帝确定了驻藏大臣制度的话，那么金奔巴瓶制度的建立就应该是乾隆皇帝的一大功绩。这一制度"虽不能尽去其弊，较之前一人授意者，或略公矣"，正是乾隆对金奔巴瓶制度的中肯评定。

支持喇嘛教并不是让喇嘛们无法无天，"有妨政事"。这是乾隆皇帝在《喇嘛说》中所强调的重点。他将清王朝与元代相比较，说明了二者对喇嘛教的不同态度。元代，"帝师之命与诏敕并行"，喇嘛们"强市民物"，"摔捶留守与王妃争道，拉殴坠车"无人敢管，并且有"民殴僧者截手，詈之者断舌"的法律。而清王朝则不然，宗教与政事，宗教与法律绝不混为一谈。喇嘛教不但不能干预朝政，而且在地方的权力也是有限的。达赖、班禅的权力范围只局限于西藏，并且受驻藏大臣和中央王朝的监督与控制。对于那些不以国家利益为重，甚至违法乱纪的喇嘛，清王朝也决不纵容、姑息。乾隆本人就曾对外敌入侵，不去抵抗，带头逃跑的大喇嘛济忠实行了"对众剥黄正法"，维护了中央的权威和法律的尊严。因此，乾隆不无得意地说，"询问自帕克巴创教以来，历元、明至今五百年，几见有将大喇嘛剥黄正法及治罪者？天下后世岂能以予过兴黄教为讥议乎？"

第二章 支持喇嘛教 利用喇嘛教：清王朝对西藏的基本国策

第 三 章
政教合一　经济一体：
清王朝对西藏的特殊政策

清王朝在西藏实行的是一种政治、经济、宗教、语言文化等方面的全面统治。在政治上实行政教合一，达赖、班禅既是西藏的宗教领袖，又是西藏地方行政的最高领导。在经济上实行自给自足，拥有自己地方的生产、税收权力，并且在中央的监护下流通自己的货币。从清初到清末的近三百年间，清王朝逐渐形成了一整套治理西藏的方针、政策，使西藏地方从始至终处在中央王朝的统一领导之下，成为清代的一个重要组成部分。

第一节　清王朝的民族政策

清王朝的民族政策是比较成功的。康熙皇帝是清王朝民族政策的奠基人。清王朝通过支持格鲁派，满蒙联姻，分而治之的政策，使内外蒙古得到了有效的控制。通过支持喇嘛教，册封达赖、班禅，派遣驻藏大臣等政策，对西藏实行了卓有成效的统治。通过设置伯克城主，派遣伊犁将军、喀什噶尔参赞大臣等政策，对新疆回部进行统治。通过设置土司，"改土归流"等政策，对南方民族进行了有效的治理。清王朝很好地解决了中央王朝与民族地区的关系，建立了一个长达近三百年之久的统一的多民族国家。

清王朝的民族政策，除了一代封建王朝的历史局限，实行了一些带有民族不平等和民族压迫性质的政策外，也实施了一系列的符合各民族实际情况的合理政策。清王朝前期是清代民族政策的初创期，也是令人称道的时期。康熙皇帝、乾隆皇帝在维护边疆安定，民族和睦方面做出了重要贡献，达到了统一的多民族国家所需要的政治一体、民族和睦的氛围。

在清代众多的皇帝中，康熙皇帝是口碑最好的皇帝。同时，他也是清王朝民族政策的奠基人。康熙皇帝（1654—1722年）不仅在清代，就是在整个中国历代封建王朝中，也是难得的明君。康熙八岁登基，十四岁亲政，二十八岁平定三藩之乱，三十岁收复台湾，三十七岁始三次亲征噶尔丹，五十岁始建承德避暑山庄，六十岁册封班禅为"班禅额尔德尼"，六十五岁第一次遣兵西藏驱逐准噶尔势力，六十九岁崩。康熙皇帝在位六十一年，其历史功绩可以与当时俄国的彼得大帝、法国的路易十四相媲美。在有清近三百年的历史上，他又是一位承上启下的皇帝。一方面要继承有清以来的传统，另一方面要适应新的情况，制定新的政策。其文治武功及发扬中国的传统文化、吸收西方的先进文化、制定民族政策等方面都达到了很高的水平，并且奠定了整个清王朝的统治基础。

康熙一生注重简朴，不尚浮夸。他曾总结明朝经验说："明朝费用甚奢，兴作亦广，其宫中脂粉钱四十万两，供应银数百万银，至世祖章皇帝登极，始悉除之。紫禁城内砌地砖，横竖七层，一切工作，俱派民间，宫女九千人，内监至十万人，饭食恒不能遍及，日有饿死者，今则宫中不过四五百人而已。明季宫中用马口柴、红螺炭，日以数千万斤计，俱取诸昌平等州县，今此柴仅天坛焚燎用之，尔等亦知马口柴乎，其柴约长三四尺，净白无点黑，两端刻两口，故谓之马口柴。又明季所行，多迂阔可笑之事，建极殿后阶石高厚数丈，方整一块，其费不赀，采买搬运至京，不能异入午门，运石太监参奏此石不肯入午门，乃命将石捆打六十御棍。崇祯曾学乘马，两人执辔，两人捧镫，两人扶革秋，甫乘辄已坠马，乃命责马四十，发往苦驿当差，马犹有知识，石则何所知乎？如此举动，岂不令人发一大噱。"①

康熙当政六十一年，不仅宫中注意节俭，其所用银两、宫女、太监等与明代相去甚远，就是康熙本人也不例外。比如，"康熙四十二年（丁未朔）正月壬子，群臣请预行庆贺万寿，恭进鞍马缎匹等物。上谕曰：'尔等如此进献，在外督抚必效之，朕必不受。朕素嗜文学，诸臣有以诗文献者，当留览。'既而诸臣恭进庆祝万寿屏，复以屏文缮写册页进呈。得旨留册页，却屏。"②

又如，康熙五十九年，"十二月，群臣以上御极六十年，恭请明岁行庆贺礼，不允"②。

再如，康熙六十一年，"大学士九卿科道等以来年恭遇万寿七旬大庆，合词疏请详议庆贺典礼，不允"③。

群臣请求庆贺皇帝五十大寿、七十大寿及在位六十年，康熙均曰"不允"，其不靡费之意令人钦佩。其实，庆贺大寿不过是人们的一点心意，长寿与否不在人意。康熙自己也曾说："尔年老之人，屡向朕所遣之人云，每日祝天求佛，愿皇上万寿。朕思自五帝以至今日，尚未及万载，朕何敢侈望及此，此皆以荒诞不经之谈欺朕，朕不信也。"④

为了使国内各民族和平相处，康熙皇帝大兴德政，以礼相待。比如，在中国历史上蒙古及其先人长期游牧在漠南、漠北，与中原经常发生摩擦，而到了清代却先后归顺，百年无患。这不能不说是清王朝民族政策的正确所致。康熙皇帝曾说："朕阅经史，塞外蒙古多与中国抗衡，自汉、唐、宋至明，俱被其害，而克宣威蒙古，并令归心如我朝者，未知有也。夫兵者凶器，圣人不得已而用之，譬之人身疮疡，

---

① 《清圣祖实录》卷二八九。
②②③④ （清）蒋良骐撰：《东华录》，中华书局1980年版。

方用针灸，肌肤无恙，而妄寻苦楚可乎？治天下之道亦然，乱则声讨，治则抚绥，理之自然也。自古以来，好勤远略者，国家元气，罔不亏损，是以朕意不以生事为贵。"①"不以生事为贵"，绥柔蒙古应该是康熙皇帝的一贯思想。通过满蒙上层联姻，分旗封王，因俗而治等一系列政策，使桀骜不驯的蒙古人归于清朝，让塞外百年安定，从唐、宋至明从未有过。当然，对于那些不服从中央王朝领导，分裂祖国，破坏统一者，也不能一味的绥柔，而必须坚决镇压。康熙三次亲征噶尔丹就是一例。正如康熙所说，"夫兵者凶器，圣人不得已而用之"。那么"乱则声讨，治则抚绥"也正是康熙皇帝，以至整个清代一贯的治邦之道。所以，康熙皇帝很自信地说："柔远能迩之道，汉人全不理会。本朝不设边防，以蒙古部落为之屏藩耳。"②

康熙一生能文能武，闲暇之时多喜赋诗，现存诗作一千多首。其诗内容丰富，题材广泛，更有抒"治国之道"、民族情怀之诗篇，如《昭君墓》一首：

> 南北分天地，
> 存亡见庙谟。
> 含悲辞汉主，
> 挥泪赴匈奴。
> 目睹当年冢，
> 心怀四海图。
> 葆旌巡远徼，
> 蕃落效驰驱。
> 欲笑和亲失，
> 还嫌饵术迂。

---

① （清）蒋良骐撰：《东华录》，中华书局1980年版。
② 《清圣祖实录》卷二七五。

> 开诚示异族，
> 布化越荒途。
> 漠漠龙沙际，
> 寥寥雁塞隅。
> 偶吟因有触，
> 意独与人殊。①

此诗于康熙三十五年（1696年），巡幸塞外见王昭君墓而作。对于昭君出塞，作者另有看法，即"意独与人殊"。诗中说，"欲笑和亲失，还嫌饵术迂"。也就是说汉代所用的和亲之计是失败的，并没有阻止匈奴进犯汉朝。只有国力强盛，"开诚示异族"，才能使"布化越荒途"。对少数民族要开诚布公，以诚相待，才能够相互信任，友好相处，布德政于荒途。康熙帝在其他诗句中也同样阐述了这种观点。按照康熙自己的说法，就是要以德怀人。他的"形胜固难凭，在德不在险"（《古北口》）②"须识成城惟众志，称雄不独峙群山"（《入居庸关》）③的著名诗句，在一定程度上代表了他的政治理想。居庸关与古北口自古以来就是兵家必争之地，并以其险要、依附长城而著称。康熙皇帝亲登关口、远眺长城写下了与众不同的著名诗句。其"称雄不独峙群山"，"在德不在险"之句，更是代表了他以德为本的治国之道。

清王朝不修长城，应该从康熙开始。康熙三十年（1691年）古北口总兵官蔡元向朝廷提出，他所管辖的那一带长城"倾塌甚多，请行修筑"。康熙对此批谕道："秦筑长城以来，汉、宋亦常修理，其时岂无边患？明末我太祖统大兵长驱直入，诸路瓦解，皆莫能当。可见守国之道，惟在修德安民。民心悦则邦本得，而边境自固，所谓'众志成城'者是也。"他还说："昔秦兴土石之工，修筑长城，我朝施恩于

---

① 孙丕任、卜维义编：《康熙诗选》，春风文艺出版社1987年版。
②③ 卜维义、孙丕任编：《康熙诗选》，春风文艺出版社1984年版。

喀尔喀，使之防备朔方，较长城更为坚固。"① 康熙的话说得很明了，修长城劳民伤财而无用，不如"修德安民"，以"众志成城"。我大清王朝施恩于喀尔喀，"使之防备朔方，较长城更为坚固"。也就是说，我修长城干吗？长城之外有蒙古喀尔喀人为我把守，那不是比长城更"坚固"吗？康熙的这些话真是令人深思，令人耳目一新。这也是他民族政策的基本点。

说到蒙古人的内附与向心力，就不得不提到土尔扈特全部回归之事。土尔扈特原为我国新疆厄鲁特蒙古的一支。明朝末年，由于蒙古上层贵族们争权被迫迁到俄国伏尔加河流域放牧。"康熙年间，我皇祖圣祖仁皇帝，曾欲悉其领要，令侍读图丽（理）琛等，假道俄罗斯以往。而俄罗斯故为纡绕其程，凡行三年又数月，始反命。"② 图丽（理）琛曾用满文写了《异域录》一书，记录了当时出使土尔扈特的情况。可见，康熙皇帝当时对远在俄罗斯境内的土尔扈特人是十分关心的。乾隆三十五年（1770年）八月，由于不堪忍受沙皇俄国的压迫，在渥巴锡汗率领下毅然决定回归祖国。他们经历了千难万险，受到了沙俄军队的围追堵截，最后终于回到了祖国的怀抱。"凡八阅月，历万有余里"③，付出了巨大的牺牲，于翌年六月到达了新疆伊犁。土尔扈特原有三万三千余户，约十六万九千余人，到达伊犁时仅存其半。清政府立即拨出价值二十万两银子的大米、谷物、牛羊、茶叶、布匹等物资送给他们，并安排他们在新疆伊犁河流域放牧。乾隆三十六年（1771年）秋，正值承德避暑山庄普陀宗乘庙落成，首领渥巴锡来承德朝见乾隆皇帝。乾隆皇帝十分高兴，于是写下了《土尔扈特全部归顺记》和《优恤土尔扈特部众记》，并用满、汉、蒙、藏四种文字刻碑，立于庙内以记。

---

① 《承德府志》（清刻本），卷一五一。
②③ 乾隆撰：《土尔扈特全部归顺记》，载《清政府与喇嘛教》，张羽新著，西藏人民出版社1988年版。

土尔扈特背井离乡一百四十多年后，其十六万之众，冲破艰难险阻，行程万里回到祖国的壮举，在古今中外的历史上都是少有的。它充分说明，清王朝的民族政策是成功的，各民族之间的血肉联系是任何力量也分不开的。

在新疆，乾隆二十二年（1757年）清王朝彻底平定了准噶尔之乱。又于乾隆二十四年平定了南疆大、小和卓之乱。乾隆二十七年（1762年）在伊犁设置了将军，用以管辖除阿勒泰地区之外的全疆各地及归附清朝的中亚和哈萨克各部。清王朝统一新疆后，为了加强西北边疆的防务，开发边疆，建设边疆，从内地陆续调来了许多满、汉、蒙古、达斡尔等族的兵丁。乾隆二十九年（1764年）又从辽宁的沈阳、辽阳、开原、义州等地，抽调了一千零二十名锡伯族官兵到伊犁驻防。这支勇敢的锡伯军队，在保卫边疆，与沙俄斗争中起到了重要的作用。几百年过去了，他们一代代不负众望，日夜守卫祖国的边疆，并将查布察尔视为锡伯人自己的第二故乡。

清王朝对西藏的政策也是成功的。西藏历来是中国不可分割的一部分。早在唐代，中原王朝就与吐蕃政权建立了亲密关系。元、明、清三代王朝都对西藏进行了有效的直接统治。清王朝与西藏地方的关系以及对西藏地方的治理，更是达到了前所未有的水平。清王朝通过对喇嘛教的支持，对达赖、班禅等上层宗教人士的封号，以及"金奔巴瓶"制度的确立，将西藏的宗教事务处理权牢牢地掌握在自己手里。通过在西藏设立驻藏大臣衙门，使得西藏政务由中央王朝派人直接管理。清代初年，为了西藏的安定，清王朝曾多次出兵西藏，清除不安定因素，反对外来侵略，从而更有力地控制了西藏。历史证明，清王朝的一系列治藏政策和举措是符合西藏实际的，是行之有效的。也可以说，清王朝实现了有史以来对西藏最有效、最彻底、最完全的统治，并且长达二百多年之久。

1644年，清王朝入主中原，建立起一代中央王朝。顺治帝成为入主中原后的第一位皇帝。顺治称帝后，曾专门派人到西藏问候达赖、班禅，并到各大寺熬茶，布施。达赖、班禅也派人到北京朝贺，献土仪。顺治八年（1651年）顺治皇帝派人到西藏敦请五世达赖前往北京与其会晤。五世达赖接受了敦请，于第二年率众三千人赴京。达赖到京，受到了以顺治皇帝为首的清中央王朝的热烈欢迎，并受到了皇帝的册封。从此，才有了"达赖喇嘛"这个封号，并且确立了达赖在西藏的宗教领袖地位。此时为顺治十年（1653年）。这次册封具有重大的历史意义：一方面，清王朝沿用了历代王朝对西藏上层宗教人士册封的惯例，使宗教管理权掌握在自己手里。同时，也是对格鲁派及其政权的承认和最大的支持，使格鲁派有中央王朝作为靠山。另一方面，顺治在册封达赖的同时，也册封了当时握有西藏实权的固始汗，也就顺利地完成了清王朝对西藏主权的延续。从此，西藏地方便牢牢地掌握在清王朝的手中。康熙末年西藏地区局势不稳，在确定"何人为六世达赖"时产生了严重的分歧。为了稳定局势，加强格鲁派，康熙皇帝于康熙五十二年（1713年）册封五世班禅为"班禅额尔德尼"，并按照封达赖之例，赐以金册、金印，其地位与达赖喇嘛相同。班禅的册封，一方面确立了他在格鲁派乃至整个西藏的宗教领袖地位，使西藏有了两个由中央王朝册封的领袖。另一方面削弱了达赖的势力，以便于中央王朝对西藏僧俗的统治。清王朝对达赖、班禅的册封，使格鲁派成为全藏的主要宗教派别，为清王朝的西藏统治和西藏的安定起到了积极的作用。康熙朝治理西藏的另一个重要举措是，在西藏设置驻藏大臣。设置一个由中央政府直接派人领导的，拥有自己军队的、长期驻扎西藏的机构是历代王朝所没有的创举。驻藏大臣的设置时间，大约始于康熙四十八年（1709年），终于清末（1911年），共驻西藏二百余年。驻藏大臣衙门是清王朝驻藏的一个派出机构，代表中央王朝行使对西藏的主权。驻藏大臣更是由皇帝任命，官衔在二品的清朝官员，并多由满、蒙官员担任。驻藏大臣的设置，对于更好地治理西藏，沟通中央与西藏地方的联系具有重要意义。

乾隆五十七年（1792年），乾隆皇帝写了《喇嘛说》一文，并刻文立碑。此文除全面地阐述了清王朝对藏传佛教的政策外，还对大喇嘛转世作了明确规定，那就是著名的"金瓶掣签"制。这一规定也是前所未有的，对于杜绝舞弊，纯洁宗教具有十分重要的意义。金瓶掣签制，既是一项重要的宗教改革措施，也是清王朝宗教管理的一个成功范例。它不但在历史上起到了应有的作用，而且时至今日仍有它的现实作用。为了西藏地方的安定和祖国领土的完整，清王朝还曾多次出兵西藏，在维系西藏内部的安定，清除宗派势力，反对外来侵略方面做出了贡献。此外，清王朝在经济、货币等方面也制定了一系列相应政策，使整个清代处于一种良性的、符合西藏实际的统治时期，并出现了二百多年的安定繁荣局面。

对南方的少数民族，清王朝采取的是设置土司的办法，进行有效的统治。在苗族、侗族、纳西族、土家族、彝族、瑶族、佤族等民族地区，设立"头人""土司"，通过他们进行管理，并给他们一定的自主权力。雍正七年，清王朝对南方一些民族地区进行了"改土归流"，改"土官"为"流官"，使这些地区逐步走向封建化，跟上全国的封建步伐。

清王朝对西藏的政策在总体上也是成功的。他们尊重西藏的宗教信仰与风俗习惯，支持格鲁派，册封达赖、班禅，帮助西藏发展经济、铸造货币，保持西藏的稳定与繁荣，大施德政于西藏。同时，对那些干扰和破坏西藏安定，有损国家统一的行为绝不姑息迁就。清王朝虽然支持喇嘛教，但并不纵容不法的喇嘛。用康熙的话说，就是"皈道法之人则嘉之，悖道法之人则惩之"。他自己也是这样做的。

康熙十四年（1675年）清王朝一举粉碎了察哈尔蒙古布尔尼的叛

乱。康熙下令将造乱的"阿杂里喇嘛等悉于军前正法"①。

康熙三十一年（1692年）归化城掌印扎萨克达喇嘛伊拉古克三呼图克图，私自逃往尚未被清王朝统一的厄鲁特蒙古，并欲迎噶尔丹之兵。康熙下令"集诸王以下蒙古王、文武大臣、官员、喇嘛等于黄寺"②，将其凌迟处死。

康熙五十九年（1720年）清军入藏驱逐准噶尔军队，并将占据各大寺庙的准噶尔喇嘛101人逮捕，五名为首喇嘛即行斩首，"其余96名准噶尔之喇嘛尽行监禁"③。

所有这些都充分体现出清王朝治理国家及西藏的基本思想和政策。这些原则与方法又都是从康熙皇帝开始的。他们支持格鲁派，但不纵容喇嘛，借鉴了元代的教训；以身作则，以德为本，清正廉明，借鉴的是明代的经验。同时，他们也开启了清王朝民族政策的先河。

第二节　清王朝治理西藏的基本法：《钦定章程》

清王朝在治理西藏过程中，认真总结经验教训，不断完善各种制度，先后颁布了《酌定西藏善后章程》（十三条）《钦定章程》（二十九条）和琦善修订章程（二十八条）。这三个章程，以《钦定章程》（二十九条）为基准，成为清王朝不同历史时期统治西藏的基本法，对于我们了解清王朝对西藏的全面统治具有重要的意义。

乾隆十二年（1747年），总理全藏事务的多罗郡王颇罗鼐逝世，其次子珠尔墨特那木札勒袭郡王爵，并仍总管全藏事务。珠尔墨特那木

---

① 《清圣祖实录》卷五十五。
② （清）王先谦：《东华续录》（康熙朝）卷六十。
③ 《清圣祖实录》卷二八九。

札勒为了达到称雄一方的目的，极力排斥异己，毒死其兄珠尔墨特策布登，又吞并阿里地区，并且反对清王朝的驻藏大臣，与达赖喇嘛有疑忌之心，与准噶尔通谋。对于珠尔墨特那木札勒的反叛行为，乾隆皇帝早有耳闻，并密旨四川总督策楞随时进藏灭之。当时的驻藏大臣傅清，帮办大臣拉布敦，已经感到珠尔墨特那木札勒必反无疑，为了及时制止事态的发展，他们采取了先发制人的办法。乾隆十五年十月十三日（1750年11月12日），傅清、拉布敦将珠尔墨特那木札勒叫到驻藏大臣衙门击毙。在一片混乱中，傅清、拉布敦也被珠尔墨特那木札勒的手下杀死。事件爆发后，七世达赖喇嘛噶桑嘉措命公班智达为代理藏王，并将杀害驻藏大臣的凶手拿获。清王朝先后派副都统班第、四川总督策楞率兵入藏，处理善后。根据乾隆皇帝的谕旨，"正当乘此机会，通盘筹划，务彻始彻终，为万全之计"①。策楞等人经过精心研究，于乾隆十六年（1751年）制定了《酌定西藏善后章程》（十三条）。经乾隆皇帝亲批"著照所定行，下部知之"②，使这一章程成为清王朝全面治理西藏的第一份重要文献。其全文如下：

一、应查照旧例，添放噶伦。查西藏向例，办事噶伦，原系四人，内除噶伦布隆簪双目失明，又被珠尔墨特那木札勒革退，现存者系班第达、策楞旺札勒、色裕特塞布腾三人。班第达已钦奉特旨，仍以公职办噶伦事务，毋庸另议外，其策楞旺札勒、色裕特塞布腾，于逆党变乱之前，均为珠尔墨特那木札勒故为调遣他处，并未在藏，不但平日并无过犯，不知叛逆情形，且原系奉旨所放之噶伦，仍应照旧留办噶伦事务。所有隆布簪一缺，应选放深晓格鲁派一人，公同办理一切，庶于僧俗均有裨益。但查得现在噶伦内，班第达系公爵，其余均系奉旨赏有札萨克头等台吉

---

① 《清高宗实录》，卷三七六。
② 《清高宗实录》，卷三八五。

职衔，今添设喇嘛一名，若不赏给名号，似于体制未符，应奏恳天恩，一律赏给札萨克大喇嘛名色，庶得以公同办理。

一、噶伦办理事务，应在公所。查旧例噶伦会办事件，原有噶沙之公所衙门，自颇罗鼐后，各噶伦均不赴公所，俱于私宅办事。又舍官放之卓呢尔、笔七格齐等员不用，各将私人任意添放卓呢尔等种种官员，故致罗布藏札什等得以专擅，任意纠合。今噶伦已照例补放，自应遵照旧例，遇有应办事件，俱赴公所会办。所用私行添放之官，尽行裁革，仍应用官放之卓呢尔等员办事。凡地方之些小事务，众噶伦秉公会商，妥协办理外，其具折奏事重务，并驿站紧要事件，务须遵旨请示达赖喇嘛并驻藏大臣酌定办理，钤用达赖喇嘛印信、钦差大臣关防遵行。倘嗣后噶伦内，仍有各怀私见，并不遵照章程办理者，准各噶伦公同举报，以凭参奏治罪。

一、补放碟巴头目等官，不得任意私放。查各处碟巴等官，有管理地方、教养百姓之责。自珠尔墨特那木札勒乖张用事以来，各将私人指名，混行补放，并不前往，仅差一家奴，赴彼代办，扰害地方者甚多，于民生大属无益。嗣后凡遇补放碟巴头目等官，噶伦等务须秉公查办，公同禀报达赖喇嘛并驻藏大臣酌定，俟奉有达赖喇嘛并钦差大臣印信文书遵行。其现任内，如有家奴代办者，概为撤回，另行补放。至珠尔墨特那木札勒被诛后，凡属逆党，均经公班第达遣人换回，但系一时仓猝，暂行补放。如有人地不宜，应行调换者，亦秉公举出，禀明达赖喇嘛并驻藏大臣，另为选放。

一、官员革除治罪，应酌定章程。查旧例凡选放碟巴等官，均系择其根基深厚，明白妥协之人，如有不能办理事务，或任意犯法者，自应秉公治罪。乃珠尔墨特那木札勒妄作威福，不论贤愚，擅将无辜之旧人，抄没革除，以致是非颠倒，怨声载道。嗣后凡碟巴头目等官，遇有犯法，或应抄没，或应革除，噶伦、代奔等务须秉公查明，分别定拟，请示达赖喇嘛并驻藏大臣指示遵行。

一、派选坐床堪布喇嘛，应照旧例遵行。查旧例各寺堪布喇嘛，均由达赖喇嘛查看庙宇之大小，选择喇嘛之贤能，酌量派往。自珠尔墨特那木札勒任事以来，竟任意私自补放调换，不容达赖喇嘛主持，甚属不合。嗣后各寺之堪布喇嘛，或遇缺出，拣选派往；或人不妥协，应行调回；均应由达赖喇嘛酌行，噶伦等不得仍用陋规，专擅办理。其喇嘛中遇有犯法者，噶伦等亦应禀明达赖喇嘛，请示遵行。

一、冗员宜行沙汰。查旧例，达赖喇嘛前始有卓呢尔、商卓特巴、曾本、随本各官名色。续因颇罗鼐封王以后，亦照达赖喇嘛，添设各官名色。今噶伦并非王爵，若仍照此添放多官，不但非分，亦属僭越不合，应查明革除，只应于公所设立卓呢尔二人，率领原设之仲意、笔七格齐等办理公务。

一、代奔应添设一员。查旧例，噶伦办理地方事务，代奔管理兵马，防范卡隘，今应仍旧，各专责成。但后藏地方甚小，而原设代奔三名；卫地甚大，而仅设代奔一人，一遇差遣病假，则地方各兵，无人管束。即为代奔达里札达什，被珠尔墨特那木札勒差往哈拉乌苏，去后卫地无管兵之人，以致逆党罗布藏札什，得以畅肆纠合，扰乱地方。今应再行添设一员，共为管理，即或遇有差遣，卫地尚可存留一人，弹压地方，护卫达赖喇嘛。嗣后凡遇调遣兵马，防御卡隘，均应遵旨，听候达赖喇嘛并驻藏大臣印信文书遵行。代奔等仍不时留心地方，如遇有应行防范事宜，亦即禀明钦差大臣指示遵行。至后藏之原代奔章罗金巴，查系无辜，被珠尔墨特那木札勒意欲侵害，私行革除之人，应仍调取管理后藏代奔事务，以示昭雪。

一、噶伦、代奔应请颁给敕书。查噶伦、代奔均系护卫达赖喇嘛，办理兵马之大员，责任甚重，应各请颁敕书一道，以昭信守，以重体统。除现有并添设之噶伦、代奔，均查取花名，造册送部，奏请颁发外，嗣后遇有缺出，驻藏大臣商同达赖喇嘛拣选应放之人，请旨补放，仍报部一并颁给敕书。将来或有不遵奉达赖喇嘛，并犯法不能办理地方，应行革职者，亦由达赖喇嘛会同驻藏大臣参奏，革除后，原颁之敕书，一体撤回缴部。

一、藏属人民，应禁止私占。查旧例，全藏人民均属达赖喇嘛所属，按地方之大小，人户之多寡，各有一定差徭，以供格鲁派佛事，并备众僧熬茶之用。自颇罗鼐、珠尔墨特那木札勒父子办事以来，不但任意私为占有，又复市恩于私人，滥行赏赉者甚多。遇有偏爱者，竟擅给免差文书；偏憎者，则种种加派，以致百姓苦乐不均。噶伦、代奔等，应即公同查照旧档，如实因有功于地方而劝赏者，毋庸缴回外，其至珠尔墨特那木札勒办事以来，任意无故私赏之人民，均应秉公查出，禀明达赖喇嘛，撤回应归公用。其滥行发给之免差文书，亦应查明撤回，仍令其照旧当差。凡一切加派之差徭，亦应禀明达赖喇嘛，概行减免，俾百姓苦乐得均。倘遇有出力有功，应行酌赏之人，噶伦、代奔等，即秉公禀明达赖喇嘛并驻藏大臣，酌定赏给遵行。

一、乌拉牌票，应禀请达赖喇嘛颁给。查旧例，所有达赖喇嘛差役，均由地方百姓供应。自颇罗鼐、珠尔墨特那木札勒任事以来，旧例废弛，凡噶伦、代奔人等，差人前往西宁、打箭炉、巴尔喀马、阿里等处地方买卖交易，均私出牌票，一切食用乌拉，均取资于各该地方，以致百姓差徭加倍，苦累不堪，因此而致流离失所者甚多，此风亟应革除。嗣后噶伦、代奔等买卖差遣，不得擅行私出牌票，即遇公事有必需乌拉之处，务禀明达赖喇嘛发给印信遵行。其随时在附近处应役者，仍着噶伦出票办理。

一、达赖喇嘛仓库存贮物件，应禁止私动。查旧例，原系仓储巴专管，遇有公事动用，噶伦等禀明达赖喇嘛，代为经理，开取封闭，俱以达赖喇嘛印信封皮为凭。自颇罗鼐、珠尔墨特那木札勒父子任事以来，任意私自取用，不但不禀明达赖喇嘛，竟至达赖喇嘛取用一哈达等物，亦不能主持，甚属不合。嗣后应查明旧例，仓储巴仍遵奉达赖喇嘛印信封皮办理。其零星日用物件，仍令仓储巴经理外，遇有公事动用，噶伦等必须公同请示达赖喇嘛遵行，私行动用，永行禁止。

一、阿里、哈拉乌苏等处地方，甚关紧要。查哈拉乌苏接连青海、阿里与准噶尔接壤，派往驻扎人员，必须拣选妥协可信之人，庶于地方有益，且向系选择根基深厚，素有名望之人派往，应请达赖喇嘛选择遣派，仍将所派人员咨部，奏恳圣恩，赏给号纸，以资弹压，以昭信守。

一、达木蒙古，应遵旨安插。查该蒙古，前经颇罗鼐奏请，由该王差遣管属。自珠尔墨特那木札勒被诛后，伊等因无人管辖，竟尔潜回达木。该蒙古等原属无罪之人，向系游牧为主，与唐古忒情形迥异。即遵旨询及本人，亦情愿归回达木，听候差遣，自应仰体皇仁，善为安顿。从前原系编为八个佐领，惟是该头目等所有名号，或称宰桑，或称台吉，均系颇罗鼐、珠尔墨特那木札勒混行加给职衔，于体制亦有不符，应酌定现有之头目八人，均授为固山达名色，属下仍选择八人授为佐领，再选八人授为骁骑校，俱照例给以顶戴，递相管束，俱归驻藏钦差大臣统辖。每佐领派人十名，共八十名，驻藏以备差遣，并护卫达赖喇嘛。其食用口粮，仍照旧例，向达赖喇嘛仓上支取。一切调拨，均依钦差大臣印信文书遵行，噶伦、代奔等不得私自差遣。一切革除补放，俱由驻藏大臣商明达赖喇嘛施行。每年查察该蒙古内如有勤劳恭顺者，酌加奖赏；倘有不遵法度者，严加惩责。至现在藏地蒙古，因本地毫无牲口养赡，向住藏内以资糊口之数十户，应查明存案，准其留藏，以资养生，庶各蒙古有所约束，均得仰沐天恩矣。①

这个章程主要是针对颇罗鼐、珠尔墨特那木札勒总管全藏事务以来，出现的一系列弊端而提出来的。对于噶伦、代奔、堪布喇嘛等僧俗官员的任免，各种乌拉、徭役的使用以及边关防御、达木蒙古事项的安排等，都做了较为详尽的规定。总的看来，这个章程还是比较浅显的，对于治藏中的一些重大问题，比如驻藏大臣的权限，达赖、班禅与驻藏大臣的关系，西藏驻军，货币与对外贸易等，都没有明确的规定。但从字里行间，我们却可以看出巩固与提高达赖喇嘛的地位，驻藏大臣与达赖喇嘛地位平等的倾向。尽管《酌定西藏善后章程》（十三条）并不完善，许多问题仅仅局限于"善后"，但它毕竟是清王朝治理西藏地方的第一个较为全面的文件，在整个治理西藏的过程中起到了一定的作用。在西藏地方官员的任免、驻藏大臣的地位、西藏地区徭役的限制等问题上体现了中央王朝对西藏地方的权力，并为今后西藏地方的治理打下了良好的基础。

乾隆五十六年（1791年），廓尔喀（今尼泊尔）人再次侵藏。乾隆皇帝派福康安等人率兵一万七千余人进藏。第二年，清军不但收回了被廓尔喀人所占领土，而且大兵直逼其首都加德满都。廓尔喀国王被迫向福康安投降，臣服于清王朝。福康安班师回到西藏后，对于勾结廓尔喀王入藏的沙玛尔巴活佛进行了惩办，对于惑众不抵抗的济仲喇嘛剥黄正法，对于有重大责任的仲巴呼图克图解赴北京治罪。为了使西藏长治久安，人民免受战乱之苦，福康安根据乾隆皇帝的谕旨，与达赖、班禅一起协商，共同议定了《钦定章程》（二十九条）。其全文如下：

（一）关于寻找活佛及呼图克图的灵童问题，依照藏人例俗，

---

① 牙含章：《达赖喇嘛传》，人民出版社1984年版。

确认灵童必问卜于四大护法，这就难免发生弊端。大皇帝为求格鲁派得到兴隆，特赐一金瓶，今后遇到寻认灵童时，邀集四大护法，将灵童的名字及出生年月，用满、汉、藏三种文字写于签牌上，放进瓶内，先派真正有学问的活佛，祈祷七日，然后由各呼图克图和驻藏大臣在大昭寺释迦佛像前正式认定。假若找到的灵童仅只一名，亦须将一个有灵童名字的签牌，和一个没有名字的签牌，共同放进瓶内，假若抽出没有名字的签牌，就不能认定已寻得的儿童，而要另外寻找。达赖喇嘛和班禅额尔德尼像父子一样，认定他们的灵童时，亦须将他们的名字用满、汉、藏三种文字写在签牌上，同样进行，这些都是大皇帝为了格鲁派的兴隆，和不使护法弄假作弊。这个金瓶常放在宗喀巴佛像前，需要保护净洁，并进行供养。

（二）为求西藏永远安乐计，今后由邻近各国来西藏的旅客和商人，需要进行管理，如果他们安分守己，遵守地方例俗，可以准其照旧经营商业，但是所有来往商人，必须进行登记，造具名册呈报驻藏大臣衙门备案。准许尼泊尔商人每年来藏三次，克什米尔商人每年来藏一次，各该商人无论前往何地，须由该管主脑呈报驻藏大臣衙门，按照该商人所经过的路线签发路证，并在江孜和定日两地方新派官兵驻扎，各该商人经过时，须将路证拿出检验。如有外人要求到拉萨者，须向各边境宗本进行呈报，并由驻江孜和定日的汉官进行调查，将人数呈报驻藏大臣衙门批准。该外人到拉萨后，需要进行登记并受检查。派驻各地的汉官及文书人等，如有贪污受贿等行为，一经发现即予惩办。由不丹、哲孟雄前来拉萨办理朝佛等事的人员，也同样需要呈报。外人返回本国时，也由各地宗本加以管理并进行检查。达赖喇嘛派往尼泊尔修建佛像或去朝塔的人员，由驻藏大臣签发路证，如逾期不能返回，由驻藏大臣另外行文给廓尔喀王。这样办理既可澄清边务，也对西藏有利。

（三）西藏"章卡"（市场所流行的一种硬币）历来掺假很多，今后政府应以纯粹汉银铸造，不得掺假。并依旧制，每一章卡重一钱五分，以纯银的六枚章卡换一两汉银，本来六枚章卡只等于九钱银子，所差一钱银子即算为铸造费用。"章卡"正面铸"乾隆宝藏"字样，边缘铸年号，背面铸藏文。驻藏大臣派汉官会同噶伦对所铸造之章卡进行检查，以求质量纯真。以前尼泊尔铸有假章卡，现规定其比价一律为汉银一两换八枚，并决定以后不得再私自铸造。凡尼泊尔及西藏所铸章卡之没有掺假者，一律以上述比价为标准，以后不得非议。所铸新章卡如有掺杂锡、铁等假料而被发觉时，所有由汉官及噶伦委派之孜本、孜仲（僧官）等管理人员以及工匠人等，一律依法应受严厉处分，并依所造假币数目加倍罚款。

（四）以前前后藏没有正规军队，用时临时征调，不仅缺乏作战能力，并且造扰人民，为害很大。这次呈请大皇帝批准，成立三千名正规军队：前后藏各驻一千名，江孜驻五百名，定日驻五百名，以上兵员由各主要地区征调，每五百名兵员委一代本管理。以前西藏只有五个代本职位，这次增加兵额，应依新增人数，增加代本名额。前藏代本即由驻拉萨游击统辖，日喀则、江孜、定日各地代本，由日喀则都司统辖。所有征调的兵员，应填报两份名册，一份存驻藏大臣衙门，一份存噶厦。以后如果发生缺额，即依名册补充。以上兵员统为达赖喇嘛和班禅额尔德尼的警卫。

（五）关于军官的职位，按照这次的编制，代本以下设十二个如本，每一如本管二百五十名兵员，如本以下设二十四名甲本，每一甲本管一百二十五名兵员，甲本以下设五名定本，每一定本管二十五名兵员。以上人员由驻藏大臣和达赖喇嘛挑选年青有为者充任，并发给执照。代本出缺时，由如本中升补；如本出缺时，从甲本中升补，以下类推。贵族出身的军职人员，也要从定本、甲本逐级提升，不得任意升迁。按照旧例：平民只能升任定本，不能上升，今后应依照其学识技能及战功逐级升迁，不得歧视。如有违犯军纪的事情发生，即予严惩。

（六）以前征调兵丁，不发粮饷武器，系由各兵丁自备，一旦用完，即行潜逃。今后每年每人应发粮食二石五斗，总共为七千五百石。上述粮食仅靠前后藏的田赋收入不够支付，故以沙玛尔巴、仲巴呼图克图的田产，以及丹津班珠尔之子目居索南班觉所缴的五个庄园，总共收入青稞三千一百七十石，作为补充。如还不够支付，即将沙玛尔巴桑坚班的什物尽行变卖，用以发给各兵员应发的粮饷。另外受征调的兵员，由达赖喇嘛发给减免差役的执照，以增进他们的战斗情绪。各代本因为已经有了达赖喇嘛拨给他们的庄园，就无需另发薪饷。各如本每年应发三十六两银子，各甲本二十两，各定本十四两八钱，总共两千六百两银子，由藏政府交给驻藏大臣，分春秋两季发给。兵员的粮饷也分春秋两季发给，由甲本和代本负责，不得短少。

（七）关于军队装备：十分之五用火枪，十分之三用弓箭，十分之二用刀矛。前后藏各寺院如有剩余武器，给价予以收买，其用费由前被没收的沙玛尔巴牧场收入的酥油价值五百五十两中开支。弓箭由政府每年派人前往太昭及边坝制造。各兵丁还要经常操演。

（八）达赖喇嘛和班禅额尔德尼的收入及开支，以前不经过驻藏大臣审核。由于达赖喇嘛和班禅额尔德尼全付精力贯注于宗教，不加细察零星事务，完全由他的亲属及随员等负责管理，难免不发生中饱舞弊等情事，所以这次大皇帝特命驻藏大臣进行审核，每年在春秋两季各汇报一次。一有隐瞒舞弊等情事发生，应即加以惩罚。

（九）此次廓尔喀侵犯藏地，西藏许多村落夷为废墟，人民饱尝痛苦，所以对于所属人民应大发慈悲，予以爱护，最近决定济咙、绒夏、聂拉木等三个地方免去两年的一切大小差徭，宗喀、定日、喀达、从堆等地方免去前后藏所有人民铁猪年以前所欠的一切税收。政府僧俗官员、各宗、谿负责人等，所有欠交税收也都减免一半。以上各项措施符合大皇帝爱护西藏众生的旨意，对于前后藏人民造益不浅。

（十）驻藏大臣督办藏内事务，应与达赖喇嘛、班禅额尔德尼平等，共同协商处理政事，所有噶伦以下的首脑及办事人员以至活佛，皆是隶属关系，无论大小都得服从驻藏大臣。札什伦布的一切事务，在班禅额尔德尼年幼时，由索本堪布负责处理，但为求得公平合理，应将一切特殊事务，事先呈报驻藏大臣，以便驻藏大臣出巡到该地时加以处理。

（十一）噶伦发生缺额需要补任时，从代本、仔本、强佐中考察各人的技能及工作成绩，由驻藏大臣和达赖喇嘛共同提出两个名单，呈报大皇帝选择任命。噶伦喇嘛之缺额，从大堪布中提名呈请委任。代本之缺额从如本中升迁，或从边界宗本中提出两个名单，呈请选择委任。孜本和强佐之缺额，由业仓巴、协邦（管理刑事者）、噶厦大秘书、仔仲喇嘛（僧官）中选任。业仓巴和协邦之额，由雪第巴、拉萨米本、达本中选任。雪第巴、拉萨米本、达本之缺额，由各地宗本及噶厦仲尼（交际人员）中委任。业仓巴和雪第巴之僧官缺额，从各大寺喇嘛中挑选委任。大秘书之缺额，由小秘书及噶厦仲尼中委任。大宗及边宗宗本之缺额，由小宗宗本中委任。小秘书之缺额，由普通职员中委任。过去各宗之僧官宗本，都由达赖喇嘛的随从中委任，他们多不能亲自到宗任职，而派代理人前往，这些代理人难免不发生贪污敲诈情事，因此今后所有代理人均由驻藏大臣选派，不能由孜仲喇嘛私自委派。

噶厦的小秘书及仲尼，其职位虽小，但经常和噶伦一处工作，不谓不重要，所以须从俗官中挑选能力较强者充任之。最近改组造币厂，委任两个孜本和两个孜仲为管理人，如该人员发生缺额时，须由达赖喇嘛和驻藏大臣协商选任。所有以上人员，除噶伦和代本须呈请大皇帝任命外，其余人员可由驻藏大臣和达赖喇嘛委任，并发给满、汉、藏三种文字的执照。噶伦代本以下人员和各个宗本，今后均按上述规定逐级升迁，不得逾规乱为。至于草官、卫士、糌粑管理人、帐篷管理人等，无关重要，可由达赖喇嘛自行派任。

札什伦布的工作人员都是僧人，过去没有规定品级，多少也不一定。今后强佐出缺时，须由索本喇嘛（管饮食者）和森本喇嘛（管寝室者）中补任，索本出缺时，从孜仲中补任，森本出缺时，从仲尼中补任，不得随意升迁。札什伦布辖区内村落较少，各边地亦无重要之宗、豁，所有强佐、索本、森本及宗本等，须依前藏之制度，由班禅额尔德尼和驻藏大臣协商委任。至于管理酥油、糌粑、柴草等零碎事务之无关重要人员，可依其技能之优劣，由班禅额尔德尼自行选任。关于"乌拉"等之派遣可依照旧例行之。

（十二）达赖喇嘛和班禅额尔德尼周围的随从人员，过去都是他们的亲属，如达赖喇嘛的叔父和班禅额尔德尼的父亲班丹团主，都是私人升任，又如达赖喇嘛之胞兄洛桑格登主巴，依仗势力多行不法。今后应依西藏各阶层及札什伦布僧俗人民之愿望，在达赖喇嘛和班禅额尔德尼在世时，其亲属人员不准参预政事。达赖、班禅圆寂后，如果还有亲属，可以根据他们的技能给予适当的职务。

（十三）驻藏大臣每年分春秋两季出巡前后藏各地和检阅军队。各地汉官和宗本等，如有欺压和剥削人民情事，即可报告驻藏大臣,予以查究。驻藏大臣出巡时,所用民间乌拉等,都得发给脚价,不得扰累番民,以示体恤。

(十四) 西藏和廓尔喀、不丹、哲孟雄等疆界相连,以前这些地方来人呈献贡物和处理公务,达赖喇嘛写回信时,曾因格式不合及其他原因而发生纠葛,例如廓尔喀前此行文交涉章卡一事,西藏方面没有谨慎从事,以致引起战争。现廓尔喀方面虽然表示悔改前非,归顺投降,但以后无论何种行文,都须以驻藏大臣为主,和达赖喇嘛协商处理。今后廓尔喀派人来见达赖喇嘛和驻藏大臣,其回文必须按照驻藏大臣之指示缮写,关于边界的重大事务,更要根据驻藏大臣的指示处理。外方所献的贡物,也须请驻藏大臣查阅。不丹,以前皇帝增加过封号,其宗教虽然不同,但每年派人向达赖喇嘛呈献贡物;哲孟雄、宗本、孟唐等藩属,每年也派人向达赖喇嘛和班禅额尔德尼献贡,均不要加以阻挠,而应详细检查。外方人员来藏时,各边宗宗本须将人数登记,报告驻藏大臣,由江孜和定日的汉官进行检查后,准其前往拉萨。各藩属给达赖喇嘛等人的来文,须译呈驻藏大臣查看,并代为酌定回书,交来人带回。所有噶伦都不得私自向外方藩属通信,即或由外方藩邦行文给噶伦时,也得呈交驻藏大臣和达赖喇嘛审阅处理,不得由噶伦私自缮写回信。以上有关涉外事务的规定,应严格遵守。

(十五) 西藏的济咙、聂拉木、绒夏、喀达、萨噶、昆布等地区和廓尔喀疆土相连,又为交通要道,须在济咙的日班桥、聂拉木的潘瞻铁桥、绒夏的边界等处树立界碑,限止廓尔喀商和藏人随意越界出入。驻藏大臣出巡时必须予以检查。所有尚未树立界碑之处,亦须迅速树立,不得因迟延而引起纠葛。

(十六) 边界地区与外方连接,对于当地人民之管理,来往行人之检查,都属重要事务。过去知能较强之宗本多留拉萨供职,而派知能较弱之宗本前去边界，难免耽误事情。今后边宗宗本均由小宗宗本及军队头目中选派，任满三年后考查成绩，如果办理妥善，驾驭得宜，记名以代本等缺升用，倘办理不善，立即革职。

（十七）西藏过去委任大小职务，均在贵族中选任，平民完全无份。自今新立规章，凡普通士兵如有知能较强并有战斗能力者，虽非贵族亦得升任定本甚至逐级升至代本。其他一切官职，可依旧例从贵族中派任，但如年龄过幼，亦不宜担任官职。因此规定秘书、噶厦仲尼、小宗本等，年满十八岁之贵族子弟始可派任。

（十八）堪布为各寺院之主脑，应选学问渊博，品德良好者充任之。近查各大寺之活佛，拥有很多庄园，并因享有群众信仰，所献贡物者很多，再加经商谋利，贪财好货，甚不称职。现规定今后各大寺堪布活佛人选，得由达赖喇嘛、驻藏大臣及济咙呼图克图等协商决定，并发给加盖以上三人印章的执照。至于各小寺堪布活佛之人选，可依原例由达赖喇嘛决定。

（十九）政府之所有税收，有以银两折交物品者，即照所定新旧章卡兑换之数，按新铸旧铸，分别折收不得稍有浮多。至采买各物，亦须公平交易，不得苦累商民。

（二十）在济咙、聂拉木两地方抽收大米、食盐及各种物品之进出口税，可依原例办理，除非请示驻藏大臣同意，政府不得私自增加税额。

（二十一）西藏之税收、乌拉等各种差役，一般贫苦人民负担苛重，富有人家向达赖喇嘛和班禅额尔德尼领得免役执照，达赖喇嘛之亲属及各大呼图克图亦领有免役执照。各噶伦、代本、大活佛之庄民也多领得免役执照。今后所有免役执照一律收回，使所有差役平均负担。其因实有劳绩，需要优待者，由达赖喇嘛和驻藏大臣协商发给免役执照。对新立之兵员，由驻藏大臣和达赖喇嘛依照名册一律发给免役执照。兵员出缺时，须将所发免役执照收回。

（二十二）达赖喇嘛所辖寺庙之活佛及喇嘛，一律详造名册，并由噶伦负责将全藏各呼图克图所属寨落人户详细填造名册，于驻藏大臣衙门和达赖喇嘛处各存一份，以便检查。以后各寺喇嘛如有不领护照而私行外出者，一经查出，即惩办该管堪布及札萨等主脑人员。

（二十三）青海蒙古王公派人来藏，迎请有学问之活佛去彼念经祈祷，有些固然是通过驻藏大臣，但有些是私自前往，因而不易查访。以后青海蒙古王公前来迎请西藏活佛，须由西宁大臣行文驻藏大臣，由驻藏大臣发给通行护照，并行文西宁大臣以便查考。到外方朝佛之活佛，亦得领取护照，始得通行。如若私行前往，一经查出，即惩罚该管堪布及主脑人员。

（二十四）依照旧例，来往派遣人夫乌拉，皆由达赖喇嘛发给执照，流弊很大，噶伦、代本以及达赖喇嘛之亲属，都有私派乌拉用以运输食粮用物。今后各活佛头目等因私外出时，一律不得派用乌拉。因公外出时，由驻藏大臣和达赖喇嘛发给加盖印章之执票，沿途按照执票派用乌拉。

（二十五）对于打架、命案及偷盗等案件之处理，可以缘依旧规，但须分清罪行之大小轻重，秉公办理。近年来噶伦及昂仔辖米本（拉萨市长）等，对案件之处理不惟不公，并额外罚款，还将所罚金银牛羊等不交政府，而纳入私囊。噶伦中还有利用权势，对于地位低下之人，随便加以罪名，呈报达赖喇嘛，没收其财产者屡见不鲜。今后规定对犯人所罚款项，必须登记，呈缴驻藏大臣衙门。对犯罪者的处罚，都须经过驻藏大臣审批。没收财产者，亦应呈报驻藏大臣，经过批准始能处理。今后不论公私人员，如有诉讼事务，均须依法公平处理，噶伦中如有依仗权势，无端侵占人民财产者，一经查出，除将噶伦职务革除及没收其财产外，并将所侵占的财产，全部退还本人，以儆效尤。

（二十六）每年操演军队所需用之弹药，由噶厦派妥员携带驻藏大臣衙门之公文，前去工布地方制造，运至拉萨发给部队。以前后藏番兵没有火炮，现从新造十四门火炮中调两门给后藏，以便在军队操演时试验射击，其余都交给达赖喇嘛。

（二十七）过去噶伦及代本等上任时，达赖喇嘛照例拨给公馆及庄园，卸任时交回。近查有噶伦及代本已经卸任，而公馆及庄园仍由家属承受不交，政府又另外拨给。今后所有卸任之噶伦及代本，应将公馆及庄园移交新任，不得据为私有。

（二十八）依照原例，应该发给活佛及喇嘛之俸银，均有定时，近来多有提前发给情事。今后应按规定时间发放，绝对不得提前。希济咙呼图克图立即进行调查，如发现提前发放俸银，或未全部发放者，对负责人员予以处分。

（二十九）西藏各村落应交政府之赋税、地租以及物品，邻近各地多派僧官催缴，较远者多派俗官催缴。近查僧俗官员和宗本中有少数坏人，将所收赋税地租不交政府而入私囊，致逐年积欠者甚多。甚有催收本年各项赋税时，预将明年各项赋税提前催收情事。还有逃亡户应该负担之赋税，强加给住地户负担者，以致苛捐繁重，民不聊生。以后强佐派人催缴赋税时，应按规定期限办理。僧俗官员及宗本等只准催清当年赋税，不得提前催收来年赋税。各村逃亡户之负担应予减免，俟该逃亡户还乡后照旧负担。①

这个章程定于乾隆五十七年（1792年），是清王朝治理西藏的一个纲领性文件，也是一个全面、详尽的治藏章程。纵观二十九条，其在活佛转世、对外政策、货币发放、军队设置、驻藏大臣权力、西藏官

---

① 牙含章：《达赖喇嘛传》，人民出版社1984年版。

员任免、地方税收、地方徭役、地方司法等方面都做出了明确的规定。

驻藏大臣权限的规定是这个章程的重要问题之一。清王朝所派的驻藏大臣是清王朝对西藏实行统治的重要体现。他所代表的是中央王朝，是中央派遣到西藏的最高行政长官。由于西藏的特殊情况，驻藏大臣与达赖、班禅的关系，与其他主要官员的关系等，以前并没有详尽的规定。而二十九条对此却进行了规范，其权限为"驻藏大臣督办藏内事务，应与达赖喇嘛、班禅额尔德尼平等，共同协商处理政事，所有噶伦以下的首脑及办事人员以至活佛，皆是隶属关系，无论大小都得服从驻藏大臣"。也就是说，驻藏大臣在西藏的地位与达赖、班禅平等，可以处理西藏地方的大小一切事务。但作为中央的代表，他又行使了一些代表国家的权力。比如，外交权，所有邻近各国来西藏的旅客和商人，都必须登记造册呈报驻藏大臣衙门，去拉萨者必须经过驻藏大臣衙门批准。又比如，对宗教的监督权，达赖、班禅等灵童的认定，达赖喇嘛所辖寺庙人员名额的增补，达赖、班禅收入及开支的审核，外省迎请西藏活佛的手续等，都必须经过驻藏大臣。

将金瓶掣签制度第一次以条文形式写进了章程。见于"依照藏人例俗，确认灵童必问卜于四大护法，这就难免发生弊端"，因此今后遇有灵童转世，在大昭寺释迦佛像前举行金瓶掣签仪式，以确定达赖、班禅等活佛的转世。这个规定与乾隆皇帝的《喇嘛说》一起，成为清王朝对西藏宗教政策的重要组成部分。

西藏地方的造币、税收、徭役、乌拉等问题，是西藏经济、贸易的重要问题。对此，章程中都作了明文规定。西藏章卡比较混乱，掺假者甚多。章程要求政府重造，并对章卡的重量、形式作了详细的规定。其"章卡正面铸'乾隆宝藏'字样，边缘铸年号，背面铸藏文"。

关于西藏地方正规军队的组建，章程中也有明确规定。"这次呈请大皇帝批准，成立三千名正规军队：前后藏各驻一千名，江孜驻五百名，定日驻五百名"。并且对于军队的编制、兵员粮饷、军队装备、操演弹药等,都作了翔实的规定。这一措施,对于西藏地方的安定、边防的巩固具有十分重要的意义。

西藏司法依照旧规多有弊病,所罚款项多有私吞之举。因此,章程中明文规定"今后规定对犯人所罚款项,必须登记,呈缴驻藏大臣衙门。对犯罪者的处罚,都须经过驻藏大臣审批。没收财产者,亦应呈报驻藏大臣,经过批准始能处理"。这样,就把西藏地方的司法权交由驻藏大臣行使,避免了一些营私舞弊的现象。

《钦定章程》(二十九条)对于西藏地方的长治久安、经贸繁荣、社会进步等方面做出了重要贡献,成为一部划时代的历史文献。经过了半个多世纪的施行,到了道光年间有些条款已经不大适应了。当时的驻藏大臣琦善,根据新的形势,对《钦定章程》(二十九条)做了许多增补,共计二十八条,并奏请皇帝批准。其全文如下:

(一)琦善等奏:乾隆五十七年奉上谕,闻向来驻藏大臣不谙大体,往往过于谦逊,受人以柄,致为所轻,诸事专擅。鄂辉、和琳均系钦差大臣,其办事应与达赖喇嘛、班禅额尔德尼平等,等因钦此,著有成例。嘉庆十九年又经前大臣瑚图礼以办事大臣,与达赖喇嘛平等,非与代办事之呼图克图平等,奏明在案。诚以大臣有考核之责,代办之人,非达赖喇嘛可比,使知如敢营私舞弊,立可参奏,有所惮而不敢妄为。初非争此礼节,迨后只知谦抑沽名,渐至趋承恐后,遂使夜郎自大,诸事专擅,妄作威福,肆行无忌。应请嗣后仍钦遵特旨,驻藏大臣与达赖喇嘛、班禅额尔德尼平等,其掌办之呼图克图,大臣照旧案仍用札行,不准联络交接,以庸政体。

(二)琦善等奏:西藏地方与廓尔喀、布鲁克巴、哲孟雄、洛敏达、拉达克各部落接壤,外番人等或来藏布施,或遣人通问,事所常有。应请悉遵定例,无论事之大小,均呈明驻藏大臣代为酌定发给,不准私自授受,违者参革,以重边疆。

（三）琦善等奏：地方遇有不靖，无论唐古特所属及外番构难，均先详查起衅根由，是否由于官民偾事激成，严行惩办，再行拟定，不准如前先用兵，冀图冒功，违者参革，以慎军旅。

（四）琦善等奏：达赖喇嘛正副师傅，乾隆年间并未动辄保奏，应请嗣后如果教授多年，俟达赖喇嘛任事之时，仰后恩出自上，不准驻藏大臣如前滥行保奏，以崇体制。

（五）琦善等奏：达赖喇嘛年至十八岁，应请仿照八世达赖之例，由驻藏大臣具奏请旨，即行任事。其掌办之人，立予撤退，所有掌办印信，或照成案送京，或封贮商上，请旨遵行，不得仍有捺压专为掌办之人，以杜结纳。

（六）琦善等奏：达赖喇嘛之父母，向由商上拨给庄田房屋，用资养赡，其父策旺登珠本属贫寒，于道光二十一年随同赴藏，荷蒙圣恩，赏赐公爵，而商上应给庄田，诺门罕延搁三年，致令待哺嗷嗷，屡次呈请，于是年冬始行拨给，仍系硗薄。及查达赖喇嘛商上班垫孜土地四十余岗，早经诺门罕私给其侄婿萨迦呼图克图为业，两相比较，无怪群情愤怒，众怨沸腾。应请嗣后达赖喇嘛呼毕勒罕出世，一经入瓶掣定，奉旨准作呼毕勒罕，其父母应得房屋，即由商上拨给，不准藉故推延，以示体恤。

（七）琦善等奏：掌办商上事务威权已重，而一兼师傅，达赖喇嘛即须推让，其噶勒丹池巴又系喇嘛中最尊职务，权要并于一人，易滋舞弊而莫敢谁何。应请嗣后掌办商上事务之人，不准保充正副师傅及噶勒丹池巴，以昭限制。

（八）琦善等奏：噶勒丹池巴请照后开旧规，于年久苦修深通经典喇嘛中保充，不准以呼图克图诺门罕充补，致滋但论职权大小，不论品德高低之弊。

（九）琦善等奏：掌事务手下之札萨克喇嘛，只准其管本寺事务，不准丝毫干预商上公事，同其余喇嘛，均只准其补本寺之缺，不准补商上之缺，与占他事差使。其商上当差之人，亦不准补掌办事务，寺中之缺，庶界限得以划清。

（十）琦善等奏：掌办商上事务之人，各有庄田百姓，尽可役使，不准再用商上乌拉，以苏民困。其熬茶，布施，应自出资办理，不准交商上番目代办，以免商上补贴。

（十一）琦善等奏：掌办印信，存掌办之人寺中，其钥匙照旧交总堪布佩带，遇有文书，公同铃用。其商上办事中译仍驻公所，不准移赴掌办之人私寺，以免滋弊。

（十二）琦善等奏：掌办之人，不准将商上田地人民，擅行给与寺院，又送与亲友；各寺院亦不准向掌办商上之人私行呈请，将商上庄田赏作香火养赡，违者将掌办参革，分别退还商上，以儆专擅。

（十三）琦善等奏：达赖喇嘛从前赏给世家及百姓田地，不准私行呈送及典卖与掌办寺院，违者追出归还商上，以杜贪营。

（十四）琦善等奏：商上仔仲喇嘛，应照嘉庆十一年奏定一百六十名定额，不准再有增益，刻下达赖喇嘛尚幼，无须多人，即照现有一百四十人为度，俟年至十八岁任事时，再行照额挑补。该仔仲系闲散喇嘛，并无品秩，未便如乾隆年间福康安所奏，骤补四、五品大缺。应请俟该仔仲充当三年后，以七品执事及七品喇嘛营官补用。

（十五）琦善等奏：商上仔仲之人，从无向外寺挑取旧例。自诺门罕掌事以来，方行创始，而各寺静修者，均非情愿，噶布伦曾经劝阻不听。查商上原有拉木结札仓寺一所，现有学经喇嘛，应请嗣后仍循旧规，不准向外寺挑取，倘商上人数不敷，只准向拉木结札仓寺内挑取。以商上寺中之人当商上之差，既符合旧规，且杜流弊。

（十六）琦善等奏：僧俗番目除营官番弁外，等第额数，率多牵混，现今按旧章，详加考订，总堪布统管商上秩三品，与噶布伦相等。其四品者：系僧官岁本、森本、曲本各一员，近身服侍达赖喇嘛之大堪布五名，小堪布内缮书中译四名，俗人仔本三名，商上、大昭商卓特巴各二名，俗人商卓特巴各一名，小岁本一名，管理番兵生息颇本僧俗各一名，商上大卓尼尔一名，大医生一名，又近身服侍小堪布八名。其五品者：商上仔仲卓尼尔十名，翻话罗藏娃四名，小医生一名，商上业尔仓巴三名，大昭一名，又俗人业尔仓巴三名，协尔邦二名，僧俗硕第巴二名，俗人密本二名。其六品者：噶厦俗人大中译二名，卓尼尔三名，俗人管马达本二名，仔仲管理经卷二名，管理采缎二名，德垫溪庙宇堪布一名。其七品者：噶厦俗人小中译三名，管门第巴三名，柴斤、草束、糌粑第巴僧俗各一名，俗人管帐房第巴二名，牛羊厂第巴三名，仔仲商人第巴四名，经管造佛等项匠役第巴二名，管理成衣第巴一名，管理造香及经理供献第巴各一名，看守大昭及罗尔布林岗房屋康尼尔各一名。

（十七）琦善等奏：喇嘛升转，向无一定，即福康安当日原奏，亦未分析清楚，应请嗣后总堪布缺出，以大岁本、森本、曲本及大堪布五人内拣选升补。大岁本缺出，以小岁本升补。森本缺出，以大堪布调补，如不得其人，与小堪布内升补。曲本缺出，以深通经典法事大堪布调补，及小堪布升补。其大堪布缺出，以小堪布升补。至小堪布内之商上、大昭商卓特巴，管理番兵生息之颇本、商上大卓尼尔缺出，以小堪布升补，及五品执事五品营官内升补。五品执事及五品营官缺出，以六品各员升补。六品缺出，以七品各员升补。七品执事及七品营官缺出，方准以闲散仔仲喇嘛拣选补用，不准先给虚衔，及越级升调委属，违者查参。

（十八）琦善等奏：原定条例内载，仔本商卓特巴缺出，以业尔仓巴、协尔邦、大中译及济仲喇嘛升补。今查仔本商卓特巴系四品，大中译系六品，即升四品已觉过优，且前藏并无济仲喇嘛，只有仔仲乃未经授职之人，骤升四品，更属躐等。应请嗣后仔本、商卓特巴缺出，以五品之业尔仓巴、协尔邦、硕第巴、密本升补。又载，硕第巴、密本、达本缺出，以边缺大缺营官升补。今查达本系六品管马之官，其边缺营官均系五品，以五品转升六品，又似太抑，应请嗣后硕第巴等缺出，以五品人员调补，及六品人员升补，其达本缺出，以六品人员调补，及七品人员升用。又载，边缺、大缺营官缺出，以小缺营官调补，及小中译补放。今查边缺、大缺营官系五品，其小缺营官与小中译，均系七品，骤与调补升补，亦似过优。应请嗣后边缺、大缺营官缺出，以六品中缺营官及六品执事人员升补。其中缺营官缺出，以小缺营官及七品人员升用。又载，代办噶厦小中译、卓尼尔，随同噶布伦办事，关系紧要，由东科尔拣补。今查噶厦小中译本有实缺三名，无庸代办，其卓尼尔系属六品，骤以东科尔挑选，亦与例载东科尔只准补七品营官之例矛盾。应请嗣后噶厦卓尼尔缺出，以七品人员升补，其东科尔应照例补七品之缺，不准越级挑用，与喇嘛升调之阶庶归一律。

（十九）琦善等奏：商上翻书中译缺出，应以深通夷文，心行端正之小堪布调补，及五品执事、五品营官内升用。其大医生须明白医理药性，惟只须加至小堪布虚衔，不准升用别缺。传话之罗藏娃，原属差役，与实任不同，应以熟悉各语，品行老成之人充任，不必拘定六品、七品及闲散仔仲，惟既得罗藏娃后，仍应视其原挑品级升转，不得既照五品之例升调。以上僧俗各缺，凡六品以上及有关地方之七品营官升调，均应呈请大臣会同拣放外，其余悉遵照章程，自行秉公办理，按季报查，违者查参。

（二十）琦善等奏：商上厨房供差人等，向由闲散仔仲，层次拔擢，升至小岁本而止，取其调合适口，冀如达赖喇嘛之意，应照旧办理。其管门第巴须高大有力者,只系微职,难拘资格,亦听其便。

(二十一)琦善等奏:僧俗营官,各应归还本缺,不准互相侵占,其有从前将喇嘛营官,作为寺院香火养赡者,即作为占一僧缺,不准又以俗缺令喇嘛管理。

(二十二)琦善等奏:各寺补放堪布,大寺拣拟五名至七名,小寺拣拟三四名至五名不等,以及拣补轮署等项,各寺均尚有成规,应仍其旧外,应请嗣后必须查其出家,实在已逾二十年,确系经典深通,攒大小昭寺,曾经考取格西兰占巴者,方准开单,呈请补放,不得以年轻资浅,经典欠深,并未考取格西兰占巴者,越次补放,致启夤缘之弊。

(二十三)琦善等奏:补放布赉绷寺、色拉寺、噶丹寺格贵之缺,向由各寺院内拣拟三五名至六七名,或以本寺之人补放,或以他寺之人轮流充当,均向有成规,应仍其旧外,应请嗣后必须查其出家逾上十余年,确系通晓清规,众心悦服,曾经管事无误,及曾充业尔仓巴,较量卸事日期先后,或博窝、贡茹二班轮流者,方准秉公开单呈送补放,不准如前不计年份深浅,曾否通晓清规,贿买贿卖,越次补放,致坏清规,违者革去喇嘛,逐出寺院,将掌办商上之人参奏,以肃清规。

(二十四)琦善等奏:补放噶勒丹池巴,应请照旧,先择其自幼曾在布赉绷、色拉、噶勒丹三大寺为僧,安静焚修二十余年,攒大小昭时,考取兰占巴名色,再入下温都逊寺内学习法事,深通之后,充补格西堆次已深至七八年,方准入选。属上温都逊寺者,选放掌教喇嘛翁则,由翁则拣升该寺堪布,由堪布升补辖尔孜曲结,再轮升噶勒丹池巴。属下温都逊寺者,由格西堆次年久,轮充格斯贵,由格斯贵年满选放掌教喇嘛翁则,由翁则选该寺堪布,由堪布升补降孜曲结,再轮升噶勒丹池巴。不准越次超升,以杜营谋，致坏清规之弊。

（二十五）琦善等奏：嗣后修建寺院，无论职分大小，宜遵理藩院定例，不准有碍民地民房，违者许被害之人告发，处分退还。其喇嘛只准在寺焚修，不准如前干预公事，动辄联名具呈，或代人乞恩，或代人报复，效讼棍所为。违者将该寺堪布及掌教之喇嘛斥革。仍查明起意之人，严行治罪。

（二十六）琦善等奏：理藩院则例，番民争讼分别罚赎，不准私议抄没等语。自诺门罕掌事以来，任情爱憎，藉事查抄，莫能禁止，与其逐案驳正，曷若明定规条，应请嗣后唐古特议罚之案，自一两至二十两，但期示儆而止，即至重之案，番民所罚连什物各项，至多不得逾番秤三十两，番目所罚连什物各项，至多不得逾秤三百两。其查抄家产，除婪索赃数过多，确有实据者，方准藉没外，其余公私罪犯，辄议查抄者，永行禁止，以符定例。不准藉称商上，曾经赏过田房，以抄没为追缴，违者治罪。

（二十七）琦善等奏：乌拉出自番民，最为困苦，福康安原奏但禁番目，未及掌办之人，亦未定有数目，且弁兵番目均散处汛地，有相距二三千里内外者，势不能尽由大臣给照，致有延滞。除掌办之人，自有田土百姓，不准仍用商上乌拉，及紧急事件，本非常有外，应请嗣后驻防弁兵应用乌拉，照嘉庆二十三年玉麟等所定，按品级应付章程办理，不准越额。番目应用乌拉，照嘉庆二年松筠等所拟，按官职大小，定数应付，勿许增添。其番目族戚及跟役等，均不准擅用乌拉，以苏民困。违者分别斥革处分。

（二十八）琦善等奏：唐古特番兵应照额挑补足数，以重操防，除老弱兵丁，业俱查出更换外，应行嗣后责成该管各员，认真训练，不得稍形短少苦累，其有相沿各处当差，出资雇替者，均责成戴本查明撤退归伍，违者照例治罪，以实兵额。其来藏贸易之外番，应行抽办税课，现在悉令噶布伦等查照旧章，毋许增添勒索，以示怀徕，而免争端。①

这个文件制定于道光二十四年（1844年），是继《钦定章程》（二十九条）之后的又一个重要文件。它是在二十九条的基础上增补的，其基本思想与二十九条是一致的。它的主要特点在于，进一步强调了"驻藏大臣与达赖喇嘛、班禅额尔德尼平等"的权力，更加详尽地规定了西藏地方大小官员任免事项，限制了集西藏政教大权于一身的摄政权力。

总之，这三个章程是清王朝对西藏地方治理的法规和纲领性文件，对于西藏的发展与稳定起到了一定的历史作用。如果说，乾隆初年的第一个章程"十三条"还有许多不完善地方的话，那么到了乾隆后期的"二十九条"时，就相当完备了，并成为清王朝对西藏治理成熟的标志。而道光年间的"二十八条"不过是新时期对原有"二十九条"的一种补充。透过这三个治藏章程，我们可以更深刻地体会到清王朝对西藏治理的指导思想和一贯政策。

第三节　政教合一体制的确立

长期以来，西藏的地方政权就是一种政治与宗教合一的政权。这种政权形成的历史可以追溯到元朝的萨迦政权。元世祖忽必烈曾封萨迦五祖八思巴为国师，并负责管理卫藏十三万户，成为具有政教合一性质的政权。到了清代，格鲁派在西藏掌权以后，五世达赖喇嘛虽然也以法王兼管政治，但实权主要掌握在蒙古族固始汗和藏王的手中。达赖喇嘛在西藏的地位主要局限在宗教方面。康熙五十六年（1717年）拉藏汗被杀，结束了蒙古人统治西藏的历史。西藏实行"四噶

---

① 牙含章：《班禅额尔德尼传》，西藏人民出版社1987年版。

伦"负责制，而达赖喇嘛不大过问行政管理。乾隆十五年（1750年）取消了世俗藏王制度，政务统于达赖，政教合一有所加强。乾隆五十八年（1793年），规定驻藏大臣与达赖喇嘛地位平等，总摄政教权力，政教合一制度在西藏完全确立。

明崇祯十四年（1641年），格鲁派在西藏受到第悉藏巴汗等人的极大迫害。当时的五世达赖喇嘛与四世班禅相商，派人到青海请蒙古固始汗率兵入藏。固始汗遂亲率大军，打入西藏，并推翻了藏巴汗的政权。战后，固始汗将西藏的政教两权交给了达赖喇嘛。于是，达赖喇嘛在西藏建立起了噶丹颇章政权，而整个西藏完全受固始汗的控制。固始汗自认为是全藏区的大汗，原驻地青海由其子管理，并以前藏、后藏所得赋税供养达赖，作为格鲁派的宗教经费。西藏地方政权的高级官员由固始汗任命，达赖手下的第一任第巴索南饶丹就是由固始汗任命的。西藏所有行政命令需由固始汗盖印发行，第巴只不过是副署盖印。这个政权的军队当然也是由固始汗指挥。五世达赖喇嘛于顺治年间入京受封为"所领天下释教普通瓦赤喇怛喇达赖喇嘛"的同时，固始汗也同样得到了"遵行文义敏慧顾实汗"的封号。说明清王朝不仅确立了达赖喇嘛在西藏的领袖地位，同时也承认了固始汗的西藏地方政权。顺治十三年（1656年）固始汗逝世。其子达延汗继位，康熙七年（1668年）达延汗与当时的第巴陈列嘉措先后去世，无人任命新第巴。在这种情况下，五世达赖于康熙八年（1669年）任命罗桑图道为新第巴。这是达赖喇嘛第一次行使任命自己第巴的权力。康熙十年（1671年）达延汗之子达赖汗继位后，只好承认了这一既定事实。从此，蒙古汗在西藏任命最高行政长官第巴的权力，开始归达赖喇嘛所有。康熙十三年（1674年）五世达赖又任命桑结嘉措为新第巴，进一步巩固了自己任命第巴的权力。桑结嘉措上任以后，做了许多有利于西藏政教合一制度的事情。其中，他主持修缮和扩建了布达拉宫，让达赖喇嘛移居于此，使布达拉宫成为西藏的政治中心和宗教中心，为西藏地方做了一件令人称道的大事。

康熙二十一年（1682年），五世达赖罗桑嘉措在布达拉宫逝世。第巴桑结嘉措秘不发丧长达十五年，并于康熙三十六年（1697年）立仓央嘉措为六世达赖喇嘛。康熙四十年（1701年）达赖汗去世，其子拉藏汗继位。桑结嘉措素与拉藏汗不合，曾派人想毒死拉藏汗，结果被拉藏汗发现，引发了一场战争。桑结嘉措战败被处死，其部下逃往新疆准噶尔蒙古部落，引来策旺那布坦之兵，占领拉萨，并杀死拉藏汗。这样，就结束了蒙古固始汗及其子孙统治西藏的历史，即固始汗、达延汗、达赖汗、拉藏汗子孙四代，七十余年的历史。

清王朝出兵西藏，将准噶尔人赶出西藏以后，于康熙六十年（1721年）成立了以康济鼐为首席噶伦的新政府，废除在西藏政务中独揽大权的第巴，设四名噶伦共管藏务，并同时封阿尔布巴、隆布鼐、颇罗鼐为噶伦。四噶伦共管的政权，是格鲁派掌权以来最好的西藏地方政权。其中，最重要一点是蒙古人在西藏的统治结束，藏人可以自己管理自己了。但好景不长，雍正五年（1727年）四大噶伦内讧，阿尔布巴与隆布鼐联合，杀死康济鼐，另一噶伦颇罗鼐逃往后藏。清王朝出兵平息了这场内乱后，雍正皇帝因颇罗鼐平乱有功，封其为"贝子"爵位，并令总理全藏事务。与此同时，又将派遣驻藏大臣为定制，让驻藏大臣与达赖、班禅一起管理西藏。乾隆十二年（1747年）颇罗鼐去世，其子珠尔墨特那木札勒袭爵，并仍总管西藏事务。但珠尔墨特那木札勒私通准噶尔谋反，被驻藏大臣击毙。事后，乾隆十六年（1751年）清王朝制定了《酌定西藏善后章程》（十三条）。其中，在西藏的政权建设上进行了改革，决定废除世俗藏王、郡王、贝子掌权制，由达赖喇嘛亲自掌握西藏的地方政权。并正式建立噶厦地方政府，设噶伦四人，一僧三俗地位平等，在驻藏大臣和达赖喇嘛的领导下共同管理藏务。其噶伦等重要官员，都必须由清王朝任命。此次，清王朝在藏的政权改革具有十分重要的历史意义。一方面提高了达赖喇嘛在藏的政教领袖地位，一方面也加强了中央王朝对西藏地方的统治。

六世达赖仓央嘉措于康熙四十五年（1706年）去世后，清王朝于康熙五十八年（1719年）册封噶桑嘉措为七世达赖喇嘛。根据新的规定，七世达赖喇嘛于乾隆十六年（1751年）开始亲政。当时，乾隆皇帝降旨曰："西藏广兴格鲁派，为清静善地。达赖喇嘛掌管西方佛教，广演经法。从前供养喇嘛，一切事务，原系噶伦四人。至珠尔墨特那木扎勒，诸事专擅，不与众噶伦商议，负恩任性，潜怀异图，因此驻藏大臣将伊正法。今藏内已经平静，噶伦事务不可一人专办，特令总督策楞拣选贤能，仍照旧例，分设噶伦四员，公同办事。尔等当感戴朕恩，尊敬达赖喇嘛，和衷协力，黾勉供职。勿存私意，致生猜疑，勿分彼此，互相瞻顾。遇有紧要事务，禀知达赖喇嘛与驻藏大臣，遵其指示而行。尔等其感恩宣力，副朕与格鲁派安群生之至意"①。七世达赖喇嘛亲政不久，就于乾隆二十二年（1757年）逝世。七世达赖去世后，西藏政教事务无人主持，乾隆皇帝便命第穆诺门汗为摄政。其旨曰："是以朕赏迪穆呼图克图诺扪汗之号，俾令如达赖喇嘛在日一体掌办喇嘛事务"，"遇有一切事务，俱照达赖喇嘛在时之例，与迪穆呼图克图商办，毋令噶伦等擅权滋事"②。并且规定，在达赖的转世灵童找到之前及坐床后十八岁之前，摄政代理达赖的政教职权。这就是西藏达赖喇嘛未成年之前以摄政作为代理的开始，以后便成为定制。

乾隆五十七年（1792年），抚远大将军福康安将入侵西藏的廓尔喀人赶了出去。为了西藏的长治久安，乾隆皇帝令福康安详加制定治藏章程。其旨曰："福康安等奏称：'行抵前藏，将善后章程大意告知达赖喇嘛，察看达赖喇嘛感戴出于至诚，一切惟命是听，断不敢稍形格碍'等语。朕节次所示条款内，如严禁达赖喇嘛左右近侍、亲族噶布

---

① 《清高宗实录》卷三八六。
② 《清高宗实录》卷五三五。

伦等干预滋事，并发去金奔巴瓶签掣呼毕勒罕各款，皆系保护格鲁派，去彼世袭嘱托私弊，达赖喇嘛自当一一遵奉。此系极好机会，皆赖是天所赐，福康安等当趁此将藏中积习涤除，一切事权俱归驻藏大臣管理，俾经久无弊，永靖边隅，方为妥善"①。根据皇帝的谕旨，福康安会同达赖、班禅、噶伦方面的代表一起制定了《钦定章程》（二十九条）。此章程是清王朝治理西藏几十年的经验总结，也是一部具有历史意义的治藏纲领。章程在明确了驻藏大臣与达赖、班禅权力平等的基础上，比较完备地制定了一套政教合一的管理办法，并且成为后来清王朝治理西藏的一个模式。《钦定章程》使清王朝的西藏治理走上正轨，也成为西藏政教合一体制最后确立的标志。

西藏的地方权力集中于驻藏大臣、达赖喇嘛、班禅额尔德尼。驻藏大臣作为清王朝派驻官员，是中央王朝的代表，有管理西藏地方一切事务的权力，并有直接上奏皇帝的权力。达赖喇嘛主管前藏，班禅额尔德尼主管后藏是历史上形成的。但达赖所辖寺庙、喇嘛、百姓及领地要比班禅多得多，其所居拉萨也是西藏的中心。拉萨的政府机构也是一种政教合一的形式，具有西藏地方政府的性质。班禅额尔德尼所辖寺庙、僧俗人等及领地只局限于后藏狭小的范围，其所设机构基本上是宗教性质的。

达赖喇嘛之下所设机构有：

一、行政机构

1. 噶厦（办公处）：四噶伦，一僧三俗，四品，总管全藏事务。

2. 噶伦下设仔本三人，俗官，四品，总司会计出纳。

3. 商上（办事处）：商卓特巴，六人，四品，总司会计出纳。

---

① 《清高宗实录》卷一四一七。

4. 业仓巴二人，五品，主管粮务。

5. 朗仔辖二人，俗官，五品，主管拉萨市政。

6. 协尔帮二人，五品，主管司法。

7. 硕第巴二人，一僧一俗，五品，管布达拉一带藏民。

8. 达本二人，俗官，六品，管马厂。

9. 大中译二人，俗官，六品，掌噶厦处秘书事宜。

10. 卓尼尔三人，六品，掌噶厦文书交际。

11. 小中译三人，俗官，六品，掌噶厦文书表报。

12. 还有第巴若干人，有僧官、俗官，均七品，负责管门、管草、管薪、管账房、管牛羊等。

二、地方官

1. 边营官二十三人，均五品，俗人22名，喇嘛1名。

2. 大营官十九人，均五品，俗人15名，喇嘛4名。

3. 中营官五十九人，均六品，俗人40名，喇嘛19名。

4. 小营官二十四人，均七品，俗人14名，喇嘛10名。

三、武官

1. 代本六人，四品，每人辖兵500名。

2. 如本十二人，五品，每人辖兵250名。

3. 甲本二十四人，六品，每人辖兵125名。

4. 定本一百二十人，七品，每人辖兵25名。

5. 久本若干人，每人辖兵10名。

四、宗教机构

1. 译仓：承办宗教事宜的机构，设仲译钦摩四人，秘书，处理一切寺庙行政事务。又设寺庙堪布、仔仲官等。

2. 拉章官，随侍达赖左右的僧官。

    (1) 基巧堪布一人，即总堪布，三品，管达赖印信。

    (2) 森本堪布一人，四品，达赖随侍。

(3) 苏本堪布一人，四品，管达赖饮食、盥洗。

(4) 却本堪布一人，四品，管达赖讲经、供养。

(5) 大堪布五人，四品，达赖近身服侍。

(6) 小堪布四人，四品，缮写中译。

(7) 小苏本一人，四品。

班禅之下所设机构有：

一、行政机构

1. 扎萨喇嘛罗门汗二人，四品，代班禅管理政务及札什伦布财务，僧官。
2. 孜卡三人，二俗官、一僧官，掌会计庶务事宜。
3. 大期奔一人，五品，管理马厂事务。
4. 大中译一人，管理文书事项。
5. 大卓尼一人，管交际、诉讼事项。
6. 大尼仓一人，管征收钱粮。
7. 巴奔巴一人，管理印务。
8. 罗远一人，管理札什伦布寺民众事务。
9. 雪第巴一人，五品，管理江孜一带民众及市政事务。

二、地方官

1. 大营官四人，三品。
2. 中营官十七人。
3. 小营官十六人。

三、武官

1. 代本四人，四品，每人辖兵 500 名。
2. 如本十二人，五品，每人辖兵 250 名。
3. 甲本二十四人，六品，每人辖兵 125 名。
4. 定本一百二十名，七品，每人辖兵 25 名。
5. 久本若干人，每名辖兵 10 名。

四、宗教机构

1. 郎玛岗：堪布会议厅，由苏本、森本、却本等大堪布组成，以札萨喇嘛为主席。下设郎洒康（内务处）、相仔康（总务处）、译仓（秘书室）等。
2. 拉章官，随侍班禅左右的僧官。
   （1）森本堪布一人，负责班禅起居。
   （2）苏本堪布一人，管理班禅饮食、盥洗。
   （3）却本堪布一人，管理班禅诵经、供养。[①]

从以上达赖、班禅所设各种机构看，基本上体现了政教合一政权的特点。其行政机构与宗教机构并行，僧官与俗官并用，僧官与俗官均有品级，各有权力等，都是西藏独特管理体制的体现。这种僧俗一体，政教杂糅的机制，也成为清王朝统治、管理西藏的基本定制。对于僧俗人口掺半、宗教盛行的西藏来说，政教合一体制是符合西藏实际情况的，也在一定程度上代表了僧俗人等的利益。

第四节　西藏的地方经济与货币

清王朝针对西藏的具体情况，在经济上实行了一定的优惠政策。"藏卫地方乃赏给达赖喇嘛采邑，免其正赋之贡"[②]，其"前后藏所出租赋，悉归达赖喇嘛、班禅额尔德尼收用"[③]。也就是说，清王朝免除了西藏地方每年向中央王朝所应交纳的赋税，并以采邑的形式将西藏赏给达赖、班禅，其所得地方租赋由他们自理。

[①] 黄奋生：《西藏史略》，民族出版社1985年版；吴丰培、曾国庆：《清朝驻藏大臣制度的建立与沿革》，中国藏学出版社1989年版。

[②] 吴丰培整理：《西藏志》，西藏人民出版社1982年版。

[③] 松筠：《卫藏通志》，西藏人民出版社1982年版。

清朝时期，西藏正处在一种政教合一统治下的封建农奴制的社会。其社会经济的发展具有很大的宗教和农奴制的特点。西藏的土地主要掌握在政府、贵族（官吏）和寺院三者的手中。贵族和寺院的土地一概由各自属下的百姓耕种。政府的土地则需要农民无偿耕种。寺院占有土地，并由属下百姓耕种是西藏经济生活中的一大特点。寺庙经济在整个西藏经济中占有重要的地位。据乾隆二年（1737年）理藩院的一份统计：达赖喇嘛所辖寺庙三千一百五十余所，喇嘛三十万二千五百余人，百姓十二万一千四百三十八户（约六十万七千一百九十人）；班禅所辖寺庙三百二十七所，喇嘛一万三千七百余人，百姓六千七百五十二户（约三万三千七百六十人）。两位格鲁派领袖所辖寺庙共三千四百七十七所，所辖僧俗人口共九十五万七千一百五十（近百万）人。这些数字表明，清代乾隆初年达赖、班禅所辖寺庙及僧俗人口就高达90%以上，其所辖土地就可想而知了。①

乌拉制度是西藏特有的一种劳役制度。"乌拉"一词藏语义为"负担"。据《西藏志》记载："土民之服役者名曰乌拉。凡有生业之人，毋论男女皆派，即他处来者，或仅妇女，但能自立烟灶租房居住者，亦派，多寡各量其贫富不等。其头目碟巴皆派用乌拉，照所居室之大小派定应需之数，或三四名或十数名，照数轮派乌拉应役。"② 这种看上去平等，不管富人、穷人，人人都有份的制度，实际上并不平等。那些有钱人往往把这些差役转嫁到平民身上，或者通过关系免于派遣。所以，清王朝在《钦定章程》（二十九条）中明确指出："西藏之税收、乌拉等各种差役，一般贫苦人民负担苛重，富有人家向达赖喇嘛和班禅额尔德尼领得免役执照，达赖喇嘛之亲属及各大呼图克图亦领有免役执照。各噶伦、代本、大活佛之庄民也多领得免役执照。今后所有免役执照一律收回，使所有差役平均负担。其因实有劳绩，需要

---

① （清）魏源：《圣武记》，中华书局1984年版。
② 吴丰培整理：《西藏志》，西藏人民出版社1982年版。

优待者，由达赖喇嘛和驻藏大臣协商发给免役执照。"① 与此同时，清王朝还采取了一系列措施，用以减轻藏民们的繁重负担。乾隆六十年（1795年）驻藏大臣松筠上奏朝廷："聂拉木、宗喀、济咙及沿边一带番民贫苦，俱系达赖喇嘛所属，自应轻其赋税。臣因阅边，沿途面询此数处百姓，并称每年应纳钱粮之外尚有别项折色，而济咙番民赋税尤重"，"查前藏所属番民每年差派杂役烦多，除边远游牧者尚无从摊派，其余种地番民一年交纳各项钱粮外，每户另出银帮贴夫费。此项差役系洒扫布达拉等处寺院，及秋季豆草交庙上应用，实属苦累。查庙上日需之草束，原有百姓一年所交折色银一万两，应用尚有赢余，尽可雇募应役，其格外苛派，概请严禁。"② 乾隆皇帝恩准松筠所奏，清王朝拨款抚恤流亡的藏民，并规定乌拉牲畜每日脚价一钱，人夫每日五分。同时，清王朝还使达赖喇嘛豁免西藏人民四年（乾隆五十六年至五十九年）所欠钱粮四万余两，及乾隆六十年应缴钱粮五万两，在一定程度上减轻了藏民的负担。

为了更好地监督西藏地方的经济财政状况，清王朝还在《钦定章程》（二十九条）中明确规定：达赖喇嘛、班禅的收入与开支由"大皇帝特命驻藏大臣进行审核，每年在春秋两季各汇报一次。一有隐瞒舞弊等情事发生，应即加以惩罚"；"在济咙、聂拉木两地方抽收大米、食盐及各种物品之进出口税，可依原例办理，除非请示驻藏大臣同意，政府不得私自增加税额"。③这样，清王朝就把西藏的财政大权牢牢地掌握在自己的手里，不仅有力地控制了西藏的地方经济，也加强了中央王朝对西藏地方的统治，为西藏地方的经济发展提供了很好的条件。

西藏的经济主要有两种：一种是牧业经济；一种是农业经济。牧业经济在西藏占有优势。由于西藏多山，多草，草原面积十分广阔，其可利用的草原面积大约占西藏总面积的一半。主要牲畜有：牦牛、犏

---

①③ 牙含章：《达赖喇嘛传》，人民出版社1984年版。
② 《清高宗实录》卷一四八一。

牛、黄牛及绵羊、山羊等。其中，牦牛被人们称作"高原之舟"，为藏民不可缺少的高原雪岭上的交通运输工具。由于西藏地处高原，平均海拔都在四千米以上，无霜期短，气温较低，不利于农作物的生长。因此，西藏种植的主要农作物就是青稞（属大麦类）。这种作物主要有耐高寒，生长期短的特点，比较适应西藏高原的气候。藏族人民喜欢吃的主要食物糌粑就是由青稞制作而成。其他的农作物还有荞麦、蚕豆、豌豆等。西藏的主要经济作物是油菜和甜菜。

西藏的林业资源是得天独厚的，其林木蓄积量居全国第二。各种树木、各种药材、各种果木应有尽有。

历史上，西藏没有自己的工业，只有一些纺织氆氇、地毯，制作陶器、佛像及日用品、装饰品的手工业。更没有公路与汽车，其运输只有靠人背和牲畜驮运。清代在西藏所设立的驿站及藏地实行的"乌拉"制，便成为清王朝在藏的主要交通、运输、联络的形式。

清代，从内地到西藏十分困难，一方面没有公路，一方面气候恶劣。清人魏源在《圣武记》中说："凡藏中雪岭不一，四时冰凌，其凹处深辄数仞，人畜失足，杳无踪迹，其颠积雪如城，不时随风飘洒，甚于天降，行人舍骑而步，以手代足，羸牲踣坠，白骨载途，寒冱噤人，飞走皆绝。惟夏秋之际可行，然遇夏雪涣泮，势如倾岳，纵水横潦，仆痛马瘏，兼以瘴疠不毛，番夷剽夺，风日惨淡，有冬无春，行役之艰于此为极。"[①] 尽管如此，内地与西藏的往来一直没有间断。西藏"距京师万有四千余里。由川、陕、滇入藏有三路，皆先至前藏，而后西至中藏，又西至后藏，又最西至阿里"[②]。"其陕、川、滇入藏三路，惟云南中甸之路山险峻重阻，止通商贩，大军不能入也，故军行皆由四川、青海二路。而青海路亦出河源之西，未入藏前，先经蒙古草地千有五百里，又不如打箭炉内皆腹地，外环土司。故驻藏大臣往

---

①② （清）魏源：《圣武记》，中华书局1984年版。

返皆以四川为正驿，而互市与贡道亦皆在打箭炉。其地高寒，乃明正土司所属，为番夷总汇，因山为城，市井辐辏。"① 也就是说，在清代入藏的三条路中，以川路为最好。当时"四川的打箭炉，为汉夷杂处、入藏必经之地，百货完备，商务称盛"，"常年贸易，不下数千金，俗以小成都名之"②，足见当时贸易之繁荣。清王朝在西藏设有驿站，其"自四川打箭炉西行二十余驿至前藏，十二驿至中藏，又十二驿至后藏，又二十驿至济咙之铁索桥，为后藏极边地"③。

从内地通往西藏的道路，既是清代联络、用兵之驿路，又是朝贡之路、商贾之路。清代规定，达赖喇嘛、班禅额尔德尼隔年轮班进京入贡一次，其他呼图克图、各活佛、大喇嘛也要几年一贡。这样，在西藏通往内地的道路上，几乎每天都有进京入贡的队伍出现。这些贡者，从西藏带去当地的土特产献给皇帝，又从皇帝那领回赏赐带回西藏，每次入贡时间至少也得一年以上。另外，这条路又是自古以来的"茶马道"，藏商、汉商云集于此。茶马互易，在西藏与内地之间早在唐宋就已经开始。以内地之茶换藏地之马的贸易一直在这条路上进行着。同时，西藏所需要的黄金、白银、布匹、丝绸、瓷器等，内地所需要的氆氇、红花、麝香、佛像等，都是通过这条商路相互贸易而得到的。尤其是茶叶，对于广大藏民来说，是必不可少的日用品。而过去，西藏一直不种茶，大量的茶叶都是从"茶马道"上交换来的。当然，内地与西藏的这种交往绝不会仅仅局限在商业上和政治上，同时它还是一种文化上的交流。通过这条古路把西藏的文化带到内地，把内地的文化带到西藏，使西藏与祖国联系得更加紧密。

西藏历史上没有自己的货币。从16世纪中期开始，尼泊尔加德满都所造银币流入西藏。当时，加德满都土王马亨德拉·马拉（1569—1574年）曾与西藏地方签署了一个条约，向西藏提供银币，西藏方面

---

①③　（清）魏源：《圣武记》，中华书局1984年版。
②　徐珂：《清稗类钞·农商类》，第十七册。

以白银相换。也就是说，双方以同等重量的银币换回同等重量的纯银。一般是每个银币换白银一钱五分。历史上称这种专为西藏铸造、流通的银币为"章卡"。这种银币交易大约持续了二百多年。①

由于尼泊尔银币质量越来越差，含银量越来越少，甚至有的银币只有一半为银，另一半为铜。可是，他们带到西藏后仍以一枚银币换白银一钱五分的比价兑换。这就引起了广大藏族同胞的极大不满。后来，清王朝出面与尼泊尔相磋商，尼泊尔又造了纯银的新币。但由于新、旧银币同时在市场上流通，造成了极大的混乱。西藏地方政府不得不向尼泊尔方面提出建议，停止使用旧币，以新币来换旧币，保证新币的畅通。但尼泊尔方面却提出：以新币一枚换旧币两枚，方可弃旧代新；改变过去以同等重量换币的方式，以新币六枚换白银一两。这种换法，势必给西藏方面带来巨大的损失。由于藏尼双方互不相让，加上一些其他方面的政治原因，便直接导致了一场战争，廓尔喀人侵藏，并抢劫了札什伦布寺。最后，清王朝出兵西藏，将廓尔喀人赶出了西藏，使其彻底臣服。

清王朝在驱逐廓尔喀人的同时，便着手解决西藏的货币问题，并且决定废除尼泊尔人所造银币，在西藏铸造自己的钱币。乾隆五十六年（1791年）九月，皇帝谕旨曰：

> 廓尔喀所铸钱文向卫藏行使，原为贪图利息起见。后又欲将旧钱停止，专用新钱，每银一两只肯用钱六个，固属贪得无厌，而噶布伦、番众人等与彼交易，亦不免图占便宜。彼此惟利是图，各不相下，以致复滋事端。但卫藏地方行使廓尔喀钱文，总缘唐古忒人等向与廓尔喀交易买卖，是以不得不从其便。今该贼匪反复无常，肆行抢掠，昨已降旨令将在前藏贸易之人概行逐去，即使廓尔喀震慑兵威恳求纳款，亦不准其再通贸易。是廓尔喀所铸

---

① 肖怀远：《西藏地方货币史》，民族出版社1987年版。

钱文，卫藏竟可毋须行用。我国家中外一统，同轨同文，官铸制钱通行无滞，区区藏地何必转用外番币货。况伊将所铸之钱易回银两，又复掺铜铸钱向藏区交易，源源换给，是卫藏银两转被廓尔喀逐渐易换，尤属不成事体。若于内地铸钱远往，程站遥远，口外又多夹坝，运送维艰，莫若于西藏地方照内地之例安设炉座，拨派官匠，即在彼鼓铸。驻藏大臣督同员役监制经理，自可不虞缺乏。①

西藏自己造银币在历史上还是第一次，在整个西藏经济生活中也是一件大事。它不但结束了长期依赖外人造币的历史，同时也减少了大量的白银外流，对于西藏的货币自主，经济发展具有十分重要的意义。同时，对于藏地与内地的经贸交流，维护统一的多民族的国家也是十分有益的。正如乾隆皇帝所说，"我国家中外一统，同轨同文，官铸制钱通行无滞，区区藏地何必转用外番币货"。清王朝完全有能力在西藏铸成自己的银币。

乾隆皇帝降旨不久，在驻藏大臣的直接监督下，参照内地官钱的样式，并结合西藏所用货币的传统，造出了第一种银币"九松西阿"。其币面值规格依照尼泊尔货币，重约5克，直径26毫米，厚1.1毫米，仍兑换白银一钱五分。"九松西阿"表示的是铸造年代，即藏历十三绕迥第四十五年，印在钱币正面中央。"九松、西阿"就是"一三、四五"的藏语读音②。此币经过驻藏大臣及地方政府的认可后，第二年（1792年）开始大量铸造"九松西著"（一三、四六），并发行使用。第三年（1793年）又铸造"九松西堆"（一三、四七）。这种货币虽称银币，但也有三四成铜的成分，与过去尼泊尔所造货币相差无几，虽为藏地自己造出，但使用起来仍然有许多弊病。乾隆五十七年（1793

---

① 《清高宗实录》卷一三八七。
② 肖怀远：《西藏地方货币史》，民族出版社1987年版。

年），当时在藏的福康安上奏皇帝说：

> 藏地素不产铜，由内地拨运，不免靡费，应照上年奏准由商上铸造银钱，一律通行。成色纯用纹银，每元照旧重一钱五分。纹银一两，易钱六元。余银一钱，作为鼓铸工本。另铸一钱重银钱一种，每两易换九元。五分重银钱一种，每两易换十八元。将商上原铸及巴勒布旧钱议令每纹银一两易换八元。所有鼓铸工料，令商上经理，仍交驻藏大臣派员督同监造。如有搀杂，将该管噶布伦及孜绷、孜仲等与监造之员一并治罪。①

福康安之奏有一定的道理：藏民本不习惯使用铜钱；而所用之铜又得从外省远运，劳民伤财；且容易造成新的货币混乱。那么，还不如直接铸造纯色银币。乾隆皇帝采纳了他的建议，但对于新币的图案提出了自己的看法，并降旨曰：

> 所定藏内鼓铸银钱章程，亦只可如此办理。藏内既不产铜，所需鼓铸钱文铜斤仍须向滇省采买，自滇至藏一路崇山峻岭，购运维艰，自不若仍铸银钱，较为省便。但阅所进钱模，正面铸"乾隆通宝"四字，背面铸"宝藏"二字，俱用唐古忒字模印，并无汉字，于同文规制尚为未协。所铸银钱，其正面用汉字铸"乾隆宝藏"四字，背面用唐古忒字亦铸"乾隆宝藏"四字，以昭同文而符体制，已另行模绘钱式，发去遵办。②

这种纯银货币和乾隆皇帝钦定的银币图案，就成为后来西藏货币的基本图案。为了使用方便，"乾隆通宝"又分一钱五分、一钱、五分的三种银币，并且规定一钱五分的章卡以六枚换银子一两，一钱的章卡以九枚换银子一两，五分的章卡以十八枚换银子一两。新币上市效果良好，很受广大藏民的欢迎。西藏与尼泊尔通商后，在藏经商的尼

---

①② 《清高宗实录》卷一四一八。

泊尔人必须使用藏币，出境时再将藏币换成银子，双方货币互不通用。

　　乾隆五十七年（1793年）十二月，清王朝为了治理好西藏，制定了《钦定章程》（二十九条）。其中，也把西藏货币的铸造方法、图案等，作为定制写进了章程。"西藏章卡历来掺假很多，今后政府应以纯粹汉银铸造，不得掺假。并依旧制，每一章噶卡一钱五分，以纯银的六枚章卡换一两汉银。本来六枚章卡只等于九钱银子，所差一钱银子即算为铸造费用。'章卡'正面铸'乾隆宝藏'字样，边缘铸年号，背面铸藏文。驻藏大臣派汉官会同噶伦对所铸造之章卡进行检查，以求质量纯真。"① 从此以后，西藏开始了使用自己货币的历史。在"乾隆通宝"之后，又出现了"嘉庆宝藏""道光宝藏""宣统宝藏"等，一直沿用到清末。

---

① 牙含章：《达赖喇嘛传》，人民出版社1984年版。

第 四 章
有力的靠山　强烈的向心：
达赖、班禅的内地之行

有清一代近三百年，清王朝共分封了五世至十三世等九位达赖喇嘛，和五世至九世等五位班禅，其中五世达赖喇嘛、六世班禅和十三世达赖喇嘛曾受中央王朝的邀请，先后到达过内地的承德和北京。他们不远万里，从遥远的雪域高原来到内地，克服了重重困难，甚至病死他乡，充分反映出他们心系中央王朝，以祖国为后盾的强烈向心力。尽管十三世达赖喇嘛是在比较复杂的历史背景下来到北京的，但也同样体现出历代达赖、班禅心系中央王朝的传统。

第一节　五世达赖北京之行

早在后金时期，五世达赖罗桑嘉措就与皇太极建立了联系。清王朝入关之后，顺治皇帝曾派人到西藏问候达赖等人，达赖喇嘛也曾派人到京朝贺。顺治八年（1651年）四月，顺治皇帝曾"遣多卜臧古西等赍谕书、礼物，往召达赖喇嘛"①。顺治九年（1652年）正月"唐古忒部落达赖喇嘛表奏来朝起行日期。班禅呼图克图、第巴、厄鲁特部

---

① 《清世祖实录》卷五六。

落顾实汗等,以劝导达赖喇嘛来朝,奉表奏闻,并贡方物"①。又"遣理藩院侍郎沙济达喇同户、礼、兵、工四部理事官往迎唐古忒部落达赖喇嘛。赐达赖喇嘛袍、帽、鞍马、珍珠、数珠等物"②,并赐建西黄寺作为五世达赖喇嘛的住所。

顺治九年三月,五世达赖率藏官侍从三千人,起程赴京。达赖一行抵青海境内时,顺治帝遣内务府大臣前往欢迎;抵根协地方时,赏达赖喇嘛准乘黄轿入京。十二月十六日,达赖一行抵达北京。

达赖一行到京之前,在如何接待五世达赖的问题上,朝廷上下曾有过争论。因五世达赖是第一位进京觐见清朝皇帝的西藏大喇嘛,为重视起见,顺治皇帝想亲自到边外迎接。同时,也可以让外藩蒙古等人与达赖相见,促使喀尔喀人早日归顺。众满洲大臣基本上同意皇上的意见,并且认为"喇嘛欲入内地,可令少带随从入内;如欲在外,听喇嘛自便。上若亲往迎之,喀尔喀亦从之来归,大有裨益也。若请而不迎,恐于理未当。我以礼敬喇嘛,而不入喇嘛之教,又何妨乎?"③而众汉族大臣则认为,"皇上为天下国家之主,不当往迎喇嘛。喇嘛从者三千余人,又遇岁歉,不可令入内地。若以特请之故,叮于诸王大臣中遣一人代迎。其喇嘛令住边外,遣之金银等物,亦所以敬喇嘛也"。④

顺治皇帝没有听取汉大臣的意见,决定亲迎达赖喇嘛于代噶地方(内蒙凉城),并"谕达赖喇嘛曰:'尔奏边内多疾疫,边外相见为便,今朕至边外代噶地方俟尔可也'"⑤。达赖喇嘛回奏说,"闻上欲于代噶地方相见,不胜欢忭!自当兼程而进"⑥。但没过几天,汉大臣洪承畴等人又奏曰:"臣等阅钦天监奏云:'昨太白星与日争光,流星入紫微宫。'窃思日者人君之象,太白敢于争明,紫微宫者人君之位,流星敢

---

① 《清世祖实录》卷六二。
② 《清世祖实录》卷六三。
③④⑤ 《清世祖实录》卷六八。
⑥ 《清世祖实录》卷六九。

于突入，上天垂象，诚宜警惕！且今年南方苦旱，北方苦涝，岁饥寇警，处处入告，宗社重大，非圣躬远幸之时。虽丰神呵护，六军扈从，自无他虞，然边外不如宫中为固，游幸不若静息为安。达赖喇嘛自远方来，遣一大臣迎接，已足见优待之意，亦可服蒙古之心，又何劳圣驾亲往为也。天道深远，固非臣等所能测度，但乘舆将驾，而星变适彰，此诚上天仁爱陛下之意，不可不深思而省戒也！"这一次顺治皇帝没得说了，天意不可违，只好降旨曰："此奏甚是，朕行即停止。"① 并立即晓谕达赖喇嘛，说明不去之由，派和硕承泽亲王硕塞等往迎。

顺治九年（1652年）十二月十六日，达赖喇嘛到京后，顺治皇帝亲到南苑接见，"上赐坐，赐宴。达赖喇嘛进马匹、方物，并纳之"②。顺治十年（1653年）正月，顺治皇帝在太和殿为达赖喇嘛设宴，并赏赐黄金六百五十两，白银一万一千两，大缎一千匹以及其他众多的珠宝、玉器、鞍马等。此后，皇帝及诸王爷依次设宴款待达赖喇嘛一行。

达赖喇嘛的住所西黄寺地处京城之北安定门外。据《日下旧闻考》记载："殿前恭悬御书额曰觉海慈云，（乾隆）四十五年御题山门额曰汇宗梵宇。大殿柱联曰：馥郁香台辉慧日，庄严宝界拥祥云。都纲殿额曰妙缘具足。联曰：三乘普满仁慈愿，十地常凝福德云。楼上额曰：法云普遍。联曰：金界拥祥辉，齐瞻七宝；香林滋法雨，溥润万方。楼后层额曰慧灯朗照。联曰：福地涌华严，妙参功德；净因开舍卫，境现清凉。寺内碑亭二：东亭恭勒世宗宪皇帝御制碑文；西亭恭勒皇上御制碑文。"③ 此寺在雍正元年（1723年）和乾隆三十六年（1768年）先后重修过，并分别留下了碑文。其雍正元年《世宗宪皇帝御制碑文》曰：

雍正元年五月，喀尔喀泽卜尊丹巴呼图克图，四十九旗札萨

---

① 《清世祖实录》卷六八。
② 《清世祖实录》卷七十。
③ （清）于敏中等：《日下旧闻考》，北京古籍出版社1985年版。

克、七旗喀尔喀、厄鲁特众札萨克汗、王、贝勒、贝子、公、额驸、札萨克台吉、塔布囊等合词奏言："臣等荷圣祖仁皇帝教诲养育，如天覆地载之恩，历六十二年。殊域穷荒，溥遍周浃。以子以孙，世世蒙赖，无所申其报效，区区之忱不能自己。臣等同心一力，合赀凡四万三千两，造三世诸佛像八座塔番藏经。京城北郭外有原为达赖修盖之黄寺，请以赢财葺而理之。丹青黝垩，焕然以新，供佛像、宝塔、藏经于兹寺。臣等感激攀慕之情，庶尽涓埃"。朕惟皇考圣祖仁皇帝以天下为一家，以万国为一体，深仁厚泽，所以嘉惠藩服者，沦入于肌肤骨髓而不可忘也。诸藩王等词语恳切，具见诚悃。逐允所请，命亲王大臣往董厥役。工既告竣，勒文丰碑以扬皇考功德之隆，以表藩服忠爱之笃，用昭垂于久远。自今以始，尔诸藩王等其益修乃政事，抚乃臣庶，睦尔邻封，俾民物蕃滋，疆宇宁泰，恭顺述职，永享我朝太平之福，斯则皇考陟降之灵日鉴在兹，尔诸藩王等其敬念之无斁焉。是为记。①

由此看来，西黄寺已经不仅是五世达赖喇嘛的一处住所，而且已经成为京城佛教的一个圣地，令后人敬仰。

顺治十年（1653年）正月，"达赖喇嘛奏言：'此地水土不宜，身既病，从人亦病，请告归。'"② 二月，顺治皇帝在太和殿赐宴，为达赖喇嘛饯行，并命"和硕承泽亲王硕塞偕固山贝子顾尔玛洪、吴达海率八旗官兵送至代噶地方。又命和硕郑亲王济尔哈朗、礼部尚书觉罗郎球饯于清河"③。四月，顺治皇帝又派遣礼部尚书觉罗郎球、理藩院侍郎席达理等，前往代噶地方送封达赖喇嘛之金册、金印。封达赖喇嘛

---

① 张羽新：《清王朝与喇嘛教》（附清代喇嘛教碑刻录），西藏人民出版社1988年版。
② 《清世祖实录》卷七十一。
③ 《清世祖实录》卷七十二。

为"西天大善自在佛所领天下释教普通瓦赤喇怛喇达赖喇嘛"①。五月，达赖喇嘛从代噶起程归藏，顺治皇帝命固山贝子吴达海为其饯行。六月，达赖喇嘛奏谢皇上颁赐封号及金册、金印，并献马匹、琥珀等物。

五世达赖入京及其受封具有重要的历史意义。从此以后，清王朝与达赖确立了统属关系。不但恢复了昔日中央王朝对西藏大喇嘛的分封制度，而且确立了达赖喇嘛在整个藏传佛教中的领袖地位。

第二节 六世班禅承德之行

六世班禅巴丹益喜为祝贺乾隆皇帝七十大寿，于乾隆四十五年（1780年）从西藏来到热河（承德），又到北京，受到了乾隆皇帝等朝廷上下的热情接待。此次内地之行，是清王朝封赐"班禅额尔德尼"之后的第一位班禅来内地，在格鲁派史及清王朝与藏传佛教关系史上具有重要的意义。但不幸的是，六世班禅在北京逗留期间出天花圆寂，享年只有四十二岁。

有关六世班禅内地之行的汉、满、藏文史料记载很多，并且极为详尽。据《清高宗实录》记载，当乾隆皇帝听说班禅要来内地为其祝寿时，非常高兴，并立即谕军机大臣，"昨据章嘉呼图克图奏称，班禅额尔德尼因庚子年为大皇帝七十万寿欲来称祝。朕本欲见班禅额尔德尼，因道路遥远，或身子尚生，不便令其远涉。今既出于本愿，实属吉祥之事，已允所请。是年朕万寿月，即驻热河，外藩毕集。班禅额尔德尼若于彼时到热河，最为便益。已谕令于热河度地建庙，备其居住。至沿途应办事宜尚多，均系理藩院承办，虽为日尚宽，而早为布署，更为从容妥当"②。

---

① 《清世祖实录》卷七十四。
② 《清高宗实录》卷一〇七二。

为迎接班禅大师的到来，清王朝做了充分的准备。首先，在承德避暑山庄建造了热河札什伦布寺（须弥福寿之庙），为班禅大师驻锡之地。此寺仿后藏日喀则之札什伦布寺建造，仅用一年多就建成了。整座寺院由石桥、山门、碑亭、琉璃牌坊以及大红台、万寿塔等建筑组成。大红台是寺内的主要建筑，位于寺庙的中心。大红台的中间建有三层大殿妙高庄严殿。整个殿顶用鱼鳞状鎏金铜瓦制成，耗黄金一万五千两。四条殿脊上各有两条雕刻精细的金龙，每条金龙重约一吨。殿的正中供奉宗喀巴，稍北供奉释迦牟尼，东边设六世班禅念经宝座。大红台的西北角为吉祥法喜殿，是六世班禅的住处。大红台之北为万法宗源殿，是六世班禅弟子们的住所。为了纪念此寺的建成，乾隆皇帝亲自题写诗文，并立碑于寺内。"且遵我世祖章皇帝建北黄寺于京师，以居第五达赖喇嘛之例也。然昔达赖喇嘛之来，实以敦请。兹班禅额尔德尼之来觐，则不因招致而出于喇嘛之自愿来京，以观华夏之振兴格鲁派，抚育群生，海宇清宴，民物宁敉之景象"，"盖国家百余年升平累洽，中外一家。自昔达赖喇嘛之来，至今亦百余年矣"①。这些碑文，充分反映出乾隆皇帝对班禅来觐的心情，也说明了六世班禅来内地的深远意义。与此同时，乾隆皇帝还命在北京静宜园（香山公园）建宗镜大昭寺，修整西黄寺，以便六世班禅来京冬夏时节分住。乾隆四十五年宗镜大昭寺建成，乾隆皇帝亲写诗句立碑于内。"既建须弥福寿之庙于热河，复建昭庙于香山之静宜园，以班禅远来祝釐之诚可嘉，且以示我中华之兴格鲁派也。"②其《昭庙六韵诗碑》曰：

昭庙缘何建？神僧来自遐。因教仿西卫，并以示中华。
是日当庆落，便途礼脱阇。黄衣宣法雨，碧嶂散天花。
六度期群度，三车演妙车。雪山和震旦，一例普麻嘉。③

其次，乾隆皇帝命驻藏大臣留保住赴后藏面见班禅额尔德尼，商

---

①②③ 张羽新：《清王朝与喇嘛教》（附清代喇嘛教碑刻录），西藏人民出版社1988年版。

量起程日期及路线。命皇六子及领侍卫内大臣永贵负责迎接六世班禅的一切事务，"明岁六阿哥前往岱汉地方迎接班禅额尔德尼，由京起程，出杀虎口，到岱汉地方"。④ 又命沿线各官员人等做好供给、住宿、安全保卫等工作，并将迎送班禅大师的所有开销全部由国库出资。另外，乾隆皇帝自己开始学习藏语，以便与六世班禅会面谈话时，更加亲切。乾隆皇帝的语言天赋是令人称道的，"国语自幼习之，六岁习汉书，乾隆八年始习蒙古语，二十五年平回部习回语。四十一年平两金川，方习番语。昨四十五年因班禅来谒兼习唐古忒语。今蒙及回语已精通，其番语、唐古忒语亦能解名物器数，而尚弗纯熟，未能言达事之始末。然并国语及汉文已通六处语言矣"⑤。乾隆一生通晓六种语言，在中国历代皇帝中实属罕见。与此同时，乾隆皇帝还特别强调了此次接待班禅的原则，"不可草率迟误，亦不得张大浮费"⑥；也不能因自己七十大寿而多有靡费，"八月庆辰，一切仍照常年例行。若在京受贺，惟恐转多枨触，遂至山庄以避之。至于西藏班禅额尔德尼豫请觐祝，实属吉祥盛事，是以允其前来，即令于山庄瞻谒，俾从其便。朕并非因其称祝，先期往就之也。恐内外臣工尚未能深喻朕意，仍有以庆典为请者，非惟不能博朕之悦，适以增朕之怀，又岂臣子爱敬之道乎？俟朕八旬大寿，则当听从诸臣称祝，此次并不允行。又前届朕六旬万寿时，古北口、热河两处曾有点缀段落、灯彩之类，本属朕所不取，明年尤当严禁。将此再行通谕知之"⑦。

乾隆四十四年（1779年）六月十七日，班禅一行自后藏札什伦布寺起程。计划在十月抵达青海的塔尔寺。在塔尔寺过冬后，于乾隆四十五年（1780年）再起程。经宁夏、绥远、察哈尔后，大约在七月到达承德避暑山庄。于乾隆四十六年（1781年）返回后藏。班禅此次内

---

④ 《清高宗实录》卷一〇七六。
⑤ 孙丕任、卜维义编：《乾隆诗选》，春风文艺出版社1987年版。
⑥ 《清高宗实录》卷一〇八六。
⑦ 《清高宗实录》卷一〇八九。

地之行，随行人员共有二千余人，行期大约三年左右。有关六世班禅一路行走情况，藏文史料记载十分详细。其中嘉木样·久麦旺波活佛所著《六世班禅洛桑巴丹益希传》更为详尽可靠。嘉木样·久麦旺波是六世班禅同时代人，乾隆三十七年（1772年）被乾隆皇帝敕封为"扶法禅师班智达额尔德尼诺门罕呼图克图"，主持拉卜楞寺。他在西藏时，曾多次拜见过六世班禅。六世班禅内地之行时，他还到青海亲自迎送。《六世班禅洛桑巴丹益希传》[①]中所记行程主要为：

六月十七日，离开札什伦布寺。达赖喇嘛的代表巴丹顿珠，西藏地方政府的代表达尔汗堪布、札萨台吉等护送出藏。

六月二十七日，与达赖喇嘛、驻藏大臣等在羊八井札西通门地方会面。在以后的八天里，达赖喇嘛从羊八井到丹木多扎西滩，一直陪送着六世班禅，并为万名僧俗人等摩顶。

七月二十八日，来到唐古拉山西麓的伦珠布地方。北京来使呈上乾隆皇帝御像和圣旨。皇帝向班禅及达赖问好，并告之修札什伦布寺，学习藏语之事及派遣王公大臣往迎。

八月十七日，抵直果拉山麓南休息。在长江口岸会见几名青海官员代表。八月十九日，西安府办事大臣博清额、驻西宁的两位笔帖式，奉旨前来迎接，呈献皇帝赐物御用玉器、玛瑙鼻烟壶一对、绸袋一条。大师问皇上好。

十月八日，塔尔寺堪布却藏活佛、章嘉国师代表阿旺茨程等四百七十余人沿路迎接。次日，接圣旨"朕闻奏班禅额尔德尼从措索洛玛来，意甚欣悦。何日抵达塔尔寺，朕甚盼念"。另赐厚礼。

十月十日，在青海湖边举行祭湖仪式。从此西宁办事大臣准备帐篷、柴火、厨师、马匹、驮牛等。

---

① 嘉木样·久麦旺波：《六世班禅洛桑巴丹益希传》，西藏人民出版社1990年版。

十月十五日，到宗喀巴大师降生地塔尔寺。受到塔尔寺大堪布却藏活佛等一千五百名僧人的热烈欢迎。

乾隆四十五年（1780年）一月一日，班禅莅临密宗学院法会诵经祈祷皇帝长寿，国政昌盛，派人进京谢恩。各位钦差设宴招待大师，塔尔寺也布宴招待大师一行。大师在塔尔寺驻锡的四个月又二十日期间，参加了各种法会，为众多僧人授近圆戒、沙弥戒等，为万余人摩顶赐福。

三月十日，离开塔尔寺踏上觐见的路途。取道宁夏、内蒙伊克昭盟、察哈尔部，直赴热河避暑山庄。

五月九日，皇帝特使托热云丹费书告大师："六皇子与僧徒之吉祥怙主章嘉饶贝多杰将来代噶（汉）迎接。"大师派译师桑要扎西进京致谢皇帝。

五月十四日，班禅一行离开多杰地方，进入蒙古大地。次日，皇帝派乾清门侍卫殿尔托索等人送来大轿、黄色马车、黄伞等礼物，大师接旨受礼。

五月二十六日，行至代噶地方。六皇子及内务大臣百余人，章嘉呼图克图至前迎接。班禅跪地问皇上好，六皇子赶紧握住大师的手说："皇帝已有旨意，大师不必跪拜。"于是宣旨："谕班禅额尔德尼：奉长寿天赞普敕令，驾驭广袤大地大皇帝谕曰：'朕以法治国，统管世间众生，渴望四方臣民安享幸福，政教兴隆，犹如尔喇嘛欲使佛教昌盛，众生幸福之心。尔喇嘛弘扬格鲁派，勤勉修习，甚佳！尔班禅额尔德尼称祝朕七十万寿，自札什伦布寺起程，平安抵达塔尔寺，朕意甚悦。曾悉冬季抵塔尔寺，今春即来与朕会晤，朕甚欣悦。朕为尔喇嘛速来，特派六皇子同章嘉呼图克图往张家口迎接。不久于避暑山庄会晤。'"同时，皇帝还赏赐了珍珠帽子、白马、缎子、大小哈达等物。

七月二十一日，六世班禅抵达承德。乾隆皇帝所派大小官员列队两旁迎接。皇帝使臣额尔艾普公、章嘉呼图克图等千人在山下迎接,并献皇帝所赐长哈达。沿途又有满、蒙两族信徒上万人屈膝跪地欢迎,人虽多却无吵杂声,显示了法律的严明。同时,旌旗招展,鼓乐升天。六世班禅向乾隆皇帝献上上等哈达、铜像、珍珠等。当班禅准备屈膝跪拜时,皇帝急忙握住大师的手,用藏语说:"喇嘛不必跪拜。"皇帝将一条长哈达送给大师,并问:"喇嘛贵体可好?长途跋涉是否心烦?"班禅答道:"文殊大皇帝不必担心,路长道远天气虽热,然清风凉爽,未感任何疲劳。"皇帝听后很高兴,说"甚善"。侍从上茶时,皇帝说:"喇嘛请用茶。"尔后,询问了达赖喇嘛的情况。在章嘉国师等人的陪同下,班禅经园林去热河札什伦布寺。

七月二十三日,乾隆皇帝亲自到热河札什伦布寺看望六世班禅。大师同六皇子、章嘉国师等列于大门外石阶上迎接。

八月初七日,班禅大师为乾隆皇帝七旬大寿的万寿盛典献礼。章嘉国师陪大师前往皇帝住所。

八月十三日,乾隆皇帝七十大寿。班禅大师在章嘉国师陪同下拜见皇帝,并在宫内做长寿仪轨等法事,诵经祝寿。然后参加宴会,观看演出等。

九月初二,班禅大师在六皇子等人的陪同下,抵达北京。住在五世达赖喇嘛下榻过的西黄寺。在京城期间,六世班禅分别参观了圆明园、香山昭庙等地,并在雍和宫等大佛寺讲经说法。

九月九日,乾隆皇帝去东陵祭祖后,回到北京。班禅大师、六皇子在宫中候驾。互送礼物后,热情交谈。

九月二十五日,乾隆皇帝亲赴西黄寺看望六世班禅。

十月初三日,乾隆皇帝在保和殿赐宴班禅额尔德尼。并有六皇子、章嘉国师、王公大臣等陪同。宴会开始时,先上茶、果品,然后上丰盛的佳肴。宴会后,演出满族歌舞。

十月二十六日，六世班禅身体不适，脉搏跳动加快，血色微红，不思饮食。大师的随从人员请求奏知皇上。班禅说："我无病，不必上奏皇上。"

十月二十八日，当乾隆皇帝听到班禅不适的消息后，立即降旨班禅身边的大强佐与司膳堪布。"闻奏班禅额尔德尼身体欠安，朕心不安。朕于明日慰问班禅额尔德尼，你二人决不能告知班禅额尔德尼，若告知，班禅额尔德尼因朕来而更换坐垫，拾起身前用具，慌乱不安，决不能告知。"其关怀之处，细致入微。次日，乾隆皇帝亲临西黄寺看望六世班禅。并派来两名御医为大师诊断，结果是得了天花。

乾隆四十五年十一月初二日，六世班禅在北京病逝。

乾隆皇帝对六世班禅的病极为重视。不但亲自看望，派遣名医，而且还命六皇子、章嘉国师等人多加照顾，送各种应急之物。在班禅大师弥留之际，他还写下了《写寿班禅圣僧并赞》诗，为其祈寿，并刻碑以记。其诗曰：

> 梵域娑罗，震旦交让。生同大椿，其寿无量。
> 毗舍浮佛，七佛之三。树下得道，示镜示参。
> 亦曰初祖，修道树下。直指心传，即六波若。
> 圣僧西来，宣扬格鲁派。恰值寿辰，慧日普照。
> 写此灵根，用延遐算。七叶纷敷，千龄曼衍。
> 泥日法会，荼毗应身。非一非二，化被无垠。
> 　　乾隆庚子仲冬月上瀚御笔写寿班禅圣僧并赞①

乾隆皇帝情之切切，真诚祈求班禅"生同大椿，其寿无量"。当他听说班禅大师圆寂的消息后，凌晨时分就率众臣前往吊唁。乾隆皇帝

---

① 张羽新：《清王朝与喇嘛教》（附清代喇嘛教碑刻录），西藏人民出版社1988年版。

见到班禅遗体时，非常悲伤地说，"我的喇嘛"，就昏倒过去①。清醒过来之后，向遗体敬献了哈达、金碗、金棺、玉器等供品。

六世班禅逝世不久，乾隆皇帝给八世达赖喇嘛发了份"敕谕"，其文曰：

> 敕谕达赖喇嘛等曰："朕统御万方，抚临亿兆，惟期寰宇众生共享太平，宏敷教化。尔喇嘛仰体朕意，阐扬经典，深堪嘉尚。朕蒙上天庇佑，身体安和。尔讲肄精勤，体候想亦安善也。班禅额尔德尼前以庆祝七旬万寿起程来京，节次遣散秩大臣副都统等携带御用朝珠、鞍马等物沿途宴劳，并命六皇子同章嘉呼图克图等迎往赏赉。于七月二十一日至热河朝见，万寿节班禅额尔德尼率领众呼图克图等诵经祝釐。于九月初二日来京，叠加赏赉。每遇朝见，意堪欣悦，并无欲归之语。十月二十九日闻其身体发热，即遣医诊视。知花痘见苗，朕复亲临看视。忽十一月初二日圆寂，虽本性如如，去来一致，而笃诚远来，未能平安回藏，朕心实为悼惜。尚卓特巴忠克巴呼图克图系班禅额尔德尼之兄，而大绥绷乃其高弟，著加恩赏给忠克巴呼图克图额尔德木图诺门汗之号。赏给大绥绷扎萨克喇嘛职衔默尔根堪布之号，俟百日唪经事竣，于二月十三日护送班禅额尔德尼灵榇起程，并遣理藩院尚书博清额、乾清门侍卫伊噜勒图等送至扎什伦布。扎什伦布所属人众皆赖尔喇嘛照管，务须仰体朕怀，加意约束，善为教养，此即为吉祥善事矣。"②

六世班禅的遗体在西黄寺停放六天，供王公大臣及各族各界的信徒祭祀。十一月初六日，章嘉呼图克图等宫内的大喇嘛、各位大臣、外蒙王、贝勒、贝子、公爵、扎萨、近侍密教僧侣等多人前来吊唁。

---

① 嘉木样·久麦旺波：《六世班禅洛桑巴丹益希传》，西藏人民出版社1990年版。
② 《清高宗实录》卷一一二二。

他们拜过大师灵躯后,都为失去这位仁慈的大师感到万分痛心,个个泪流满面,大声祷告,敬献哈达。尔后,用藏红花水擦洗遗体,穿上黄色缎衣与衲衣,戴上念珠,入殓至灵棺。此灵棺为皇帝所赐,上边用天然妙香木,底座用三百五十两白银制成,内有上等缎子坐垫。二十一日,乾隆皇帝所赐金塔建成,所用黄金七千两。将六世班禅大师的遗体入塔。皇帝亲临西黄寺,献供敬神哈达,并长时间发愿。同时,章嘉呼图克图还带领众僧人联合供祭祈祷,并宣读了《灵童早日来世祈祷文》,向雍和宫、嵩祝寺等28所藏传佛教寺院、几所汉传佛教寺院以及热河、多伦诺尔、呼和浩特等蒙古地区佛教寺院施放僧茶,圆满供祭各佛塔,用银九万三千余两。

乾隆四十六年(1781年)二月十三日,班禅灵榇从西黄寺起程。皇帝亲扶灵柩迎请到大金塔之中,由五百名盛装青年护送。六皇子、章嘉国师、宫中大臣、各寺喇嘛、执事等一千多人送行。乾隆皇帝派博清额等护送班禅灵塔直至后藏札什伦布寺。八月二十一日,班禅灵柩安全到达札什伦布寺。将金塔放在一座大银塔中,供奉在则加大殿上。

为了纪念六世班禅,乾隆四十九年(1784年),乾隆皇帝降旨在六世班禅生前住过的西黄寺之西,"建清净化城塔院,藏经咒衣履"。塔院包括庙门、大殿、碑亭、僧房及院墙等建筑。建成后,乾隆皇帝亲笔写下《清净化城塔记》。其诗文曰:

> 盖闻有为者非法,法本无为;常住者非道,道归无住。大慈氏以宏济为愿,力自无始劫来,妙明圆觉,普利人天,俾大千众生欢喜安稳,各满愿欲,此慧灯所以续于长明,法轮所以资乎善转也。庚子秋七月丁酉,圣僧班禅额尔德尼自后藏越二万里来觐。于是乎山庄有札什伦布之建,肖其所居,以资安禅。逾月送至京师,供养于黄寺,乃十一月丙子忽示寂兹刹。辛丑二月丙辰,以舍利送还后藏。计自来觐至示寂,自示寂至还藏,屈指各及百日,

其间来去因缘不可思议，因命于寺之西偏，建清净化城塔院，藏经咒衣履，志胜因也。初，班禅之来宾也，以海宇清宴，民物熙和。乐观华夏之振兴格鲁派，而蒙古诸藩一闻是事，无不欣喜顶戴，倾心执役，内地人亦延领企踵，奔走皈依，以为国家吉祥善事，于震旦国土宣扬宗乘，成就无量功德者焉。岂知指筏寻源者不可以证觉海，攀梯求径者不可以陟灵山，生灭同源，去来一法，遂乃入寂，莫非宣教。盖自飞锡竺乾时，早已了然无疑。故山庄授记之日，即留高弟罗卜藏敦珠布等于札什伦布传习经律，宣阐正教，亦犹如来涅槃所说，我有无上心法，悉付摩诃迦叶，为汝等作大依止也。然则有为者非法、常住者非道，岂不信然。而清净化城之与札什伦布所阐宗风、扬妙谛，是一是二，亦不待重提絮论矣。赞曰：

> 格鲁派盛卫藏，鼻祖宗喀巴。达赖及班禅，转轮广说法。
> 出世度众生，如普贤愿海。班禅后藏来，震旦最胜因。
> 以无量功德，受无量供养。以无量功德，受无量赞颂。
> 皆以普度故，而作是因缘。是为大成就，去来本了然。
> 佛说无生法，妙明大寂光。慈悲发宏愿，种种示法力。
> 于大千世界，作无量利益。一切有情属，各各普度竟。
> 善哉菩提心，众生随分受。宣布大法音，持受天人师。
> 楞伽照无边，四谛十二因。功德大成就，湛然归虚空。
> 虚空非虚空，大乘性体是。得至于涅槃，是为第一义。
> 即此来涅槃，一归无为去。如失琉璃珠，竟觅大海中。
> 其光所照耀，遍满阎浮提。又如宝鬘云，须臾即时灭。
> 而于空虚中，普复大千界。舍利归西天，于此建经幢。
> 法嗣阐宗风，广示正觉路。赞法揭真诠，生灭相如是。

乾隆四十有七岁在壬寅长至月吉旦御笔①

乾隆皇帝所言，真真切切。正所谓"班禅之来宾也，以海宇清宴，民物熙和。乐观华夏之振兴格鲁派，而蒙古诸藩一闻是事，无不欣喜顶戴，倾心执役，内地人亦延领企踵，奔走皈依，以为国家吉祥善事，于震旦国土宣扬宗乘，成就无量功德者焉"。班禅万里赴京，一表倾心归顺王朝之意，也为国家一统，海宇清宴，做出了自己的贡献，真可谓功德无量。

第三节　十三世达赖北京之行

十三世达赖喇嘛土登嘉措的北京之行，是在清王朝末期实现的。是时，清王朝已经从它的极盛时期走向衰败。帝国主义一直窥视着这个奄奄一息的封建大国，并且已经将魔爪伸向了西藏。国内的革命势力也在积聚力量，跃跃欲试地要推翻这个中国封建势力的最后堡垒。正是在这种风云变幻的历史条件下，十三世达赖踏上了前往北京的征程。

光绪二十一年（1895年），二十岁的十三世达赖喇嘛正式亲政。八月初八日，在布达拉宫举行了隆重的亲政大典。从此，十三世达赖喇嘛兼有法王、藏王两职，总理西藏的宗教、政治事务。在达赖亲政不久，就爆发了西藏的第二次抗英战争。

光绪二十九年（1903年），英国人以谈判为名派荣赫鹏为使节前往拉萨，并率兵三百人侵入西藏南部地区，要求西藏地方及驻藏大臣前往。但又以拉萨所派四品官和驻藏大臣派去的边务委员官小，而不与谈判。面对英国人的无理要求，十三世达赖喇嘛及三大寺僧众主张坚决抗击，并阻止驻藏大臣赴边境谈判。他们派遣七百名藏军驻守在被英军占领的甘坝宗附近，以便驱逐敌人。但此时，驻藏大臣却受清王朝

---

① 张羽新：《清王朝与喇嘛教》（附清代喇嘛教碑刻录），西藏人民出版社1988年版。

之命,"只能理阻,不准与英兵生事",不敢动武。此时的清王朝已经是内外交困,国力、军力大减,与当年康乾盛世之时的清王朝无法相比。清王朝与西藏地方意见不一致,使得抗英战争无法进行。英军占领甘坝宗几个月后,另派荣赫鹏、麦克唐纳率兵三千人,从藏军疏于防守的亚东、帕里一带进攻,先后占领了帕里、土纳村等地。光绪三十年(1904年)二月,英国侵略军攻打曲米森谷。守卫在那里的藏军一千多人,因奉命不准先开枪,以说理方式阻止侵略军,没有任何作战的准备。荣赫鹏一面与藏军代本赖丁阵前对话,一面包围了藏军。最后,侵略军背信弃义,对藏军进行了突然袭击,将一千多名藏军全部杀害。

侵略军的暴行,激发了广大西藏僧俗抵抗英军的热情。人民自动组织起来,拦截英军的军火、粮食等供给,支持藏军进行抵抗。当敌人向江孜进犯时,他们在藏军的打击下,连连受挫,被困在营中,等待救援。五月,英军得到增援后,逐渐占领江孜周围的村落,使藏军陷于孤立,腹背受敌。六月初,英国侵略军动用了全部主力,向藏军守卫的宗山堡垒发起了一次又一次的攻击。藏军官兵们坚守了一天两夜,子弹打光了就将石头投向敌人。在弹尽粮绝的情况下,大部分藏军才从小路突围,而那些没来得及突围的藏军与敌人展开了肉搏,有的藏军还投崖自尽,为保卫西藏流尽了最后一滴血。伟大的江孜保卫战就这样结束了。藏军虽以失败告终,但他们不畏强暴,为保卫祖国英勇献身的精神将永存。

江孜战役以后,荣赫鹏率领英国侵略军,一路直奔拉萨。六月二十二日,他们占领了拉萨。在此之前,十三世达赖喇嘛已经带领随从离开拉萨,逃往内地,并委派噶丹赤巴喇嘛代理摄政。

光绪三十年(1904年)八月,在侵略者的大炮威逼下,达赖喇嘛的代理噶丹赤巴及三大寺的代表,被迫签署了《拉萨条约》。这个条约一共有十条,其主要内容是:开放亚东、江孜、噶大克为商埠,英国在这些地方享有特权;英国派人驻扎商埠处,监管英国商务;削平自印度边界至江孜、拉萨的炮台及山寨，并撤除一切妨碍交通的武备；西藏赔偿英国侵略军费用五十万磅，合卢比①七百五十万元。每年缴十万元，七十五年缴清；英国侵略军占驻春丕，待赔款缴清，商务开办三年后撤出；西藏土地不得租让，典卖任何外国，西藏一切事宜，不准一切外国干涉，任何外国不许派员或代理人进驻西藏。这些苛刻的条件是西藏地方和清王朝所不能接受的。它不仅关系到大量的赔款、防务，而且涉及国家的主权。清王朝电告驻藏大臣有泰拒绝签字，加上没有达赖喇嘛的亲手签字，此条约只能是一纸空文。

但侵略者并没有就此罢休，他们又提出将赔款七百五十万卢比改为二百五十万卢比，初缴赔款三年后，从春丕撤出。在国际舆论的压力下，英国侵略者不得不从占据了五十天的拉萨撤出。光绪三十四年（1908年），清王朝在国力近乎衰竭的情况下，为了西藏的主权和领土完整，从国库拿出了二百五十万卢比作为赔款。之后，英国侵略者从西藏的卓木山谷撤出。

第二次抗英战争失败的主要原因在于大清王朝已经落伍了。新兴资本主义国家的崛起，已经改变了世界的格局。日薄西山的封建王朝已经无法与新兴的资本主义国家进行抗衡。如果在一二百年前，英国人肯定不会如此嚣张，与西藏接壤的几个小国也不会纳入英人的势力范围。可是，今天清王朝不行了，面对侵略者的入侵只有"论理"的份，却没有驱逐他们的实力。清王朝也已经无法再次出兵西藏，呈现当年驱逐廓尔喀人的风采。落后就要挨打，就要为此付出代价。这是千真万确的真理。

十三世达赖喇嘛被迫离开西藏之后，驻藏大臣有泰立即上奏清王朝，"藏番与英兵开衅，达赖喇嘛平日跋扈妄为，临事潜逃无踪，请褫革达赖喇嘛名号"②。光绪皇帝降旨："电寄有泰，电奏悉。著即将达赖

---

① 鸦片战争后英国利用经济入侵，向西藏大力推广"卢比"。
② 《清德宗实录》卷五三五。

喇嘛名号暂行革去，并著班禅额尔德尼暂摄。"① 此次暂行革去达赖喇嘛的名号，并不明智。一方面，使清中央王朝与达赖喇嘛的地方政府产生隔阂；另一方面，让班禅额尔德尼暂时摄政，也使达赖、班禅之间产生了矛盾。但此次失败，折兵赔款的这口怨气总要出啊，清王朝也许只有拿达赖喇嘛出走出出气。

达赖喇嘛离开布达拉宫后，经黑河，渡通天河，抵外蒙首府大库伦（乌兰巴托）。在大库伦期间，达赖喇嘛受到了外蒙各界人士的热烈欢迎。从当时的情况看，达赖喇嘛有前往俄国的倾向。他曾秘密派遣过德尔智会见了沙皇，并得到了沙皇的慰问电，以及俄国驻北京公使受沙皇之命从北京来大库伦看视达赖时，代沙皇送给达赖的一些礼物。但由于当时日俄战争及国内的革命，沙皇俄国还无力顾及西藏。加上清王朝驻外蒙大臣和从北京派来的钦差大臣的监视，达赖也无法达到赴俄的目的。②

十三世达赖在大库伦住了一年之久，便与外蒙格鲁派之主哲布尊丹巴发生矛盾，也促使达赖想早一点返回西藏。清王朝也希望达赖喇嘛早日回藏。光绪三十一年（1905年）正月，光绪皇帝谕军机大臣等："昨据延祉等代奏：'达赖喇嘛呈称因英人径行入藏，恐有滋扰，故携印出走。现在惟期藏地早复，以卫众生'等语。英人带兵入藏，并未侵占地方，该达赖喇嘛本不应携印潜逃，自离职守。朝廷保安格鲁派，仍予加恩曲全，现在西藏业已平靖，一切照常，该达赖喇嘛即可早日回藏，仍承恩眷。切勿游移不定，自外生成。至库伦系哲布尊丹巴呼图克图掌教之地，原与西藏各有专归，该达赖喇嘛所请在该处建庙念经应不准行。仍著延祉懔遵前旨，偕同该达赖喇嘛前赴西宁，自令起程自行回藏，善抚众生。毋负德意，致贻后悔。"③ 与此同时，西藏的

---

① 《清德宗实录》卷五三三。
② 牙含章：《达赖喇嘛传》，人民出版社1984年版。
③ 《清德宗实录》卷五四一。

噶厦和三大寺的僧俗人等向驻藏大臣上公禀，要求恢复达赖喇嘛的封号。内称："惟是达赖喇嘛前经被议，咎固难辞，然当离藏之时，已属迫不得已，第达赖喇嘛为格鲁派之主，一旦革去名号，恐难号召番众，维系人心，用是联名，务请代恳天恩，开复名号。"① 驻藏大臣有泰根据西藏僧俗的意见，于七月上奏清王朝："请开复达赖名号，以顺番情。"皇帝旨曰："著俟达赖喇嘛由库伦起程后再降谕旨。"②

光绪三十二年（1906 年）四月，十三世达赖喇嘛离开了外蒙大库伦，沿着清王朝为其规定的路线，踏上了回藏的路途。从外蒙到西宁，"准其由张家口、大同内地行走"③。光绪三十四年（1908 年）六月，达赖喇嘛抵达山西的五台山。同时，皇帝降旨："前据张荫棠电奏达赖喇嘛吁请陛见，恭请圣训。当经降旨，著暂缓来见。现在藏务大定，达赖喇嘛已抵五台山，著山西巡抚传谕该达赖喇嘛来京陛见。由该巡抚遴派文武大员沿途护送，妥为照料。"④ 当达赖喇嘛一行经过保定时，皇帝又派御前大臣博迪苏前往保定劳问。

光绪三十四年（1908 年）九月，十三世达赖来到北京。据《十三世达赖喇嘛北京行记》记载，"九月初四日午后一时一分，达赖喇嘛由西火车站下火车进正阳门，道经东长安街、王府井大街、丁字街、交道口等处，出安定门，至三点五分到黄寺敏珠勒呼图克图佛仓驻锡"⑤。皇帝命大臣达寿、张荫棠负责接待。在北京期间，达赖喇嘛受到了光绪皇帝和慈禧太后的接见。同时，各寺的大喇嘛、各王府的王爷以及各国使节都纷纷拜见达赖喇嘛。十月，皇帝降旨赐封十三世达赖喇嘛："朕钦奉慈禧端佑康颐昭豫庄诚寿恭钦献崇熙皇太后懿旨，达赖

---

① 牙含章：《达赖喇嘛传》，人民出版社 1984 年版。
② 《清德宗实录》卷五四三。
③ 《清德宗实录》卷五四二。
④ 《清德宗实录》卷五九三。
⑤ 胡起望：《〈十三世达赖喇嘛北京行记〉题记》，载《庆祝王锺翰先生八十寿辰学术论文集》，辽宁大学出版社 1993 年版。

喇嘛上月来京陛见，本日率徒祝嘏，备抒悃忱，殊堪嘉尚，允宜特加封号，以昭优异。达赖喇嘛业经循照从前旧制封为'西天大善自在佛'，兹特加封为'诚顺赞化西天大善自在佛'。其敕封仪节著礼部、理藩部会同速议具奏。并按年赏给廪饩银一万两，由四川藩库分季支发。达赖喇嘛受封后，即著仍回西藏。经过地方该管官派员挨站护送，妥为照料。到藏以后，务当确遵主国之典章，奉扬中朝之信义，并化导番众，谨守法度，习为良善。所有事务依例报明驻藏大臣，随时转奏，恭候定夺，期使疆宇永保治安，僧俗悉除畛域，以无负朝廷护持格鲁派、绥靖边陲之至意，并著理藩部转知达赖喇嘛祗领钦遵。"[1] 达赖喇嘛受封不久，慈禧太后和光绪皇帝先后离世。"达赖喇嘛率徒叩谒大行太皇太后、大行皇帝梓宫，唪经"[2]。

光绪三十四年（1908年）十一月二十八日，达赖喇嘛出京回藏。据《清宣统政纪》记载："达赖喇嘛回藏，现值停止筵宴之时未便设饯。届期仍由臣等送至火车站，如来时礼节，以示优容。"[3] 并派御前大臣博迪苏送至保定，命沿途各督、抚、将军等妥为护送照料。十三世达赖喇嘛于宣统元年（1909年）十一月初九日回到拉萨。

十三世达赖喇嘛此次北京之行是一次特殊的行程。从光绪三十年（1904年）六月离开拉萨至宣统元年（1909年）十一月回到拉萨，其间过了五年的流离生活。他最初想阻止英军的入侵，但没有得到清王朝的支持，也无法实现。他被迫出走到外蒙大库伦时，试图得到沙俄的保护，但没有实现。这时的十三世达赖喇嘛实际上是处在十字路口上。但他毕竟是受封于清中央王朝的地方政教领袖，他的分封与被革之权力在清王朝。尽管他此次北京之行并不完全出于自愿。但他还是愿意与清王朝直接接触，希望得到清王朝的谅解，共同把西藏的事务

---

[1]《清德宗实录》卷五九七。
[2]《清宣统政纪》卷一。
[3]《清宣统政纪》卷二。

办好。这种态度，一方面体现出清王朝与历代达赖之间的统属传统，一方面表现出十三世达赖对清王朝的向心力。他还是想通过清王朝解决这场危机，使清王朝与西藏之间达到一种新的和谐。

说到历世达赖与清中央王朝的臣属关系，不能不提到至今仍供奉于布达拉宫内的"康熙万岁牌"和"乾隆皇帝像"。据学者考证①，供奉于布达拉宫最高处七世达赖喇嘛寝殿"萨松朗杰"（殊胜三界）中的万岁牌，是康熙五十九年（1720年）康熙皇帝派平逆将军延信护送到拉萨，赐给七世达赖喇嘛的。该牌用满、汉、蒙、藏四种文字写成，上书"当今皇帝万岁、万万岁"金字。乾隆皇帝像是乾隆退位后，派人送往西藏的。当时的八世达赖喇嘛接到肖像后，将其供奉在布达拉宫的萨松朗杰，并且向僧俗人等说"文殊皇帝为了西藏人民幸福兴旺，赏赐的龙体肖像，作为汉藏众生依例敬拜之礼物。大皇帝是诸佛之严父，是至尊文殊菩萨化现人主，故为天等众生供拜处，慈爱雪域众人，尤其持格鲁派者，诏谕奉载，现在弘扬宗喀巴大师圣教，是大皇帝的慈恩。因此，我等必须圆满侍奉"。②

从七世达赖开始，以后各世达赖喇嘛都定期向康熙万岁牌和乾隆肖像朝拜，以表示与皇帝的臣属关系。每年的藏历元月初三凌晨，达赖喇嘛按时率领僧俗官员到萨松朗杰向万岁牌和皇帝像朝拜，行君臣之礼。在清王朝制定了金奔巴瓶制度以后，历世达赖转世灵童的掣签仪式都在这里举行。所有这些，都充分体现出中央王朝与达赖之间的统属关系，以及历世达赖对中央王朝的倾心依附力。

五世达赖、六世班禅、十三世达赖的内地之行，虽然时间不同，情况不一，但以清王朝为依靠，强烈的向心力却是一致的。正是这种清中央王朝与西藏地方的紧密关系，才使西藏内附清王朝三百年，并长治久安。

---

①② 扎西次仁：《康熙万岁牌和乾隆皇帝像供奉布达拉宫考》，载《中国藏学》1997年第4期。

第五章
进驻西藏 管理西藏：
清王朝驻藏大臣的设置

为了在西藏行使主权，监督西藏地方政权，对西藏进行有效的统治，清王朝在西藏设置了驻藏大臣一职。如果从康熙四十八年（1709年）算起，到清末（1911年）为止，其间202年，清王朝共派遣驻藏大臣182任。这些驻藏大臣与达赖、班禅等人共同治理西藏，对藏族地区的安定与发展做出了自己的贡献。驻藏大臣的设置是清王朝治理西藏的重大措施，是过去历代王朝所没有的举措。它对于在西藏有效地行使国家主权，巩固祖国的边疆具有深远的历史意义。

第一节 驻藏大臣设置始末

清王朝管理边疆民族事务的衙门称理藩院。早在后金时期，各蒙古部族纷纷归附，天聪九年（1635年）设立了蒙古八旗。为了进一步加强中央集权，管理好少数民族事务，尤其是蒙古地区事务，崇德元年（1636年）皇太极设置了主管边疆少数民族事务的机构——蒙古衙门。崇德三年（1638年）改蒙古衙门为理藩院。清朝光绪年间，改理藩院为理藩部。

据《清会典》记载，理藩院的职掌为："掌外藩之政令，制其爵禄，定其朝会，正其刑罚。尚书、侍郎率其属以定议，大事上之，小事则行，以布国之威德"。① 理藩院所管辖的地域很大，包括内蒙、外蒙、察哈尔、青海、西藏、新疆以及西南少数民族地区，负责那里的官员封袭、进贡、联姻、宗教、会盟、商贸、法律、外交、通商等事务。理藩院的官员主要有尚书一人（满从一品）、左右侍郎各一人（满二品）、额外蒙古侍郎一人（二品），以及郎中、员外郎、堂主事、司务等若干人。理藩院下设旗籍司、王会司、典属司、柔远司、徕远司、理刑司，并有满档房、汉档房、蒙古房、司务厅、当月处、督催所、银库、饭银处、俸档房等机构，还有内馆、外馆、俄罗斯馆、蒙古官学、唐古忒学、托忒学、木兰围场、喇嘛印务处、则例馆等附属机构。

西藏事务是清王朝理藩院所辖的重要事务之一。其喇嘛教事务，格鲁派的保护，达赖、班禅进贡、来京，驻藏大臣的派遣以及藏文翻译等方面，均由理藩院负责。

清代初年，西藏地区一直不大安宁。1637年（清崇德二年），固始汗取得了西藏的地方政权，并支持以达赖、班禅为首的格鲁派。1652年（顺治九年）五世达赖到京受封，成为西藏的宗教领袖。由于，固始汗和达赖等人刚刚取得对西藏的僧俗统治权，其藏内形势还很不稳定。康熙七年（1668年）固始汗之孙达赖汗继位。康熙二十一年（1682年）五世达赖去世。当时，受命于达赖掌管藏务的第巴与达赖汗矛盾激化，加上西藏与拉达克正在战争，第巴桑结嘉措匿不发丧，达赖五世之死不报清王朝长达十五年之久。康熙三十六年（1697年），桑结嘉措选定仓央嘉措为六世达赖。康熙四十五年（1706年）桑结嘉措与达赖汗之子拉藏汗火并，被杀，其所立六世达赖仓央嘉措被废。拉藏汗又立伊喜嘉措为六世达赖。康熙年间又有准噶尔部反叛，并直接威胁西藏、新疆、蒙古等地。康熙帝于二十九年（1690年）、三十五年

---

① （清）昆冈续修：《清会典》，中华书局影印本1991年版。

(1696年)、三十六年（1697年）三次御驾亲征，灭了为首者噶尔丹。康熙五十六年（1717年）准噶尔部策妄阿拉布坦（噶尔丹之侄）又发动叛乱，并侵入西藏，杀死拉藏汗。鉴于上述一系列复杂情况，清王朝一方面派兵镇压叛乱，一方面多次派大臣进藏处理问题。为了西藏地区的安定，维护祖国的统一，派遣大臣常驻西藏已经是势在必行了。

驻藏大臣设于何年，学者们说法不一。清人魏源有"昉于雍正之初，而定于乾隆之中叶"之说①；今人又有"康熙四十八年（1709年）"②，"雍正五年（1727年）"③等说法。究竟设于何年呢？我们还是先看一看有关史料。

康熙四十八年（1709年），"青海众台吉等与拉藏不睦，西藏事务不便令拉藏独理，应遣官一员前往西藏协同拉藏办理事务"。得旨："依议。其管理西藏事务著侍郎赫寿去。"④

雍正元年（1723年），"擢理藩院郎中鄂赖为内阁学士兼礼部侍郎，前往西藏办事"。⑤

雍正五年（1727年），"著内阁学士僧格、副都统玛喇差往达赖喇嘛处，各赏银一千两"。⑥

雍正七年（1729年），"湖广九豀协副将包进忠著补授西宁总兵官。周瑛现今领兵驻藏，著将周瑛撤回，命包进忠前往西藏，代周瑛管理。玛喇仍著往藏。其藏内事务，著玛喇、僧格总理，迈禄、包进忠协理。"⑦

乾隆二年十二月（1738年2月），"以换回驻藏大臣那素泰为

---

① （清）魏源：《圣武记》，中华书局1984年版。
② 贺文宣：《清朝驻藏大臣大事记》，中国藏学出版社1993年版。
③ 吴丰培、曾国庆：《清朝驻藏大臣制度的建立与沿革》，中国藏学出版社1989年版。
④ 《清圣祖实录》，卷二三六。
⑤ 《清世宗实录》，卷九。
⑥ 《清世宗实录》卷五二。
⑦ 《清世宗实录》卷八二。

热河副都统。"①

乾隆十年（1745年），"驻藏副都统傅清奏请更定驻藏办事大臣、章京、笔帖式换班成例。……应如所请。嗣后驻藏大臣、章京、笔帖式等皆酌量于绿营换班之期，三年一换。"②

从上面的史料中可以看出，赫寿是第一位被派往西藏的"管理西藏事务"之人，时间为康熙四十八年（1709年），在藏一年后返回。在此之前（康熙四十五年，1706年），虽有护军统领席柱、学士舒兰前往西藏，但他们的任务只是封拉藏汗，押六世达赖赴京。其后，又派内阁学士拉都浑率青海众台吉，前往西藏看验新达赖喇嘛伊喜嘉措之真假。这两次派官员入藏，都是临时任务，均为使臣职责，并无"驻藏"之说。

> 雍正元年，有鄂赖"前往西藏办事"之说。
> 雍正五年，有僧格、玛喇"差往达赖喇嘛处"之说。
> 雍正七年，有"玛喇、僧格总理，迈禄、包进忠协理"之分。
> 乾隆二年，出现了"驻藏大臣"之称。
> 乾隆十年，有驻藏大臣、章京、笔帖士三年一换之制。

同任何事情一样，驻藏大臣之制也有一个不断完善的过程。从康熙四十八（1709年）年派遣赫寿入藏到乾隆二年（1737年），共二十八年，该大臣的称呼并没有确定。只是到了乾隆十年（1745年），驻藏大臣之制才基本确定下来。因此，我们有理由认为驻藏大臣设置于康熙四十八年（1709年），完善于乾隆十年（1745年）。

赫寿为清王朝第一任驻藏大臣。赫寿，满族正黄旗人，姓苏穆鲁氏。康熙四十七年（1708年）迁户部左侍郎，寻调吏部左侍郎。康熙四十八年（1709年）正月，令往西藏协同拉藏办理西藏事务。康熙四十九

---

① 《清高宗实录》卷五九。
② 《清高宗实录》卷二五二。

年（1711年）十二月，擢漕运总督。康熙五十六年（1717年）四月任理藩院尚书。康熙五十八年（1719年）十一月卒。[①] 赫寿在藏一年有余，正值六世达赖选定之时。由第巴桑结嘉措选定的六世达赖仓央嘉措，死于康熙四十五年（1706年），被"解送"北京的路上。康熙四十六年（1707年），拉藏汗与第巴隆素又立巴噶曾巴·伊喜嘉措（即波克塔胡必尔汗）为六世达赖喇嘛。康熙帝不放心，首先派内阁学士拉都浑去藏看验，又派赫寿去藏办理事务。赫寿于康熙四十九年（1710年）与拉藏汗、班禅呼图克图及西藏诸寺喇嘛一齐上奏，请封波克塔胡必尔汗为六世达赖喇嘛，并得到了康熙皇帝的受封（只是后来没有得到蒙藏僧俗的认可，没有成为达赖喇嘛）。这是驻藏大臣与拉藏汗、班禅第一次共同处理达赖喇嘛的转世问题，赫寿在其中起到了一定的作用。赫寿在西藏期间还做了另一件事，就是受命绘制了一张西藏地图。这张地图应该是清朝驻西藏官员所绘制的第一张西藏地图，对于了解西藏，进驻西藏等方面具有十分重要的意义。赫寿在担任理藩院尚书期间，曾受康熙之命给拉藏汗写过"劝谕书"。让拉藏汗小心策妄阿喇布坦，其"奸狡其不可信"。果然，不出康熙帝所料，几个月后（康熙五十六年十一月，1717年12月）策妄阿喇布坦占领西藏，拉藏汗遇害。赫寿驻藏虽然只有一年多时间，但所遇之事关系重大。藏地远离京城，如果没有一个常驻衙门及官员，其信息多有不灵，其统治多有不顺。驻藏大臣设置之初就显示出了重要作用。

赫寿之后，清王朝曾先后派遣了几位大臣赴藏。如康熙五十九年（1720年）派都统延信、副都统阿琳宝、额驸阿宝，康熙六十年（1721年）派公策旺诺尔布"总统管辖"，雍正元年（1723年）派鄂赖"前往西藏办事"。其间，虽然不定时间，不定人数，并且遭遇战争，使得驻藏大臣制度不甚完善，但其制一直坚持下来。从雍正五年

---

① 《清史稿》卷一八一。

(1727年）派遣僧格、玛喇开始直到清末，驻藏大臣从来没有间断过，成为清王朝统治西藏的一项重要措施。

从康熙四十八年（1709年）清王朝设置驻藏大臣始，到宣统三年（1911年）止，共202年。其间派往西藏的驻藏大臣有148位，182任（有二任、三任者，有不到任者）。① 如玛喇被任用三次，分别为雍正五年（1727年）、雍正七年（1729年）、雍正十一年（1733年）。纪山、傅清、拉布敦、官保、索琳、保泰、英善等人，均二任驻藏大臣。李柱、那丹珠、讷尔经额、文康、海枚、文蔚、瑞昌、赵尔丰等人，因各种原因均未到任。文康，就是小说《儿女英雄传》的作者，字铁仙，费莫氏，满洲镶红旗人，大学士勒保之孙。道光二十六年（1846年）为理藩院郎中、头等侍卫、驻藏帮办大臣。因病解任，故未到藏任职。②

1911年辛亥革命，结束了清王朝的统治，也完结了驻藏大臣的历史使命。最后一任驻藏大臣是联豫。联豫字建侯，满洲正黄旗人，曾随薛福成出使欧洲。光绪年间任四川雅州府知府。光绪三十一年（1905年）赏给副都统衔，派任驻藏帮办大臣。光绪三十二年（1906年）补授驻藏大臣，张荫棠为帮办大臣。张辞职，联豫兼任帮办大臣。光绪三十四年（1908年）六月清政府派温宗尧为帮办大臣，联豫始卸兼职。③ 联豫从光绪三十二年（1906年）七月到藏，直到民国元年（1912年）六月出藏，共在藏六年。中间虽曾任命赵尔丰（光绪三十四年，1908年）为驻藏办事大臣，但并未到藏。联豫在藏期间，正是光绪戊戌变法时期。他在藏也进行了大胆的革新，改革官制、编练新军、铸造银元、兴办小学、设白话报馆、举办汉藏文传习所、办印书局等，在一定程度上推动了藏族地区的政治改革和文化建设。对于驻

---

① 贺文宣：《清朝驻藏大臣大事记》，中国藏学出版社1993年版。
② 《清宣宗实录》卷四二八。
③ 吴丰培、曾国庆：《清代驻藏大臣传略》，西藏人民出版社1988年版。

藏大臣本身的设置，联豫也提出了自己的看法。他在奏折中说："驻藏大臣两员，政见一有参差，治理即多窒碍。贤者依违瞻顾，不贤者各逞意见，遇事掣肘，内启番族之轻藐，外贻友邦之讪笑。现在驻藏帮办大臣尚未简放，应请即予裁撤，并于前后藏各添设参赞一员。以前藏参赞作为驻藏大臣左参赞，禀承办事大臣筹划前藏一切要政；以后藏参赞作为驻藏大臣右参赞，禀承办事大臣，监督三埠商务。"① 联豫的意见得到了清廷的认可，并且首任驻藏左右参赞。"前经会议政务处议复，联豫奏请裁撤驻藏帮办大臣，改设左、右参赞两缺，业经照准。罗长裿著补授驻藏左参赞；钱锡宝著补授驻藏右参赞。"② 这样，罗长裿、钱锡宝就成为清王朝改革驻藏官制的首任参赞。

联豫作为清王朝的最后一任驻藏大臣，也算是较有作为的驻藏大臣。他的一系列改革措施对于西藏的繁荣与发展是有力的。只是他有点生不逢时，在清王朝岌岌可危的情况下，其改革措施再完备也是无能为力。民国元年三月，川军与藏军开战，联豫在哲蚌寺避居，并将驻藏大臣印信交给钟颖，于六月出藏经印度回京，结束了他驻藏大臣的生涯。

第二节　驻藏大臣衙门

驻藏大臣衙门是清王朝派往西藏的常驻机构。其官员人等、衙署驻地虽多有变化，但其基本规模、人员配备仍有定制，在藏实施近二百年。

驻藏大臣分办事大臣（正职）、帮办大臣（副职）。清末曾将帮办大臣裁撤，设左右参赞各一人。定制为三年一换。驻藏大臣是清王朝派驻西藏的最高行政长官，代表中央王朝行使国家主权。他既与达赖、

---

① 吴丰培：《联豫驻藏奏牍》，西藏人民出版社1979年版。
② 《宣统政纪》卷五十。

班禅的地位相等，又有监督、指导西藏地方事务的权力。驻藏大臣代表的是清王朝，其权力和责任又是达赖、班禅等地方僧俗官员所不及的。根据有关章程规定，驻藏大臣具有如下一些权力：

外交权：在对外事务中，西藏作为清王朝的一部分，没有独立的外交权力。这个权力是由代表国家的驻藏大臣行使的。在《钦定章程》（二十九条）中明确规定，邻近各国来西藏的旅客和商人，必须进行登记造册呈报驻藏大臣衙门。有到拉萨者，必须呈报驻藏大臣衙门批准。尼泊尔和克什米尔商人定期来藏，由驻藏大臣衙门处签发路证。对于外方信件，"其回文必须按照驻藏大臣之指示缮写，关于边界的重大事务，更要根据驻藏大臣的指示处理"。

宗教管理权：达赖、班禅等灵童转世，必须在驻藏大臣的监督下进行。选定灵童要经过驻藏大臣认可，金瓶掣签也要由驻藏大臣主持，免予掣签当然也得通过驻藏大臣。其次，达赖、班禅的收入和开支，每年春秋之季由驻藏大臣进行审核，并向皇帝汇报。"达赖喇嘛派往尼泊尔修建佛像或去朝塔的人员，由驻藏大臣签发路证。""达赖喇嘛所辖寺庙之活佛及喇嘛，一律详造名册，并由噶伦负责将全藏各呼图克图所属寨落人户详细填造名册，于驻藏大臣衙门和达赖喇嘛处各存一份，以便检查。""青海蒙古王公前来迎请西藏活佛，须由西宁大臣行文驻藏大臣，由驻藏大臣发给通行护照。"

行政权：在西藏地方，驻藏大臣是朝廷委派的最高行政长官。"驻藏大臣督办藏内事务，应与达赖喇嘛、班禅额尔德尼平等，共同协商处理政事，所有噶伦以下首脑及办事人员以至活佛，皆是隶属关系，无论大小都得服从驻藏大臣。"所有官员，除噶伦、代本须呈请皇帝任命外，其余人员均由驻藏大臣与达赖喇嘛委任。

军权：驻藏大臣除管理清王朝派驻军队外，对西藏地方武装的各级军官也有与达赖喇嘛一样的任免权。同时,"每年操演军队所需之弹药,由噶厦派妥员携带驻藏大臣衙门之公文,前去工布地方制造,运至拉萨发给部队"。"驻藏大臣每年分春秋两季出巡前后藏各地和检阅军队。"

税收徭役管理权:对于西藏地方的各种税收,任何人不得随意增加,"除非请示驻藏大臣同意,政府不得私自增加税额。乌拉等差役,以前达赖喇之亲属及各大呼图克图、富贵人家大都免役。今后一律平等,如确有功绩可免者,由驻藏大臣和达赖喇嘛协商发给免役执照。公用之乌拉亦照此办理"。

司法权:以前处理案件多有不公,并且多有处罚款项、物品等纳入私囊之行为。"今后规定对犯人所罚款项,必须登记,呈缴驻藏大臣衙门。对犯罪者的处罚,都须经过驻藏大臣审批。没收财产者,亦应呈报驻藏大臣,经过批准始能处理。"

除此之外,驻藏大臣还有督造西藏地方货币、监发粮饷、寺庙管理等一系列权力。所有这些权力都集中体现了清王朝对西藏的主权,以及驻藏大臣在西藏的重要地位。

在驻藏大臣之下还设有下列官员:

夷务章京一员,管理达木蒙古八旗三十九族事务,办理驻藏大臣衙门清文稿件。

笔帖式一员,负责驻藏大臣衙门文件翻清译汉工作。

满印房委笔帖式四员。

唐古忒通事译字二员。

廓尔喀通事译字两员。

前藏粮务一员。

副粮务一员,专管监造银钱。

后藏粮务一员,管理后藏江孜、定日三汛官兵粮饷、汉夷民情。

此外,在前后藏还辖有一定数量的官兵:

前藏：

  游击一员，统领江达、拉里官兵。

  守备一员，管江达、拉里官兵及钱粮营伍事。

  千总二员，教习兵丁。

  把总二员，操练兵丁。

  外委五员，随同操练兵丁。

  兵丁435名。

后藏：

  都司一员，统领江孜、定日官兵，管理钱粮营伍事。

  把总一员，管专城事务。

  外委一员，操练兵丁。

  兵丁140名。

同时，在前后藏东西台站，还有一些文武官员及兵丁。所有这些官员和兵丁，官员几十位，兵丁一千余人，是清王朝直接派遣的驻藏官员和武装力量。他们在维护西藏的和平与安定方面做出了一定的贡献。

清王朝驻藏大臣衙门驻地，在二百年间多有变动。

驻藏大臣初设之时，其衙门在拉萨大昭寺东北方向的通司岗。

雍正五年（1727年）之后，迁于色拉寺与大昭寺之间的扎溪地方。

乾隆十五年（1750年），珠尔墨特那木扎勒谋反，驻藏大臣傅清、拉布敦遇害。驻藏大臣衙门遭毁，后迁至珠尔墨特那木扎勒处办公。其址在大昭寺以北，小昭寺西南，并经几代驻藏大臣修缮。

同治二年（1863年），驻藏大臣满庆将官兵移扎拉萨城内正街，驻藏大臣衙门由城外移住商上官房内。

不久，驻藏兵营和驻藏大臣衙门又迁到了大昭寺以西的鲁布地方，直到清朝末年。①

---

① 吴丰培、曾国庆：《清朝驻藏大臣制度的建立与沿革》，中国藏学出版社1989年版。

第三节 驻藏大臣事迹

清王朝近三百年间，派遣驻藏大臣二百余年，共有140多位大臣驻藏。这些大臣大都秉公守法、不徇私情、以国家利益为重。有的在藏多年，不畏艰辛，忠于职守；有的病死在驻藏大臣的岗位上；有的为西藏的安定、边疆的巩固献出了自己宝贵的生命。驻藏大臣为维护国家统一，反对外来侵略，保护西藏僧俗，促进西藏繁荣做出了历史性贡献。

一、三次驻藏的玛喇

驻藏大臣玛喇三次入藏，在藏六年之久，并最终死于任上，是驻藏大臣中任此职次数最多的人。

玛喇，富察氏，满洲正黄旗人。康熙三十六年（1697年）袭佐领，四十三年（1704年），擢护军参领。雍正元年（1723年），授镶蓝旗蒙古副都统，十一月任镶蓝旗满洲副都统。四年（1726年），任正红旗满洲副都统。八年（1730年），擢正黄旗护军统领。[①]

玛喇第一次入藏是在雍正五年（1727年）。当时，西藏形势很紧张。清王朝虽然已经先后派策旺诺尔布、鄂赖、鄂齐、班第等大臣进藏处理问题，但西藏内部仍有出事的危险。据当时在藏的副都统鄂齐奏称："臣至西藏，审视情形。首领办事之人，互相不睦，每每见于辞色，""请降训旨，晓谕达赖喇嘛、康济鼐、阿尔布巴等和衷办事。"根据这一情况，经议政大臣议复，"遣大臣一员赍旨前往晓谕，令伊等和好办事"。最后，雍正降旨："著内阁学士僧格、副都统玛喇差往达赖

---

① 吴丰培、曾国庆：《清代驻藏大臣传略》，西藏人民出版社1988年版。

喇嘛处，各赏银一千两。"① 玛喇得旨起程进藏。不久，阿尔布巴谋乱，并杀害了康济鼐。玛喇与其他大臣一起平息了骚乱，并将阿尔布巴、隆布鼐、扎尔鼐等主犯斩杀。雍正六年十一月（1728年12月），玛喇送七世达赖喇嘛至理塘后回京，结束了近两年的驻藏生活。

玛喇第二次入藏是在雍正七年（1723年）。据《清世宗实录》卷八二中记载："谕兵部：'湖广九谿协副将包进忠著补授西宁总兵官。周瑛现今领兵驻藏，著将周瑛撤回，命包进忠前往西藏，代周瑛管理。玛喇仍著往藏。其藏内事务，著玛喇、僧格总理，迈禄、包进忠协理'"。并"命赏总理西藏事务副都统玛喇银二千两，协理西藏事务西宁总兵官包进忠银一千两，以办行装盘费"。此次上谕出现了"总理""协理"之称，应是后来驻藏"办事大臣""帮办大臣"之称的先期叫法。而此次任命两位总理，两位协理也是后来驻藏大臣任命中所没有的。从中，我们可以看出清王朝驻藏大臣制度之初的不完善。玛喇此次驻藏两年有余。雍正九年（1731年）雍正帝念"护军统领玛喇、内阁学士僧格在藏年久"，便"命正兰旗蒙古副都统青保、大理寺卿苗寿前往替回。但二人一时回京，新任之人不能熟悉西藏事宜，著玛喇先回，留僧格协同青保等再办事一年。玛喇、僧格各赏银一千两"②。但从有关记载来看，玛喇并没有马上回京，其后又多次上奏西藏事情，直到第二年（雍正十年，1732年）三月才回到北京。玛喇回京后，受到了雍正皇帝的亲切接见，并有"工部尚书玛喇从藏回京，朕询及沿路番子等生计景况"之记载。③

玛喇第三次入藏是在雍正十一年（1733年）。据《清世宗实录》雍正十一年正月记载："谕办理军机大臣等：'差往西藏办事之副都统李柱于途次病故。原任都统玛喇（拉）前曾在藏办事，熟谙彼处情形，

---

① 《清世宗实录》卷五二。
② 《清世宗实录》卷一〇三。
③ 《清世宗实录》卷一一六。

著以副都统衔前赴西藏,与青保、苗寿协同办事。僧格、迈禄俱在藏年久,俟玛喇到藏之后,著僧格、迈禄回京。"① 玛喇于雍正十一年四月到藏,在藏约三年。乾隆元年(1736年)八月卒于任上。在去世之前,还曾就札萨克台吉事上疏,处理藏事。

玛喇先后入藏三次,在藏约六年有余。这在清王朝所有驻藏大臣中也是少有的。玛喇在藏期间,正是驻藏大臣初设时期。他凭着自己的才干和在藏期间的经验,深得雍正皇帝的赏识,也成为有所作为的早期驻藏大臣。他卒于西藏任上本身就说明,他已经把自己的全部贡献给了西藏。

二、将生命献给西藏的傅清与拉布敦

驻藏大臣傅清、拉布敦也是清代有所作为的驻藏大臣。他们为了西藏的安定,边疆的巩固流尽了最后一滴鲜血。

傅清,富察氏,满洲镶黄旗人。一等公李荣保之次子,大学士傅恒之兄。雍正二年(1724年),晋正黄旗满洲副都统。乾隆元年(1736年),任銮仪使。五年,授天津总兵。②

傅清曾驻藏两次。乾隆九年(1744年),"驻藏副都统索拜期满,以副都统傅清代之"③。此次,傅清在藏大约四年。在这期间,他为驻藏大臣制度的完善做出了自己的贡献。据《清高宗实录》记载,乾隆十年(1745年)"军机大臣等议复:'驻藏副都统傅清奏请更定驻藏办事大臣章京、笔帖式换班成例。查哈密、瓜州、西宁办事大臣章京、笔帖式均系三年一换。其驻西藏办事大臣章京、笔帖式等令错宗更换者,原为新旧相参,易于办事起见。今该副都统既称藏内事务可随到随办,无庸交代娴习,且错宗更换必须拨兵护送,转多劳费。应如所

---

① 《清世宗实录》卷一二七。
② 吴丰培、曾国庆:《清代驻藏大臣传略》,西藏人民出版社1988年版。
③ 《清高宗实录》卷二一八。

请。嗣后驻藏大臣章京、笔帖式等皆酌量于绿营换班之期，三年一换。更替之大臣等自成都带领换班官兵至藏，清查交代后，旧驻大臣等带领原驻官兵同回内地，不必错综更换。'从之。"驻藏大臣期限，从康熙年间初设到乾隆十年已经有近四十年，但一直没有定期，或一、二年，或三、四年。傅清到任后，根据其驻藏实践，首先提出了具体时间，并得到清廷的认可。三年一任，也就成为以后历届驻藏大臣的定例。乾隆十三年（1748年）傅清接旨回京。上谕曰："驻藏大臣副都统已降旨令其来京，其员缺，著副都统拉布敦前往更换。拉布敦即起程赴藏，不必带领换班官兵，俟下次，所派换班大臣，再遵例带往。"①

傅清第二次赴藏是在乾隆十四年（1749年）。离藏只有一年多，就又奉命匆匆地踏上赴藏之路。据《清高宗实录》记载：

谕军机大臣等："据纪山奏称：'到藏以来，留心访察珠尔墨特那木扎勒，看来情性乖张，属下俱怀怨望，且伊又有疑忌达赖喇嘛之心，恐日久众怨愈深，达赖喇嘛亦不能忍，致生事端。请将伊兄珠尔默特车布登移取来藏，协同办事，以分其权。并将达赖喇嘛自藏移至泰宁安驻'等语。此奏甚属舛谬。朕前降旨纪山，特令其察看珠尔墨特那木扎勒见朕谕旨时是否真切感畏，伊之行止能效法伊父颇罗鼐否，或应教导，或应防范，俱著留心体察，并非即有办理之意。纪山但当将此等情迹据实奏闻，至日后生事与否，本难逆料。况又欲将达赖喇嘛移至泰宁安驻，此事尤不可行。看来纪山见识甚谬。伊系驻藏大臣，凡事宜果断，其于珠尔墨特那木扎勒应教导者即为教导，应防范者即为防范。惟视事之轻重，随机办理，岂可显露情形，转至启土伯特疑心乎！将此饬纪山知之。"

又谕军机大臣等："从前藏地常派大臣二员驻扎办事，后乃裁

---

① 《清高宗实录》卷三一二。

去一员。朕思藏地关系甚要，彼处就办事件有二人相商，较为有益。且换班先后更替有一旧人，尤觉妥当。固原提督傅清从前曾经在藏，彼处事体谅属稔知。著赏给都统衔，前往与纪山公同办事。其钦差大臣关防，著傅清收掌，不必来京。可即由彼驰驿赴藏，将此传谕傅清知之。"

可见，当时西藏的形势比较严重。"郡王"颇罗鼐之子珠尔墨特那木扎勒继位后，既"有疑忌达赖喇嘛之心"，又有谋反之迹。对此，乾隆皇帝已有觉察，并命驻藏大臣纪山留心观察。但纪山很不得力，"见识甚谬"，遇事处理不当。乾隆皇帝只好派傅清再次前往西藏，为了不致打草惊蛇，由傅清与纪山共同办理藏务。不久，乾隆皇帝谕旨："朕前因纪山驻藏，遇事漫无主张，未免气馁胆怯。已令拉布敦同傅清驻藏，换回纪山。"① 这样，就由傅清和拉布敦共同驻藏，处理西藏事务。

拉布敦，董鄂氏，满洲正黄旗，尚书锡勒达之子。康熙五十五年（1716 年），袭三等轻车都尉世职。雍正七年（1729 年），袭世职佐领。雍正十年（1732 年）授正红旗满洲副都统，兼理火器营。乾隆初年，曾任定边左副将军、古北口提督。乾隆十四年（1749 年）授工部左侍郎，兼正白旗副都统。乾隆十五年（1750 年）擢都察院左都御史。②

拉布敦也曾两次驻藏。第一次是在乾隆十三年（1748 年），驻藏副都统傅清期满，由拉布敦接任。此次在藏近一年，乾隆十四年（1749 年）二月诏京。十二月又奉命赴藏，接替纪山，与傅清一齐驻藏。是为第二次任驻藏大臣。

傅清与拉布敦于乾隆十四年受命二次驻藏。其时，珠尔墨特那木扎勒谋反情形已露端倪，攻击驻藏大臣，"疑忌达赖喇嘛，阴通准噶

---

① 《清高宗实录》卷三五六。
② 吴丰培、曾国庆：《清代驻藏大臣传略》，西藏人民出版社1988年版。

尔，断绝朝廷邮路，杀害其兄珠尔默特车布登"。为了西藏的安定，为了粉碎珠尔墨特那木札勒的叛乱阴谋，驻藏大臣傅清与拉布敦密商，将珠尔墨特那木札勒召到驻藏大臣衙门诛之。据《清高宗实录》乾隆十五年记载："兹据驻藏外委王廷斌等禀称：'珠尔墨特那木札勒潜谋不轨，驻藏傅、拉二大人于十月十三日诱至通司岗衙门接见，遂将伊诛戮。讵逆党卓尼罗卜藏札什等闻信，即率众数千围署，施放枪炮，周围放火。达赖喇嘛遣众僧救护，不能得入。拉大人被乱刀砍害，傅大人身被枪伤，立即自尽，所有文武官多被难。粮务衙门被劫库银八万五千余两。十四日，卓尼罗卜藏札什带兵潜逃。十五日，达赖喇嘛始令珠尔墨特那木札勒妹夫公班第达暂理藏王事务，附近喇嘛、番众等俱已归顺。逃难兵民，达赖喇嘛现在养活'等语。"

此次行动是两位驻藏大臣不得已而为之的。当时，既无外援，又无内应，只有驻藏大臣衙门的一些官员。但是，为了西藏的安定，避免大的内乱，他们明知危险却果断地采取了行动，用自己的鲜血和生命阻止了一场灾难，避免了更大的流血冲突。在达赖喇嘛和策楞、岳钟琪等朝廷大员的努力下，惩罚了逆党，安定了西藏形势。珠尔墨特那木札勒谋反，驻藏大臣傅清、拉布敦遇难的消息传出，清王朝上下为之震惊。乾隆皇帝得知后，立即降旨："总督策楞奏到，朕深为怜恻，不觉涕零。因思傅清、拉布敦若静候谕旨遵行，或不至是。但珠尔墨特那木札勒反形已露，倘不先加诛戮，傅清等亦必遭其荼毒。则傅清、拉布敦之先几筹画，歼厥渠魁，实属可嘉，非如霍光之诱致楼兰而斩之也。夫临阵捐躯，虽奋不顾身，然尚迫以势所不得不然。如傅清、拉布敦揆几审势，决计定谋，其心较苦，而其功为尤大。以如此实心为国之大臣，不保其令终，安得不倍加轸悼耶！傅清、拉布敦著加恩追赠为一等伯，著入贤良祠、昭忠祠春秋致祭。傅清并入伊家祠从祀。伊等子孙给与一等子爵，世袭罔替，以示朕褒忠录庸之至意。"①

为了表彰傅清、拉布敦二人的功绩，清王朝分别在北京和西藏建立"双忠祠"，合祀二人，春秋致祭。乾隆十六年（1751年），北京双忠祠在崇文门内建成，乾隆皇帝亲自撰写《双忠祠诗》，立碑于祠中。其序中说："乾隆十五年，驻藏都统傅清，左都御史拉布敦，诛叛臣朱尔墨特那木扎勒，其党罗藏扎什率兵助逆，二臣死焉，赠以伯爵，优卹，而归其丧于京师，亲临奠醊，建专祠祀之，命曰'双忠'，并纪以诗。"② 其诗云"卫藏西南夷极边，入我王化百余年"，"惟时奉命监彼土，曰傅清暨拉布敦。目睹逆势日猖獗，炎炎不息将燎原。战守不可兵力弱，官军万里阻蜀门。国事为重余度外，二人同心利断金。知无一生有九死，俱期济事酬深恩"，"吁嘻二臣力不逮，如归视死双躬捐"，"忠臣报主有如此，智勇兼济诚通天"，"双忠之气浩千古，双忠之力敌万军"。

与此同时，应藏地僧俗之众的请求，在拉萨原驻藏大臣衙门地方也建起了"双忠祠"。其时"藏番追念两公遗泽，岁时奔走，香火不绝"。乾隆五十八年（1793年），大学士福康安率兵入藏，进剿廓尔喀后，来双忠祠祭拜。此时四十余年已过，双忠祠也有些破旧。福康安对双忠祠进行了修葺，并写下了《双忠祠碑记》传后。此碑记比较详细地记录了乾隆十五年发生在西藏的事件，以及人们对于傅清、拉布敦二人的思念。其碑记曰：

> 双忠祠在前藏大昭东北，向为驻藏大臣行署，朱尔墨特那木札尔之难，驻藏大臣傅公、拉公死焉。署亦毁于火。番民感二公之忠烈，因其旧址，请立祠，肖像以祠。盖以二公之大有造于卫

---

① 《清高宗实录》卷三七七。
② 张羽新：《清政府与喇嘛教》（附：清代喇嘛教碑刻录），西藏人民出版社1988年版。

藏也。傅公讳清，为康安世父，乾隆十五年，公以都统，奉命驻藏。左都御史拉布敦副之。时朱尔墨特那木札尔，袭其父颇罗鼐郡王封，专藏事，多不法，公裁抑之，横如故。公廉其叛逆迹，密疏请便宜从事，以绝后患。奏入，上以公孤悬绝域，未可轻举，命都统班第代拉公，将明正其罪，以申国法。旨未至，反谋益亟，广布私人，凡驻藏大臣一举动辄侦逻之。禁邮递不得通，潜结准噶尔外援，藏中有异己者将尽诛之，势且延及达赖喇嘛，为雄长一方之计。公如坐待其变，事发而公必死，诱而诛之，其羽翼已成，众寡不敌，而公亦死。均之死也，毋宁变速而祸小，遂与拉公定密计，以十月十三日告其党罗卜藏达什曰：召藏王来，有旨令议事。朱尔墨特那木札尔以公势孤，闻召不之疑，亦不设备。公与拉公登楼待之，止其众于楼下，随上者四五人。公见之，颜色不动，如平时。引入卧室，门阖，急掣佩刀砍之，中项。而仆从者就前以梏击其首，立毙。罗卜藏达什在室门外，闻格斗声，知祸发，抉窗跳跃，告其婿第巴喇布坦等号召贼众，须臾麕至，枪炮竞发，环攻之。墙高而固不能入，贼乃积薪楼下，烈焰四起，楼焚，贼遂攀援而登，公手刃数贼，身被三伤，力竭自刭以殉。拉公亦中创死。吁，烈矣哉！夫卫藏距京师万有余里，公镇其地，戍兵寡弱，外不足以制其力，内不足以夺其权。设朱尔墨特那木扎尔竟举兵反，番民性怯懦，势必举而从之。以向隶版籍之地，一旦陷贼，即使以身殉，事已无及。劳师糜饷，致贻圣主西顾忧。畴职是土，顾可以一死委其责耶？公独奋不顾身，毅然定大计，乘其未发，诱而诛之，余党虽扰攘而渠魁既殄，如瓦解冰泮，无能为难，不旋踵而就缚尽伏厥辜？公虽死而全藏以安，国威以振，是非霍光之诱斩楼兰所可同日而语也。事定，班公及四川总督、公策楞至藏，列二公死事状上闻。天子震悼，下诏褒嘉忠烈，公与拉公赠一等伯，入贤良祠、昭忠祠。公仍入家祠从祀，子孙以一等子爵世袭罔替。恤忠录庸，延及苗裔。呜呼，公之心其可慰矣。康安以五十七年奉命督师，进剿廓尔喀，来藏谒双忠祠，瞻拜遗像，距公殉节时盖四十余年矣。藏番追念两公遗泽，岁时奔走，香火不绝。至今犹有能道当时遗事者，惟碑碣缺如，堂庑坦墉，间有圮。爰于班师之日葺而新之，且恐岁久遗迹或堙，敬书其事以示后人。其时同殉者为主事策搭尔、参将黄元龙，并为位于庑以配食。《传》云："能捍大患则祀之。"如公者，番之民虽百世祀可也。

御前大臣、太子太保、领侍卫内大臣、武英殿大学士、吏部尚书兼兵部尚书、一等嘉勇公、大将军、从子福康安拜首谨记。

乾隆五十八年正月①

四十多年过去了，傅清、拉布敦为国捐躯的精神仍然为人所传颂。在西藏"至今犹有能道当时遗事者"。北京、拉萨两地的双忠祠及其碑文，也将永远记载下这两位驻藏大臣的功绩。

三、抗击外侵保卫边疆的文硕

清朝末年，康、雍、乾盛世已过，国力衰退远不如前。加上外国势力不断侵扰边疆，使得驻藏大臣一职责任更加重大。他们一方面要维护西藏内部的安定，另一方面又要抵御外侵巩固边疆。驻藏大臣文硕是西藏近代史上第一个领导抗击英国侵略者的清朝大臣。他坚持祖国领土不可侵犯的立场，站在广大西藏僧俗一边，为保卫西藏做出了自己的贡献。

文硕，费莫氏，字俶南，满洲镶红旗人。咸丰六年（1856年），任户部员外郎。十年，考取章京，擢内阁学士兼礼部侍郎。光绪十一年

---

① 张羽新：《清政府与喇嘛教》（附：清代喇嘛教碑刻录），西藏人民出版社1988年版。

（1885年），赏副都统衔，接任色楞额为驻藏办事大臣。① 文硕任驻藏大臣二年有余，除去途中时间，仅在藏一年。文硕在藏期间主要办了两件大事：一是领导抗英斗争；一是亲自主持金瓶掣签，选中仓珠嘉错为九世班禅。光绪十四年（1888年），朝廷"命驻藏办事大臣文硕来京，以伊犁副都统长庚为驻藏办事大臣"，不久又将"文硕著即行革职"②，从而结束了他短暂的驻藏大臣生涯。

文硕入藏，正值英帝国主义以武力入侵西藏时期。光绪十二年（1886年），英国人占领了与西藏接壤的哲孟雄（今锡金），对西藏的安全构成了巨大威胁。西藏僧俗人民为了阻止英国人入侵，在西藏与哲孟雄接壤的隆吐地方建房设卡，准备应战。英方得知此事，以隆吐地方属哲孟雄为由，向清朝政府提出外交"抗议"。1887年2月，西藏三大寺、札什伦布及其他寺院全体官员联名致函驻藏大臣，阐明在隆吐地方设卡的理由。"哲孟雄、布鲁克巴（不丹）两部落，原归汉番版图，本系嫡亲子民，英人岂有不知，该英人当初并未恳求大皇帝赏给，亦未通知唐古忒商上，竟敢擅自夺霸民土，反自以为有理，今我唐古忒在于本境修建房屋，自保疆土"，"惟查相距大吉岭二百余里藏属之热纳地方以内隆吐山岩上，新建防堵人等居住房屋，以及围墙，并稍设官兵，就近防堵，以期各保疆土，不但非印度所属地境，且距大吉岭甚远。"③ 也就是说，哲孟雄及隆吐地方并不属于英国人，他们才是侵略者。

迫于英国人的压力，和免于西部之忧，清政府责令驻藏大臣撤卡退兵。据《清德宗实录》卷二四九记载：

> 谕军机大臣等："电寄刘秉璋，两电均悉。向来哲孟雄自为部落，在后藏界外，不入舆图，且久已暗附于英，今设卡既在哲孟

---

① 吴丰培、曾国庆：《清代驻藏大臣传略》，西藏人民出版社1988年版。
② 《清德宗实录》卷二五一、卷二五二。
③ 牙含章：《达赖喇嘛传》，人民出版社1984年版。

雄之隆图山，即不得谓之西藏界内。况英国正议边界通商，而藏众反设卡禁绝通商之路，是显与定约背驰。英为与国，于停止入藏一节尚知通情退让；藏为中国属地，乃竟不知恭顺朝廷。将来设有不虞，国家亦何能于此等顽梗之徒曲施保护耶？著刘秉璋飞咨文硕、升泰，传齐各番官，将此旨严切宣示，饬令迅将卡兵撤回，慎毋再有违延，自贻罪悔。并著文硕等将遵办情形迅奏。"

寻文硕奏："查藏番并无越界戍守，隆图山卡兵碍难抽撤。"

清政府与西藏僧俗的看法显然有所出入。清廷令四川总督刘秉璋电告驻藏大臣文硕，迅速撤兵。文硕面对的是皇上的谕旨和西藏的广大僧众，是撤卡，还是守卡，只有一种选择。文硕在"纵有男尽女绝之忧，惟当复仇抵御，永远力阻，别无所思"①的僧众精神鼓舞下，勇敢地站在了西藏僧俗一边，支持抗英的正义斗争。文硕向朝廷所奏的一系列折子，也大多为藏人辩护，谴责英人不轨。当他听到藏兵与英兵开仗小胜时，立即上奏朝廷，难以掩饰自己兴奋的心情。光绪十四年（1877年）三月，驻藏办事大臣文硕奏："隆图山藏番与英兵接仗获胜。惟英人向来多诈，已令该呼图克图谕饬仔琫倍加谨慎，勿恃小胜而骄，并于该仔琫略加奖励，以示绥柔。②"

文硕的这种违背圣旨的行为，必为朝廷所不容。"文硕办理此事终始不明机栝，于撤卡一节不但不竭力开导，反代为晓辩力争"，"文硕自抵藏后，于开导藏番事宜，并不禀遵谕旨切实妥办，识见乖谬，不顾大局"③。最后被革职处理，于光绪十四年六月离藏。

第一次抗英斗争虽然以失败告终，但西藏僧俗民众保卫边疆，反击侵略的英勇行为，却表现出中国人民那种不屈不挠的斗争精神。驻藏大臣文硕，不保乌纱，主持正义的行动，也令西藏僧俗永远怀念。

---

① 牙含章：《达赖喇嘛传》，人民出版社1984年版。
② 《清德宗实录》卷二五三。
③ 《清德宗实录》卷二五四、卷二五二。

第 六 章
维护统一 维护统治：
清王朝出兵西藏

为了维护对西藏的统治，平定西藏的内乱；为了保卫祖国的统一，领土的完整，反对外来侵略，清初几代皇帝曾多次派兵入藏。其中包括：康熙朝驱除准噶尔之战、雍正朝平定西藏内乱、乾隆朝击退廓尔喀之入侵。清王朝不远万里多次出重兵入藏，这在历代王朝统治西藏的过程中是比较罕见的。它不仅表明清王朝对西藏的统治决心，也显示出清王朝维护祖国统一的实力。清王朝出兵西藏，兴师动众，劳师以远，对于稳定西藏，巩固边疆具有重要的历史意义。

第一节 康熙朝驱除准噶尔之战

康熙四十年（1701年），固始汗之孙达赖汗逝世，其子继位，称拉藏汗。由于拉藏汗与当时的第巴桑结嘉措不合，关系十分紧张。康熙四十四年（1705年），桑结嘉措收买拉藏汗的侍卫，想下毒杀害拉藏汗。结果被拉藏汗发现，引发了以桑结嘉措为首的藏军与拉藏汗为首的蒙军之间的战争。最后，蒙军打败了藏军，桑结嘉措亦被处死。

桑结嘉措被拉藏汗消灭后，其所剩部下逃往新疆，向蒙古准噶尔部的策旺那布坦求援。策旺那布坦为噶尔丹之侄，噶尔丹被清军消灭后，在新疆自立为汗，并不服从清王朝的统治。同时，准噶尔部素与拉藏汗所属的厄鲁特部有仇怨，此时正是报仇的大好时机。于是，策旺那布坦派兵侵藏，并且占领了布达拉宫。据《圣武记》记载："（康熙）五十五年（1716年）十月，策旺（那布坦）果遣台吉大策零敦多布领精兵六千徒步绕戈壁，逾和阗南大雪山，涉险冒瘴，昼伏夜行，次年七月始达藏界。以送丹衷夫妇归藏为名，由腾格里突入，败唐古特兵。遂围攻布达拉，诱其众内应开门，执杀拉藏汗，虏其妻子，搜各庙重器送伊犁，禁新达赖喇嘛于札克布里庙。"①

蒙古准噶尔部占领西藏后，不服从清王朝的统治，对于青海、云南、四川等地造成了极大的威胁。康熙帝于五十七年（1718年）令西安将军额伦特带兵数千援藏，并遣侍卫色棱宣谕旨让青海蒙古备兵。七月，大军过木鲁河（即通天河）。额伦特率军出库赛岭，色棱率军出拜都岭。贼兵佯败屡屡退却，而将其精兵埋伏于喀喇河一带。额伦特率兵急追，欲先渡河扼守狼拉岭之险，至喀喇河与贼大军相会。贼胁从番众数万，以一半据河阻止清兵前进，又分兵于清军之后，截其饷道。两军相持月余。九月，清军终因粮尽矢竭而全军覆没。此次出兵，乃清王朝对西藏的第一次用兵。

出师不利，全军无存，朝廷内外极大震惊。"青海蒙古皆惮进藏，奏言达赖剌麻可随地安禅，免王师远涉之劳。而王大臣惩前败，亦皆言藏地险远，不决进兵议。"②准噶尔的倒行逆施要不要制止？西藏地方的主权还要不要收回？在这些原则问题上，康熙皇帝绝不含糊。他力排众议，认为西藏屏蔽青海、云南、四川，如果让准噶尔占据，边疆将无宁日，决意再次出兵。康熙五十七年（1718年）命皇十四子允禵为抚远大将军，统帅进藏诸师。据《清圣祖实录》记载："（康熙五十七年十二月）抚远大将军允禵率兵起程。上命内阁大臣颁给大将军敕

---

①② （清）魏源：《圣武记》，中华书局1984年版。

印于太和殿。其出征之王、贝子、公等以下俱戎服，齐集太和殿前。其不出征之王、贝勒、贝子、公并二品以上大臣等俱蟒服，齐集午门外。大将军允禵上殿，跪受敕印，谢恩。行礼毕，随敕印出午门，乘骑出天安门，由德胜门前往。"① 与此同时，命平逆将军延信、固原提督马继伯、山东登州总兵官李麟等为中路，率陕甘满汉官兵，出西宁，向喀拉河进军。命征西将军噶尔弼、四川永宁协副将岳钟琪为南路，率滇、川、楚、浙满汉官兵，出打箭炉，直向拉萨。命靖逆将军富宁安驻军阿尔泰、巴里坤一带，牵制新疆准噶尔兵力，使其不敢向西藏方向增兵。

　　此次用兵，乃清王朝对西藏的第二次出兵。在接受了第一次出兵失败的教训后，这次出兵格外谨慎，其规模也相当巨大。除上面所述各路兵丁外，青海蒙古之兵、丽江等处土司之兵也请效力随征。此次出兵西藏总兵丁人数不下两万余人。抚远大将军允禵坐镇西宁，调饷征兵，居中指挥。中路延信等人不仅要与准噶尔人争战，而且还有护送七世达赖回藏的任务。他们于康熙五十九年（1720年）四月出发，在簿克河、齐嫩果尔、错冒拉等地打败了准噶尔军队。八月底进驻喀拉河。这时，南路清军已经一路过关斩将进入拉萨。噶尔弼等人占领拉萨之后，将隐藏在三大寺的准噶尔喇嘛一百多人全部抓起来，并且将五个头目斩首。清军占领拉萨立即切断了准噶尔主力喀拉河一线的供给，使策零敦多布在喀拉河陷于孤立。最后，在清军中路将士的打击下，不得不逃回新疆伊犁。九月，延信等人送七世达赖喇嘛到达拉萨，并在布达拉宫举行了坐床仪式。康熙帝封给七世达赖喇嘛噶桑嘉措以金册、金印，并加封"宏法觉众"的封号。至此，清军赶走了准噶尔人，使西藏重新获得了安定。清王朝第二次出兵西藏也达到了预期的目的。

---

① 《清圣祖实录》卷二八二。

此次战争，由于拉藏汗被杀，从此结束了蒙古固始汗子孙控制西藏的历史。从1642年固始汗进驻西藏，到1717年拉藏汗被害，中间经历了固始汗子孙四代75年之久的统治。在新的情况下，清王朝封康济鼐为首席噶伦，总理全藏事务，封阿尔布巴、隆布鼐、颇罗鼐、札尔鼐等四人为噶伦，协助藏务。"噶伦共管"制度的建立，在西藏历史上具有重要的意义。从此，西藏的行政权力改由藏族自己的领袖人物来掌管，通过他们来实施清王朝对西藏的统治。

清王朝与准噶尔在西藏两度交战，终以准噶尔失败而告结束。清军胜利后，在拉萨布达拉东山之上刻碑一座，名曰《噶尔弼平定西藏碑记》。其碑曰：

>从来运命昌隆，天既生神圣之君，必有辅翼之臣。上下一德，交泰以成厥功。稽古帝王，抚万邦、勤远略，足以昭示来兹者，史册具载，从未有如我皇上安藏之师，卓越今古，无与比伦者也。恭惟我皇上，文德诞敷，武功赫濯。日月照临之所及，无思不服。乃贼策妄阿喇蒲坦，小丑无知，扰我哈密。爰有西师，俾贼不敢犯我大兵而远扬遁迹，使其贼党旁袭西藏，我皇上胞与为怀，普天同视，虽遐陬异域，如保赤子不致失所，直如至溺已饥，讵肯任彼贼虏蹂躏番民。于是，亲授方略于抚远大将军王，驻节西宁，名以兵威之，实则以德绥之。而抚远大将军王驻节西宁，凡商议机密重务，一委决于议政大臣、正蓝旗都统、宗室延信。知其克膺重任，具奏以闻，诏授平逆将军。时五十九年夏四月。
>
>……于八月二十三日直抵招地，封仓库以待西师，抚僧俗而宁佛土，招回哈喇乌苏助逆之蛮兵，断彼喇撒、达木馁贼之粮运。西师在前，我兵在后，而策零敦多布援散食绝，力竭势穷，狼奔鼠窜，戢影远遁。由是，西来之达赖喇嘛于九月十五日得以抵藏坐床。僧俗皈依，遐迩倾向，欢声震天，梵音匝地，共祝圣寿无疆，山河巩固。此皆上赖庙谟宏远，天威遐震，下仗总督年羹尧

经理有方，糗粮充裕。兼之将士奋勇，共切同仇，所以道经五千，视危峰雪岭有如平地，时历四月冒蛮烟瘴雨而甘之如饴。壮气干云，有征无战，成此克复之功也。勒之丰碑。聊记道途年月，云尔。铭曰：天地为界，日月为期。一洗尘氛，永靖荒裔。

大清康熙五十九年十一月　日定西将军噶尔弼撰并书①

此碑文较为详尽地记录了清军平定西藏的经过。对于我们认识和了解西藏的历史，清王朝治理西藏的过程等方面具有十分重要的历史价值。

康熙六十年（1721年）蒙古王、贝勒、贝子、公、台吉及土伯特酋长等奏："西藏平定，请于招地建立丰碑，以纪盛烈，昭垂万世。"②康熙允奏，并亲笔写下了《平定西藏碑文》，以此作为纪念。这座清王朝前期治藏的历史丰碑至今仍然屹立在拉萨布达拉东山前。它将与《噶尔弼平定西藏碑记》一起记录下这场维护西藏安定的正义之战。

第二节　雍正朝平定西藏内乱

雍正五年（1727年）西藏上层发生了争权夺利的武装冲突。噶伦阿尔布巴联合噶伦隆布鼐、噶伦札尔鼐，杀死了首席噶伦康济鼐。噶伦颇罗鼐逃往后藏。这次上层人物的内讧，在西藏引起了极大的混乱，并在两派势力之间引发了一场战争。为了平息西藏内乱，恢复正常秩序，清王朝不得不第三次出兵西藏。

清王朝对西藏上层不和早有耳闻。据《清世宗实录》雍正五年正月记载："副都统宗室鄂齐奏称：'臣至西藏，审视情形。首领办事之

---

① 张羽新：《清政府与喇嘛教》（附：清代喇嘛教碑刻录），西藏人民出版社1988年版。
② 《清圣祖实录》卷二九四。

人，互相不睦，每每见于辞色。达赖喇嘛虽甚聪敏，但年纪尚幼，未免有偏向伊父索诺木达尔扎之处。康济鼐为人甚好，但恃伊勋绩，轻视众噶伦，为众所恨。阿尔布巴赋性阴险，行事异于康济鼐，而索诺木达尔扎因娶隆布奈二女，三人合为一党。若调唆达赖喇嘛与康济鼐不睦，必至争竞生事。再，噶伦甚多，反增繁扰，隆布鼐行止妄乱，札尔鼐庸懦无能，应将此二人以噶伦原衔解任，则阿尔布巴无人协助，自然势孤，无作乱之人矣。请降训旨，晓谕达赖喇嘛、康济鼐、阿尔布巴等和衷办事。'"① 鄂齐的这段奏折，比较清楚地说明了噶伦之间的矛盾与斗争，并且已经指出了这种不睦的严重后果，同时提出了解决问题的办法。为了稳妥起见，雍正帝并没有将隆布鼐、札尔鼐二人解任，而是晓谕众人劝其和好。并"遣大臣一员赍旨前往晓谕，令伊等和好办事"，"著内阁学士僧格、副都统玛喇差往达赖喇嘛处"②。

冲突发生后，逃往后藏的噶伦颇罗鼐及时向清王朝奏报："康济鼐与准噶尔构兵，所办诸事，洵有裨益。乃阿尔布巴、隆布奈、扎尔鼐等，会同前藏头目，于六月十八日将康济鼐杀害。臣即收聚后藏军兵防守驻扎，阿尔布巴等复发兵来侵，被臣杀伤无算。今臣带领兵众剿捕阿尔布巴等，伏祈皇上速遣官兵进藏，剿灭逆魁，以安西藏。"③ 接到奏报后，雍正皇帝立即发重兵前往西藏。一路以都察院左都御史查郎阿为首，以副都统迈禄、西宁总兵官周开捷为副，率满汉官兵八千四百人由西宁入藏；一路由云南鹤丽总兵官南天祥率滇军三千，自云南入藏；一路由散秩大臣周瑛率川兵四千，从西康甘孜入藏。三路人马共一万五千余人，于雍正六年（1728年）初奔赴西藏。

噶伦颇罗鼐，在清王朝大军未到之前，在后藏及阿里集合兵丁九千余人与阿尔布巴等人对抗。雍正六年（1728年）六月，他率军打到拉萨，在各寺院大喇嘛的协助下，抓住了阿尔布巴、隆布鼐、札尔鼐

---

①② 《清世宗实录》卷五二。
③ 《清世宗实录》卷五九。

等人。清王朝先期派遣的内阁学士僧格、副都统玛喇已在西藏。在前后藏战争期间，他们在布达拉宫保护了达赖，使其免于被劫。当阿尔布巴等人被擒后，他们又与颇罗鼐一起等待清军入藏，与查郎阿等人一道处理。据查郎阿奏报："臣等遵旨统领大兵，自五月初六日由西宁出口，于八月初一日至西藏。即会同在藏驻扎之副都统玛喇、学士僧格将阿尔布巴、隆布奈、扎尔鼐等审讯。据阿尔布巴等供称，谋杀康济鼐是实。查阿尔布巴等身受国恩，不思报效，乃心存叛逆，大干法纪，应分别治罪，将阿尔布巴、隆布奈俱拟凌迟。其阿尔布巴之子噶尔丹盆楚克、衮楚克拉贾布、鄂达尔汉噶尔藏吹达尔，隆布鼐之子席木本吹扎特俱拟斩。将扎尔鼐拟斩，其妻及子喇克桑、扎木巴并二逆之妻女及同胞兄弟俱离本处发遣。并将协助阿尔布巴等人之喇嘛人众亦分别治罪。"① 结果，清王朝将此次叛乱头目及妻子共17人斩首，平息了内乱，安定了西藏。

由于颇罗鼐此次平乱有功，被雍正皇帝赏与"贝子"爵位，并著总理全藏事务。在这次内乱之后，清王朝汲取经验教训，进一步完善了驻藏大臣制度，并第一次派兵常驻西藏，对于西藏的长期安定起到了积极的作用。

第三节　乾隆朝击退廓尔喀之入侵

乾隆末年，廓尔喀人曾两次入侵西藏。一次是在乾隆五十三年（1788年），一次是在乾隆五十六年（1791年）。为了保卫西藏，维护国家的统一，清王朝不得不第四次、第五次出兵西藏，驱逐入侵者。

廓尔喀即今之尼泊尔，位于西藏西南部，其疆土与西藏相连。"旧

---

① 《清世宗实录》卷七三。

分叶楞部、阳布部、库木部，于雍正九年各奏金叶表文，贡方物"①，一直为清王朝的藩属。有关廓尔喀侵藏的起因，《圣武记》中说："初，后藏班禅喇嘛以四十六年来朝，祝高宗七旬暇，中外施舍，海溢山积。及班禅卒于京师，资送归藏，其财皆为其兄仲巴呼图克图所有，既不布施各寺庙与唐古忒之兵，又摈其弟舍玛尔巴为红教，不使分惠。于是舍玛尔巴愤诉廓尔喀，以后藏之封殖、仲巴之专汰煽其入寇。五十五年三月，廓尔喀借商税增额、食盐糌土为词，兴兵闯边。"②可见，廓尔喀入侵藏的原因有二：一是双方的银钱纠纷；一是六世班禅之弟舍玛尔巴的唆使。长期以来，西藏地方不铸银钱，而是靠廓尔喀供给。廓尔喀为西藏铸币，藏人则用清王朝资助给西藏的银锭来换，即用同等重量的银钱换同等重量的银子。但廓尔喀所造之币多掺有假，成色不纯，有甚者竟掺铜过半，引起藏人强烈不满。尤其是乾隆五十五年（1790年）八世达赖喇嘛向全藏发出布告，指出这些假币的危害时，乾隆皇帝也给廓尔喀写去公文，要求他们禁止假币。后来，廓尔喀人不得不另造新币。尽管新币质地较好，但由于他们坚持新旧并用及一枚新币换二枚旧币，引起了极大的混乱。由于双方在银钱交换的问题上意见不一，一直不能解决，加上舍玛尔巴的挑唆，便引起了清王朝与廓尔喀之战。

乾隆五十三年（1788年）廓尔喀人在头目苏尔巴尔达布的带领下，出兵西藏并且先后占据了济咙、聂拉木、宗喀等三个地方。乾隆皇帝得知此事，立即降旨："卫藏、济咙等处，地方虽小，乃系天朝疆界，一经蠢动，天讨必加。今若畏罪投诚，将济咙等处恭顺奉回，大圣皇帝备极仁慈，尚可谅加宽宥。若仍昏愦无知，逞其螳臂，必致大兴劲旅，歼戮无遗。尔等若倚恃路远，尤为冒昧。试思伊犁等处回城，道路如何险远，天朝俱经剿灭，尔等跳梁小丑，更何难一举歼擒！维时

---

①② （清）魏源：《圣武记》，中华书局1984年版。

非不能保其部落，且不能稍延残喘。"① 乾隆圣谕犹如一篇讨伐檄文，有理有据，慷慨激昂，视触动天朝疆界者为跳梁小丑，螳臂挡车者也，其绝无好下场。与此同时，乾隆皇帝还命成都将军鄂辉、副都统佛智、四川提督成德、总兵官穆克登阿等人率满汉土屯各营官兵三千人，由打箭炉进藏；命四川总督李世杰驻扎打箭炉，督运粮饷调派兵丁；命按察使和宁等人，在成都筹办起运军火事务。同时，派遣理藩院侍郎巴忠驰驿前往后藏办事。此为清王朝第四次出兵西藏，誓将廓尔喀人赶出国土。

是年冬天，清大军集结于拉萨。廓尔喀人不得不请求和解。巴忠派总兵官穆克登阿，噶厦派噶伦丹津班珠尔，同廓尔喀代表在边境谈判。巴忠为了贪功邀赏，及早了事，答应每年给廓尔喀元宝一千锭作为赔偿，为期三年，以此换回被占地方。清人昭梿在其《啸亭杂录》中说："巴忠自恃近臣，不复为鄂、成所统属，自遣番人与廓尔喀讲和，愿岁纳元宝一千锭赎其地。廓尔喀欲立券约为信，达赖喇嘛不可，而巴忠欲速了其局，遂如约而归。"② 巴忠不顾达赖、噶厦等人的反对，与廓尔喀人私自立约，并向乾隆皇帝谎报实情，收复失地，凯旋班师。

乾隆五十六年（1791年），廓尔喀人到西藏讨要赔银，遭到了达赖和噶厦的拒绝。七月，廓尔喀人再次入侵西藏，并先后占据聂拉木、济咙等地。驻藏办事大臣保泰马上向朝廷禀报："据喇嘛噶布伦禀称：'六月二十四日行至聂拉木，给信与廓尔喀，商议旧时未完债项。七月初六日，廓尔喀头人带领七十余人至聂拉木。次早，廓尔喀头人等领兵千余向聂拉木进发。我等见来人甚众，一时不能禁止，将彼处桥梁拆毁。廓尔喀疑断其归路，混放鸟枪，致相争闹，廓尔喀即占据聂拉木，将噶布伦、戴绷等俱围在彼处'。臣等随遣都司严廷良迅赴聂拉木查问起衅缘由，并委戴绷敏珠尔多尔济带领唐古忒兵丁飞往救应。臣

---

① 《清高宗实录》卷一三一〇。
② （清）昭梿：《啸亭杂录》卷六，中华书局1980年版。

保泰调达木兵五百名，酌带绿营兵丁，至札什伦布安抚人众。"① 乾隆皇帝看完此奏折后，交与巴忠阅看，并没加以责斥。"次日巴忠在军机大臣前自称此事办理不善，恳祈赶赴藏地，效力赎罪"②。但此前乾隆皇帝已派鄂辉前往办理，没让巴忠入藏办理。巴忠自知理亏，心怀鬼胎，夜间投河自尽。四川总督鄂辉、成都将军成德，奉命率川军四千，由打箭炉出口进藏。但二人接到谕旨后，进展缓慢。事发两个月以后，成德才到打箭炉。而九月初六日，廓尔喀人已将札什伦布寺抢劫一空时，鄂辉刚从成都起程。此时，驻藏大臣保泰不见救兵来藏，心慌胆落，竟想放弃前藏，受到乾隆皇帝的严厉斥责。"是札什伦布并非贼匪所能攻陷，竟系保泰委之于贼，又何异于开门揖盗耶？且保泰既将后藏失去，避至前藏时又欲将达赖喇嘛、班禅额尔德尼移往泰宁"，"竟弃藏地与贼，真成笑话，不意其悖谬至此"③，并将其革职留任赎罪，另派奎林前往西藏办事。

廓尔喀主力三千余人长驱直入，一直打到后藏札什伦布寺。在此之前，八月十六日，保泰已将班禅额尔德尼移送前藏。仲巴呼图克图留在了札什伦布寺，都司徐南鹏带领绿营兵一百二十名护守。而寺内的众喇嘛一听到廓尔喀人将到的消息，四处逃散。仲巴呼图克图也有出寺过河之意。八月十九日，济仲喇嘛罗卜藏丹巴等想占卜去留，告知仲巴呼图克图后并没有受阻。八月二十日，罗卜藏丹巴和四学堪布罗卜藏策登等在吉祥天母前占卜。他们写"打仗好"与"不打仗好"二个条，用糌粑和成丸，放在碗中。最后占得"不打仗好"。占卜结果很快传遍了寺内，众人纷纷离去。八月二十一日，廓尔喀兵开始进攻日喀则，只有清兵一百二十名出来迎击。他们坚守了十七个昼夜，终因寡不敌众败下阵来。九月初六日，廓尔喀兵冲进札什伦布寺，将所有的财物、金银、器皿、粮食等，全部掠走，使格鲁派圣地蒙受到了

---

①② 《清高宗实录》卷一三八五。
③ 《清高宗实录》卷一三八九。

极大的耻辱，给西藏僧俗带来了巨大的灾难。

  是可忍，孰不可忍！乾隆皇帝下决心对廓尔喀大加讨伐，以便永绝边患。乾隆五十六年（1791年）十月降旨曰："至贼匪来藏侵扰，若不过因索欠起衅，在边境抢掠，原不值兴师大办，今意敢扰至札什伦布，则是冥顽不法，自速天诛。此而不声罪致讨，何以安边境而慑远夷耶？朕临御五十六年，平定准部、回部、大小两金川，拓地开疆，远徼悉入版图，况卫藏为我皇祖、皇考戡定之地，久隶职方，僧俗人等胥沾渥化百有余年，况该处为历辈达赖喇嘛、班禅额尔德尼驻锡之地，蒙古、番众素所崇奉，若任小丑侵凌，置之不问，则朕数十年来所奏武功，岂转于此等徼外么么不加挞伐？是此次用兵，实朕不得已之苦心，此天下臣民所共见者，并非好大喜功，穷兵黩武也。"① 于是，将办事不利的鄂辉、成德革职，令其在军前效力；授福康安为大将军，海兰察、奎林为参赞，并从东北调索伦兵一千人，一同由西宁出口进藏。后又调金川土屯兵五千，川兵三千，并加上藏内官兵三千，共约一万七千余人。此为清王朝第五次出兵西藏。

  福康安于乾隆五十六年（1791年）九月二十九日由京起程，经山西、青海赴藏。十一月二十六日到达西宁，十二月初一日直奔西藏。乾隆五十七年（1792年）正月初二日抵西藏交界，正月二十日抵达前藏。从西宁到前藏约四千六百多里，西藏喇嘛平时行走，至少需一百二三十天，而福康安等人除途中耽误十一日外，一共只走了三十九日。② 此时，正是西藏的冬季，冰雪甚厚，山路崎岖，瘴气最大，高寒缺氧，其艰难程度是常人难以想象的。但军务甚急，贼寇待驱，边疆需宁，福康安及其清兵只好如此。

  福康安一到西藏，即将主力由日喀则经宗喀、济咙，直指廓尔喀人腹地。又派成德率兵一路向聂拉木挺进，命藏军向宗木进攻，收复

---

  ① 《清高宗实录》卷一三八九。
  ② 庄吉发：《清高宗十全武功研究》，中华书局1987年版。

失地。同时，传檄布鲁克巴（不丹）、哲孟雄（锡金）、甲噶尔（印度）之王，让他们出兵助阵牵制贼兵，并向廓尔喀人传谕，宣示用兵之意。其檄文曰："乃尔自外生成，辄敢称兵滋扰卫藏，不但占据边界，且敢侵犯札什伦布，将庙宇塔座损坏，镶嵌金什物肆行抢掠，尔岂不思卫藏之地，即天朝之地，岂容尔等作践。况尔得受大皇帝封爵，宠荣逾格，竟全不知感激，如此反覆无常，负恩藐法，实属罪大恶极，为覆载所不容。今本将军奉命亲统大兵问尔廓尔喀之罪，惟有将尔部落一举荡平，申明天讨，尔等从前所议钱债细事，概不值理论，现在调集各兵，源源而来，克期进发，捣尔巢穴，务在悉数歼擒，不留余孽，此皆尔孽由自作，速取灭亡，恶贯满盈，罪在不赦。"①

乾隆五十七年（1792年）四月，福康安亲率大军自第哩浪古起程。五月初六，攻克擦木，然后收复济咙。成德一路，此时收复了聂拉木。自此，清军全部收复失地，并将廓尔喀人赶出西藏。廓尔喀王拉纳巴哈都尔送信讲和，被福康安严词拒绝，并令清军乘胜前进。五月十五日，福康安率军过热索桥，进入廓尔喀境内。二十四日攻克协布鲁，接着又先后攻克东觉、帕朗古等地，直逼首都阳布（加德满都）。福康安率领清军屡战屡胜，势如破竹，先后战于擦木、那吉、济咙、热索桥、协布鲁、东觉、帕朗古等地，七战七胜。共杀贼头目二十余人，贼兵三四千人，生擒二百余人。廓尔喀王再次请求投降，并答应一切条件。先将劫去的噶布伦丹津班珠尔等人送回，又将抢去的札什伦布寺的金银器皿全部退还，并将舍玛尔巴的遗骨及从前私立合同二张一起交出，不敢再提钱债之事。对此，乾隆皇帝怜悯廓尔喀众生，网开一面，降旨允降，令班师回朝。从此，廓尔喀成为大清藩属，长年朝贡不绝，直至清末。

福康安回到西藏后，遵照乾隆皇帝的谕旨，进行了善后工作。首

---

① 庄吉发：《清高宗十全武功研究》，中华书局1987年版。

先，惩办了此次事件的祸首。对纵容廓尔喀人入侵的红帽活佛舍玛尔巴停止转世，其财产充公，寺内红帽喇嘛一百零三人改为格鲁派，分给三大寺。对不率众保护札什伦布，先期逃遁的六世班禅之兄仲巴呼图克图解赴北京治罪。在此之前还对占卜惑众，拒不抵抗的济仲喇嘛当众剥黄正法。正如乾隆皇帝所说："朕于黄教素虽爱护，但必于奉教守法之喇嘛等方加以恩遇。若为教中败类罪在不赦者，即当明正典刑，断不稍为袒护"，"此等喇嘛自叛其教，为王法所难宥，即为佛法所不容。"① 其次，福康安还与达赖、班禅的代表一起议定了《钦定章程》（二十九条），对于活佛转世、西藏货币、驻藏大臣的权限、官员任免等一系列重大问题都作了明确的规定，成为一部具有历史意义的文献。

　　为了纪念此次驱逐廓尔喀人侵藏战争的胜利，乾隆五十八年（1793年）由内阁侍读学士杨揆撰文，大将军福康安等人所立的《征廓尔喀纪功碑》建成，立于拉萨大昭寺前。其碑文曰："廓尔喀人乾隆五十有三年，乃敢驱其丑类，犯我藏界。""帝用震怒，曰：是不可赦！且卫藏之地，久隶版图，乃廓尔喀反复靡常，狡焉思逞，不惟挞伐，曷禁凶顽。于是，发明诏、选重臣，命御前大臣、领侍卫内大臣、武英殿大学士、一等嘉勇公福康安为大将军，领侍卫内大臣、一等超勇公海兰察，四川总督兼兵部尚书、都察院右都御史惠龄为参赞大臣，指授方略，统率劲旅。云台犀甲，张组练于风云；羽林虎步，耀戈铤于霜雪。前旌乍转，后阵长驱。满、汉、索伦、屯土、降番诸兵，无不景从向集、星驰雷动。乾隆五十七年正月己丑，大将军由青海至藏。""十荡十决，军其郭中。三绝三通，来从天上。肤功克奏，我武维扬。廓尔喀酋长喇特纳巴都尔益畏，再遣头人诣营，归丹津班珠尔等于藏。其所掠札什伦布金银器物，悉以献出。敬遣大头人噶箕弟乌达特塔巴等奉表赴阙，恭进驯象、番马及乐工一部，其余方物，充牣

---

① 《清高宗实录》卷一三九三。

不可胜计。且报曰：'奉大将军约，毋敢再犯藏界，永为不叛之臣'，用申革面革心之誓，鞠躹搏颡，哀恳再四。我皇上鉴其悔罪之忱，洽以好生之德"，"从此西域长宁，投戈恐后；南人不反，推赤如初。复惟我皇上，抚驭中外，征讨不庭，广绥来柔远之仁，申先德后刑之义"。①此纪功碑既是战胜廓尔喀人入侵的明证，也是清王朝维护祖国统一的历史记录。

第四节 出兵西藏的历史意义

从康熙五十七年（1718年）第一次出兵西藏，至乾隆五十六年（1791年）第五次出兵西藏，其间只有七十一年，清王朝就出兵五次。其中，两次驱逐准噶尔，一次平定西藏内乱，两次击退廓尔喀人入侵。五次出兵虽然内容不一，时间不同，但对于安定西藏，保卫边疆具有十分重要的意义。同时，也在一定程度上反映出清代前期国家强盛，人民要求和平统一的历史事实。从一定意义上说，如果没有清王朝对西藏的五次用兵，就不会有后来西藏的稳定和向心力，就不会有西藏百年的繁荣。

早在清王朝入关之前，达赖、班禅就与皇太极取得了联系。入关以后，顺治皇帝更加注意西藏的局势，并多次敦请五世达赖入京会晤，促使达赖顺治十年入京受封。从地理位置上讲，西藏地处边陲，与印度、缅甸、尼泊尔、不丹、锡金等国接壤，与新疆、青海、四川、云南等省份相连。西藏的安危与整个国家的安危，与其他相邻省份的安危息息相关。所以，西藏局势一有风吹草动，清王朝就得赶紧采取措施。从宗教信仰上看，以达赖、班禅为首的格鲁派已经越来越成为整

---

① 张羽新：《清政府与喇嘛教》（附：清代喇嘛教碑刻录），西藏人民出版社1988年版。

个藏传佛教的中心，云南、四川、青海、甘肃等地的广大藏族同胞也视西藏为佛教圣地，其内外蒙、新疆、青海等地的蒙古人信奉格鲁派日盛，亦心向西藏。当时的西藏确有牵一发而动全身的影响，西藏危而西北危，西北危而全国危。所以，清王朝建国之初的几代皇帝无一不对西藏给予特殊的关照。在清代任何一个地区也没有像西藏那样用兵频繁，而且不远万里，跋山涉水，重兵赶赴。清代初年，清王朝为了巩固自己在全国的统治，四处出击，八方平乱。铲除三藩，平定准噶尔之乱，降缅甸、安南、廓尔喀等，大小战争连年不断。康熙皇帝曾三次亲征准噶尔，乾隆皇帝则有"十全武功"。尽管清王朝出于封建统治需要，有些战争具有民族压迫的性质，但大多数战争是正义的战争，尤其是清代前期的一些战争。比如，清高宗乾隆曾自诩有十大武功，其"十功者，平准噶尔为二，定回部为一，扫金川为二，靖台湾为一，降缅甸、安南各一，即今二次受廓尔喀降，合为十。"① 其中，平定准噶尔，受降廓尔喀，降缅甸、安南等役，都是无可厚非的正义之战。应该说，乾隆皇帝在维护祖国统一，保卫边疆方面做出了一定的贡献。

纵观清王朝对西藏的五次用兵，可以说每一次都是正确的。它不但体现了清王朝统一祖国，反对外来侵略的决心，也代表了包括西藏人民在内的全国各族人民平息内乱，向往和平的美好愿望。康熙朝准噶尔人以武力占领西藏，给广大藏族同胞带来了巨大的灾难，也是对统一的多民族国家的一种背叛。在当时，不管是谁，只要有分裂和扰乱祖国的行为都是对历史的反动。尽管第一次出兵遭到惨败，但清王朝并没有放弃，而是组织更强有力的军队驱逐乱军，平息叛乱，还藏民一个完整的西藏。对于西藏内部的混乱，清王朝在其无力自我解决的情况下出兵，稳定西藏局势也与西藏人民的根本利益是一致的。雍

---

① 清高宗弘历：《十全记》，转引自《清政府与喇嘛教》，西藏人民出版社1988年版。

正皇帝在处理这次内乱中，既奖赏分明，坚持原则，又宽大为怀，胁从者不问。对于杀死首席噶伦康济鼐，造成西藏形势混乱的罪魁阿尔布巴等人坚决除掉；对于平乱有功的噶伦颇罗鼐加封行赏；对于参加暴乱的其他人给予宽宥。其结果大快人心，僧俗人等拍手称快。毫无疑问，清王朝出兵西藏对于西藏的安定，免于战乱，人民的休养生息，稳定边疆具有十分重要的意义。

对廓尔喀人的战争，清王朝无疑是被动的，具有自卫性质的。"是此次用兵，实朕不得已之苦心，此天下臣民所共见者，并非好大喜功，穷兵黩武也。"① 乾隆此话是最好的说明。廓尔喀人为了自身的利益入侵西藏，并敢冒天下之大不韪将格鲁派圣地札什伦布寺抢劫一空，可谓是天人共怨，罪在不赦。清王朝出大军驱赶廓尔喀人完全是反侵略的正义行动，因此得到了全国各族人民的广泛支持。在这支反侵略战争的队伍中，不但有汉族、满族、藏族兵丁，而且还有蒙古族、鄂温克族、达斡尔族兵丁。他们面对的是侵略自己祖国的敌人，祖国的利益将他们紧紧地连在了一起。为国家而战，为国家的利益而战，已经成为他们的共识。正因为此次出兵得到了全国上下的大力支持，才能够在很短的时间内取得了全面的胜利。此役，清王朝驱除了廓尔喀人的入侵，保卫了国土，使中华江山为一统，在中国反对外来侵略的历史上写下了辉煌的一页。

---

① 《清高宗实录》卷一三八九。

第 七 章
民族和睦　共建家园：
内地与西藏的文化交流

从吐蕃时期的松赞干布起，西藏就与祖国内地建立起了良好的关系。由唐宋至元、明、清几代王朝，各民族人民通过古老的"茶马道"进行着经贸交流及文化交流，使西藏与内地紧密地联系到了一起。各民族的友好往来，不但促进了各民族的经济发展，同时也促进了各民族的文化发展，从而进一步丰富了整个中华民族文化。清代是由满族建立起来的封建王朝，各民族之间的文化交流进一步发展。其中，汉族与藏族，蒙古族与藏族，满族与藏族之间的民族关系及其文化交流尤为引人注目。

第一节　清代汉藏关系

汉族与藏族的关系可以追溯到唐代，文成公主、金城公主出嫁到吐蕃的年代。当时，唐王朝与吐蕃政权形成了一种"甥舅关系"。元、明时期，西藏隶属中央王朝的管辖，在政治上，宗教上，经济上与内地来往密切，促进了两地经济文化的交流。清代，西藏与内地的交往更加频繁，汉族的传统文化在藏族地区也产生了一定的影响。

唐代初年，唐太宗李世民征服了吐谷浑，保障了河西走廊的安全，使唐王朝的势力达到新疆,远通中亚各国。吐蕃赞普松赞干布也基本上统一了诸羌,进一步扩大了自己的势力范围。为了巩固已经取得的胜利成果,唐王朝与吐蕃政权都需要休养生息,友好相处。唐贞观十四年(640年),松赞干布派出了以论布噶为首的使团到达长安,向唐王朝请求通婚。经过与大食、天竺等求婚者的竞争,论布噶终于取得了胜利。唐太宗为了与吐蕃和好,决定将宗室女文成公主嫁给松赞干布。贞观十五年(641年),文成公主进藏,松赞干布亲临柏海(扎陵湖)迎接。从此,确定了吐蕃与唐王朝的友好关系。

文成公主在藏生活了40年。唐景龙三年(709年),文成公主逝世30年后,吐蕃赞普赤德祖丹又向唐朝皇帝请婚。唐中宗李显以雍王女金城公主许之。唐景云元年(710年)皇帝派左卫大将军杨矩护送金城公主入藏,自己亲自送至始平县(陕西兴平),为她饯行。

两位公主下嫁吐蕃,将大量的书籍、文物、药品等带到西藏,促进了汉藏文化的交流。文成公主入藏时,曾带去两件佛教文物:一是释迦牟尼像,一是三百六十部佛经。同时,还带去了寺院建造法和寺院法规。文成公主还亲自勘察设计了大、小昭寺,并亲自主持修建了小昭寺。她还是西藏翻译汉地佛经的最早倡导者。金城公主入藏后,也曾为汉地佛教向藏地传播做出过贡献。她在吐蕃开创了两种佛事活动:"谒佛之供"和"七期祭祀"。谒佛之供是指将文成公主死后藏在大昭寺南门中的汉地释迦佛像,迎供于大昭寺,成为后来大昭寺朝佛活动之始。七期祭祀是指在吐蕃推行追悼亡臣的佛事活动。此外,金城公主同文成公主一样在吐蕃也建造了一座佛寺"九顶正慧木屋寺"[①]。两位公主在藏的佛事活动,促使藏地开始接触汉传佛教,并为西藏佛教事业的发展打下了一个良好的基础。

唐代时期,汉藏两地互派文人到对方学习语言文化的情况时有发

---

① 黄颢:《唐代汉藏文化交流》,载《藏学研究文集》,民族出版社1985年版。

生。据《旧唐书》等典籍记载，从松赞干布时就开始请汉地文人入藏讲授汉文典籍。金城公主在藏时，曾请求将《毛诗》《礼记》《左传》及《文选》等汉文典籍送到藏区。据不完全统计，从唐太宗贞观八年（634年）到唐武宗会昌六年（846年）的二百多年间，吐蕃出使唐朝有一百二十五次，唐朝出使吐蕃有六十六次。① 两地使者的来往，极大地促进了汉藏文化交流。在医学方面，文成公主入藏时还将大量的汉族医典、药材、医疗器械等带到藏区。其中《汉公主大医典》已经成为藏医学中最早的医学文献。金城公主也曾带一部汉族医书《月王药诊》入藏。许多医书，还在汉族和尚与藏族人的共同努力下，翻译成了藏文，在一定程度上促进了藏族医学的发展与提高。

除此之外，汉地的造纸术传入西藏，喝茶习俗引入西藏，音乐舞蹈艺术的相互借鉴，敦煌石窟艺术的汉藏融合，建筑技术的相互影响以及吐蕃马球运动传入长安等，都极大地促进了汉族与藏族历史上的交往。

明王朝基本上沿用了元朝对藏的政策，在西藏大封国师、灌顶国师、阐化王、大宝法王等，以此对西藏实行僧俗统治。在与西藏的文化交流上，仍然通过相互贸易、互派使者进行交流。

清朝时期，西藏与内地的交往更加紧密。大批的藏僧来京城学习、供职、主持寺庙的法事等，使藏族的传统文化与宗教带到了中原。同时，内地的大臣、军队驻扎西藏，汉族商人入藏贸易等，都为汉藏经济、文化交流创造了有利的条件。

土观·却吉尼玛（1737—1801年）生于乾隆二年，卒于嘉庆七年，是清代藏汉交流的重要人物。他是甘肃天祝藏族自治县人，六岁时被认定为土观活佛，在青海佑宁寺坐床。乾隆二十八年（1763年），他被乾隆皇帝召入京城，任掌印喇嘛、御前常侍禅师等职，并与帝师章嘉

---

① 黄奋生：《藏族史略》，民族出版社1989年版。

一起参与了《四体清文鉴》、满文《大藏经》的编纂、翻译工作。土观活佛进京之时，北京清漪园（颐和园前身）建成，作为乾隆禅师的土观活佛为园林的山水风景所感动，触景生情作《颐和园礼赞》一诗①。这种藏族活佛直接描写内地风景的诗歌比较少见，亦是汉藏文学交流的重要表现。这首诗共分七段，每一段写一个主题，分别描写了水、鸟、花、树、山、泉，并以最后一段作结。其诗曰：

湖水清澈，令人心爱，
像是铺展开一片绿色琉璃；
群群水鸟，点点繁星，
昼夜交替在湖中尽情沐浴。

羽毛绚丽的各种飞鸟，
在天空变幻美妙舞姿，
鸣声像阵阵鼓乐响起，
真真是伎乐天降落尘世。

被花露沉醉的六脚蜜蜂，
盘旋在莲花金色花蕊里，
是因为贪恋芳香不肯离去，
也由于无形丝带系在脚底。

惟恐名园秀丽的脸庞，
在暑热中消退了娇嫩，
绿树撑开了柄柄阳伞，

---

① 陈庆英：《土观·却吉尼玛及其〈颐和园礼赞〉》，载《藏学研究文集》，民族出版社1985年版。

让她在树荫下静静乘凉。

　　披着翠绿大氅的山冈，
　　山上长满名花和异草，
　　为使子女在怀中安睡，
　　山冈屹立着不动不摇。

　　泉水披着泡沫织成的白沙，
　　淙淙作响慢慢向山下流去，
　　被风姑娘吹落的片片花瓣，
　　她弯着腰耐心地一路拾取。

　　园中平地、山冈和湖边，
　　树荫遮覆，像天生处处亭楼，
　　珍宝堆聚，巧修成座座宫殿，
　　神力人工，在这里比美竞秀。

　　这首诗写景、状物、抒情，应该说写得很美。那湖里的"群群水鸟，点点繁星，昼夜交替在湖中尽情沐浴"；那蜜蜂"是因为贪恋芳香不肯离去，也由于无形丝带系在脚底"；那泉水面对"被风姑娘吹落的片片花瓣，她弯着腰耐心地一路拾取"。清代的颐和园作为皇家园林，描写的诗句太多太多，但用藏语写的诗句又太少太少。土观活佛之诗，既是藏人身临其境地描写北京名园颐和园，又是汉藏文化交流的明证。

　　清朝末年，由于受戊戌变法的影响，一些汉大臣在西藏也实行了改革。他们来藏训练藏兵，架通巴塘至拉萨的电线，修好打箭炉、江孜、亚东牛车路，广开汉文学堂，试种茶叶，创办汉藏文白话报，设置银行，准许汉藏军民开矿，等等。所有这些对于汉藏经济文化交流都具有十分重要的意义。对于开发、提高西藏地区的经济实力，改变

第七章　民族和睦　共建家园：内地与西藏的文化交流

西藏的落后面貌等方面也是十分必要的。但这种对藏政策也有不良的一面，他们所提出的一些宗教改革、风俗改革的办法还显得有点不切合西藏的实际，甚至于有点过激。但总的来说，清朝末年的改革给西藏带来了一定的好处。内地的汉族与藏地的藏族在经济与文化等方面的交流也有所加强。

第二节　清代蒙藏关系

　　蒙古族与藏族交往的历史十分久远。早在元代初期，蒙藏两族上层就开始了交往。忽必烈曾封喇嘛教萨迦派第五代祖师八思巴为帝师，令其掌管全国佛教及藏族地区事务。八思巴又创制蒙古新字"八思巴文"，为蒙古族文化发展做出了贡献。明代土默特蒙古俺达汗西入青海，使格鲁派开始传进蒙古地区。大约在清代中期，广大蒙古族地区基本上接受了格鲁派。由于，历史上蒙古族与藏族地域接近，交往密切，加上信仰相同的宗教——格鲁派，使两个民族的文化有许多相近之处，在语言、文学、艺术等方面相互影响，共同进步。

　　元太祖成吉思汗在统一了蒙古各部的同时，促使一个新的民族体——蒙古族诞生。在打败了女真人和宋朝之后，1206年建立起了元代帝国。而当时西藏的藏传佛教势力已经很大，萨迦派、噶玛噶举在康藏地区都有一定的势力。1260年忽必烈即位，为了利用萨迦派帮助其统治西藏，他首先任命八思巴为国师，并赐玉印。1264年忽必烈迁都北京，设总制院掌管全国佛教事务及西藏地区的行政事务，并命八思巴总管。从此确立了八思巴在佛教和西藏的领袖地位。1269年八思巴奉皇帝忽必烈之命，创制了蒙古文新字，即"八思巴文"。这种新字是八思巴仿照藏文字母创制的，共有41个字母，其中辅音字母34个，元音字母5个，介音字母2个。词以音节为单位分写，上下连读，无标点和声调。忽必烈当年二月下诏颁行了这种文字，并且一直沿用到元末。因八思巴造字有功，忽必烈封其为"帝师大宝法王"。"帝师"乃帝王之师也，位居群臣之上。这也是元朝设帝师一职之始。1280年八思巴卒，忽必烈赐号"皇天之下一人之上开教宣文辅治大圣至德普觉真智佑国如意大宝法王西天佛子大元帝师"。此后，终元一代共封帝师13人。元朝忽必烈与八思巴之间的关系，不仅是个人的友好关系，而且是元中央王朝对西藏地方的统属关系，同时也是蒙藏两族文化交往之关系。帝师八思巴给元朝带去了佛教，也是蒙古人接受佛教之始。这种接受首先从上层开始，有元一代皇帝即位之前必须从帝师受戒，那些后妃贵戚、王公大臣们也多有仿效，亦行受戒之礼。帝师八思巴也给蒙古人带来了文字，具有藏族特色的文字。这是藏族文化对蒙古族文化最初的、也是最直接的影响。"八思巴文"在元代蒙古人中间使用了百年以上，并留下了众多的文献、碑刻、印章、钱钞等文物。从一定意义上说，八思巴是蒙藏文化相互交流与影响的杰出代表。他不仅为元朝对西藏的统属做出了贡献，而且对于蒙古族文化建设也做出了自己的贡献。

  明代是藏传佛教格鲁派向蒙古族地区传播的重要时期。格鲁派创立者宗喀巴于明成祖永乐七年（1409年）创建噶丹寺，成为格鲁派建立的标志。此后，格鲁派在西藏发展很快，并先后建有色拉寺、哲蚌寺等格鲁派寺院。由于宗喀巴为青海湟中人，此地格鲁派发展得也很快，后来还建有著名的格鲁派寺院——塔尔寺。明嘉靖三十八年（1559年）蒙古土默特部俺答汗（1507—1583年）进入青海。为了巩固自己的统治，充分利用佛教的力量，俺答汗主动派人邀请格鲁派领袖索南嘉措（即三世达赖喇嘛）到青海会面。明万历六年（1578年）俺答汗与索南嘉措在青海湖畔的仰华寺相见。会谈是在友好的气氛中进行的，双方在一系列的问题上取得了一致的意见，并且达成了如下的协议：

一、进一步重申结束战争，蒙藏修好。双方声明："今值争斗之时，得与似释迦牟尼佛之圣剌麻（指索南嘉措）、似玉皇大帝之大力汗（指俺答汗）二人相遇，伏愿自今敛福衍庆之日，为始将涌血大江变为溢乳之净海。"

二、互赠尊号，承认统治地位。俺答赠索南嘉措"圣识一切瓦齐尔达喇达赖喇嘛"，索南嘉措回赠俺答"转千金法轮咱克拉瓦尔弟彻辰汗"、"法王梵天"。通过此举，双方默契俺答拥有统治青海藏区的权力，格鲁派上层在藏族地区应占统治地位。

三、规定了双方封建等级的相应对等地位。如黄教绰尔济喇嘛相等于蒙古黄台吉，喇扎木巴、噶卜楚之于台吉，托音等之于办事官员，等等。这条协议既肯定了格鲁派上层在藏族和蒙古族地区享有蒙古贵族及官员的地位，也肯定了蒙古封建主在藏区享有黄教上层的地位，使蒙古封建主和黄教上层在蒙藏两族中的统治地位具体化了。这是此次谈判的核心内容。

四、根据俺答提议，索南嘉措致书明朝首辅张居正，使黄教进一步得到了明朝的承认和支持。这年二月，索南嘉措就通过俺答的斡旋，取得了明朝的封授和赏赐。此后，万历七年，张居正又收到俺答"禀帖"，为索南嘉措等"转乞通贡"。万历十年，因扯力克所请，明朝封索南嘉措为"朵儿只唱"（金刚持）。

五、黄教在俺答驻地修建寺庙，向俺答属部派驻僧侣传教。俺答正式皈依黄教，准其在蒙古族中传播。

六、在蒙古族中禁止萨满教活动，专一尊崇黄教。[①]

这个协议对于蒙藏双方都十分重要。双方为各自的利益休战，对于两族人民的休养生息也有一定的好处。特别重要的是，在蒙古族中间禁止传统宗教萨满教而改信格鲁派。这一决定不仅改变了蒙古族的

---

① 《中国北方民族关系史》编写组：《中国北方民族关系史》，中国社会科学出版社1987年版。

宗教信仰，而且在一定程度上影响了整个文化的发展方向。蒙古人放弃传统宗教改信格鲁派，这在蒙藏文化关系史上是一件大事。从此，蒙古人与格鲁派结下了几百年的不解之缘。

明万历十一年（1583年）俺答汗卒。他的后代邀请索南嘉措为俺答汗诵经祈祷。索南嘉措接受了邀请，并于明万历十四年（1586年）到达了归化（今呼和浩特）。此次蒙古之行，索南嘉措会见了蒙古各部的汗王，并向他们传教，使其皈依格鲁派。同时，在归化城建立了锡热图召寺，为广布格鲁派进行宣传。明万历十六年（1588年），索南嘉措应明朝皇帝之请从内蒙动身去北京，不幸在途中圆寂。为了巩固蒙藏关系，让格鲁派能够顺利推广到广大蒙古族地区，西藏上层喇嘛将俺答汗的曾孙确立为第四世达赖喇嘛，起名为云丹嘉措。由于蒙古族贵族坐床为格鲁派大活佛，有力地促进了格鲁派在漠南漠北的传播。当时，西南蒙古各部，土默特的俺答汗、察哈尔的图门汗、喀尔喀的阿巴岱汗等，还先后宣布喇嘛教为"国教"。1640年（明崇祯十三年、清崇德五年），以札萨克图汗为首的喀尔喀和卫拉特封建主在会盟时，共同制定了一个法典，即著名的《察津毕其格》（《卫拉特法典》）。在这个法典中明文规定萨满教活动是非法的。法典中的第一百一十一条规定：

第一，取缔萨满教的祖先神翁衮，违反者科以财产刑；

第二，凡招徕男女萨满者，按人数多少科以多少财产刑；

第三，诅咒贵族之家的萨满，科五匹马的财产刑；

第四，凡为祭祀杀牲者（包括野鸡、麻雀和狗），依其杀牲数目多寡科以财产刑。①

这一规定，极大地促进了格鲁派在蒙古地区的推广，对萨满教亦是极大的打击。从此之后，蒙古族原有的宗教萨满教成为非法，如果

---

① 刘小萌、定宜庄：《萨满教与东北民族》，吉林教育出版社1990年版。

再有萨满活动就要受到法律的制裁。蒙古族上下开始全面接受藏传佛教。

1637年（明崇祯十年，后金崇德二年），游牧于新疆伊犁一带的厄鲁特蒙古和硕特部固始汗，率兵击败反对格鲁派的却图汗的四万人马，占领了青海。固始汗首先派人与清通好，然后进藏谒见五世达赖和四世班禅，并提议派使者前往盛京（沈阳）朝见清太宗皇太极。此时，皇太极已经先后兼并了漠南蒙古各部，气势正旺。受五世达赖、四世班禅和固始汗的派遣，西藏使者于1642年（明崇祯十五年，后金崇德七年）到达盛京，正式与清王朝建立了联系。此次与清修好是蒙藏两族上层做出的历史性选择，对于后来清王朝对藏的统治和格鲁派的发展具有重要意义。

1642年，四世班禅和五世达赖在格鲁派面临危境的情况下，向固始汗求援。固始汗立即出兵，打败噶举派藏巴汗的军队，取得了全藏的统治权。此后，清王朝入主中原，成为一代中央王朝。顺治十年（1653年），五世达赖至京觐见顺治皇帝，并被册封为"所领天下释教普通瓦赤喇怛喇达赖喇嘛"。固始汗也被封为"遵行文义敏慧顾实汗"。至此，清王朝完成了对西藏僧俗的控制。固始汗及其子孙在西藏统治长达七十余年，在固始汗之后又有达颜汗、达赖汗、拉藏汗。总的来说，在格鲁派面临困境和明清王朝更迭的重要历史关头，蒙古族固始汗和达赖、班禅始终站在一起，为共同的利益而努力，并且最终得到了正确的选择，为格鲁派和两族的生存与发展做出了贡献。从清初到固始汗势力在西藏消失的七十多年中，蒙藏两族经济、文化等方面进行了充分的交流，促进了各自的文化发展。

清王朝一直奉行支持喇嘛教的国策，不仅因俗而治取得了成功，巩固了祖国边疆的安全，而且也使格鲁派有了很大的发展。对于蒙古族来说，清王朝的这一政策也无疑加快了他们格鲁派推广的速度。由于西部蒙古和南部蒙古与西藏较为接近，文化上受其影响很大，改信格鲁派进展顺利。但东部蒙古与满族、鄂伦春族等信仰萨满教的满—通古斯人极为接近，萨满教的势力仍然很大。从《卫拉特法典》制定到清末的二百多年间，萨满教对格鲁派的反抗一直没有间断过。据一份调查资料显示①：从十九世纪八十年代到本世纪初，科尔沁地区兴起了"烧勃额"之风。光绪年间，科尔沁左翼中旗多罗郡王纳兰格呼勒大兴格鲁派，下令灭萨满。因为他生性残忍，人们称他为"疯王"。他命令把全旗的萨满抓到一起，分别扣在缸下面，然后用大火焚烧。大火过后，打开缸一看，绝大多数萨满被烧死了，只有少数还活着。据说，当这些萨满从缸里面出来时，不停地喊冷，有的人胡子上还挂着冰碴。没办法，"疯王"只好将他们放了。后来不少老人还能回忆起当时的情景，并有一首歌谣流传下来：

> 架子十足的是白乙拉勃额，
> 个子小小的是李良勃额，
> 面子黑黑的是哈日那撒勃额，
> 脸色黄黄的是参布拉勃额，
> 众人的仆人是宝力高勃额，
> 勃额的师傅是察嘎烈勃额。

这首歌谣歌颂了那些没被"疯王"烧死的萨满，言语里充满了对萨满的同情与支持。尽管如此，对整个蒙古民族来说，从清代中叶开始就基本上信仰了格鲁派，并且一直延续到今日。

在蒙藏民族交往中，不仅格鲁派及其文化对蒙古族产生了重大的影响。而且在语言上、风俗习惯上、文学艺术等方面也有一定的影响。比如，在文学上藏族著名的英雄史诗《格萨尔王传》，对蒙古族文学就产生过直接的影响。

在蒙古族民间有一部广为流传的英雄史诗《格斯尔》。多数学者认

---

① 白翠英等：《科尔沁博艺术初探》，内蒙古哲里木盟文化处编印（内部资料），1986年。

为，这部史诗脱胎于藏族的英雄史诗《格萨尔王传》①，大约在十六世纪传入蒙古族地区。多年以来，这部英雄史诗一直以手抄本形式在民间流传。最早的一部手抄本是康熙五十五年（1716年）出版的七章本。除此之外，在蒙古人民共和国还有《岭格斯尔》和《扎扬格斯尔》，在俄罗斯还有十章本、九章本《阿伯格斯尔》。从整部《格斯尔》看，一些章节在内容上与《格萨尔王传》有些相近。但由于在蒙古族民间长期流传，经过几百年的加工、补充及再创作，已经具有了鲜明的蒙古族文学的特点。从某种意义上说，蒙古族的英雄史诗《格斯尔》是蒙藏文化交流的结果，如果没有《格萨尔王传》就不会有《格斯尔》。

第三节 清代满藏关系

满族与藏族都是具有悠久历史的民族。他们在历史上创造了灿烂的民族文化，为中国文化的繁荣与发展做出过各自的贡献。清代满族与藏族的接触从后金时期开始，并且一直贯穿于整个清代近三百年。两个民族接触首先从上层开始，然后扩展到民间。首先是一种政治上的关系，然后扩展成语言文化上的关系。两个民族文化相互影响的结果，丰富了各自民族的文化，促进了各自民族文化的发展。同时，也建立起了良好的民族关系，世代友好相处。

1621年（明天启元年，清天命六年），清太祖努尔哈赤接见西藏大喇嘛囊苏，为满藏两族接触的开端。1642年（明崇祯十五年，清崇德七年）清太宗皇太极在盛京（沈阳）接待了达赖、班禅派来的特使，是两个民族上层人士的正式接触。1652年（清顺治九年），五世达赖喇嘛应顺治皇帝之请，率众三千从拉萨来到北京，接受皇帝册封，是满

---

① 赵志忠：《中国少数民族民间文学概论》，辽宁民族出版社1997年版。

藏两族全面交流的开始。

从满族与藏族相互交流的历史来看，最初的交流主要体现在政治与宗教上。清王朝建国之初，首要的任务就是巩固政权，安定边疆。而地处遥远边境上的广大蒙、藏地区，就是其中最为重要的一环。扶持、支持、利用格鲁派，安抚辽阔的蒙、藏地区，稳定西北边疆，维护大清一统天下。这就是清王朝最初，乃至贯穿整个清代的对藏基本国策。随着时间的推移和满藏两族不断深入地交往，两个民族的接触范围越来越广阔。由最初的政治、宗教交往，走向整个文化上的交往；由最初的上层交往，扩展到全民族的交往。

清王朝对于佛教的支持是多方面的，其中在内地大修寺庙、翻译满文《大藏经》是两项重要的举措。这些举措对于满藏文化交往具有十分重要的意义，不仅使西藏的佛教文化传入内地的满族之中，而且也让满族人民程度不同地吸收了一些佛教文化。

从努尔哈赤建立后金政权开始，满族人就大量修建各种寺庙。如果说，努尔哈赤所修的寺庙，还多少带点汉传佛教特点的话，那么从皇太极开始，满族人所修的寺庙基本上都是格鲁派寺庙。也就是说，清王朝所支持的佛教主要是藏传佛教，而在藏传佛教中主要支持的是格鲁派。皇太极在沈阳修建的实胜寺（俗称黄寺）及其东西南北塔及寺，基本上是格鲁派寺庙。满族入关以后在京城大修寺庙。在保存下来的《乾隆北京城图》[①] 中，我们可以看到当时的北京城寺庙林立，比比皆是。著名的雍和宫、西黄寺、东黄寺、福佑寺、嘛哈噶喇寺、察罕喇嘛庙等尽收眼底。此外，在承德避暑山庄还有著名的外八庙，普陀宗乘之庙（俗称小布达拉宫）、须弥福寿寺（热河札什伦布寺）、普善寺、溥仁寺、普宁寺等。在内蒙、外蒙、青海、四川等地，也建有大量的寺庙。据不完全统计，清代在北京修建寺庙约300多座，内蒙古

---

① 中国社会科学院考古研究所编：《明清北京城图》，地图出版社1986年版。

1000多座，外蒙古约700多座，青海、甘肃、四川、新疆等地约600多座。① 这些清代修建的格鲁派庙宇，不仅是佛教的建筑，而且是佛教文化的丰富载体，通过喇嘛及其活动，向外地及满族地区传播的是藏传佛教文化。

值得一提的是，在清代众多的佛教寺庙中，还有一些是满族喇嘛寺院。这些满族寺院与其他寺院有所不同，喇嘛是由满族人来担任的，所诵经卷皆是满文。② 与那些由蒙人、藏人担任喇嘛，诵藏文经卷的寺庙形成了强烈的对比。这些满族寺院虽然多由皇帝御制修建，但不能不说是满族人在接受藏传佛教文化中又迈进了一步。据《钦定理藩部则例》中记载：

> 东陵隆福寺、西陵永福寺、香山宝谛寺、圆明园正觉寺、功德寺等五庙诵满洲经卷。达喇嘛、副达喇嘛、苏拉喇嘛③缺出应于五庙德木齐内按年陈公同遴选升用。

> 热河各庙达喇嘛等选补专条：殊像寺一庙自达喇嘛至德木齐俱系专习满洲经之人。

> 热河满洲兵丁子嗣挑补喇嘛，殊像寺讽诵清字经卷。④

从上面记载中，我们可以看出讽诵满语经卷的满族寺庙有六所。它们分别为：东陵隆福寺、西陵永福寺、香山宝谛寺、圆明园正觉寺、功德寺及承德殊像寺。在这些寺庙中，从地位最高的达喇嘛到最低的德木齐、格斯贵都是由满族人充当。他们大都是从包衣、兵丁等下层人士中挑选的。除了上面提到的六所满族寺庙外，在清代《内务府奏销档》中又提到了六所。它们分别是：香山常龄寺、梵香寺、实胜寺、

---

① 《中国北方民族关系史》编写组：《中国北方民族关系史》，中国社会科学出版社1987年版。
② 王家鹏：《乾隆与满族喇嘛寺院》，载《故宫博物院院刊》1995年第一期。
③ 满族寺院中的喇嘛分为：达喇嘛、副达喇嘛、苏拉喇嘛、德木齐、格斯贵五等。达喇嘛之"达"为满语da，头目之义，为总管寺庙之头。
④ 《钦定理藩部则例》卷五十八，光绪三十四年本。

宝相寺、方圆寺及清漪园大报恩延寿寺①。已知的满族寺庙已有12所之多。其中，除了承德一所、东西陵各一所、圆明园两所、清漪园一所外，余下六所都在香山。可见，清代的香山一带是满族喇嘛寺庙最集中的地方。据藏文《章嘉国师若必多吉传》记载：

> 有一天，大皇帝询问章嘉国师："我们满族人自博克多汗②居住莫顿③的时期起，直到现在，虽然信奉佛教，却没有出家之习惯。如今想在京师西面的山脚下建立一座寺院，内设一所全部由新出家的满族僧人居住的扎仓，你看如何？"章嘉国师回答说："博克多汗与格鲁派结成施主与上师的关系以后，在莫顿建有僧团和佛堂，后来迁都北京，历辈先帝和陛下都尊崇佛教，建立了寺院和身、语、意所依止处，成立了僧伽，尽力推广佛教。当今又想创立前所未有之例规，建造佛寺，振兴佛教，自是功德无量，圣恩浩荡。"圣上闻言，龙颜大悦。于是，按照皇帝的旨意，由国库拨款，修建了一座形式与雍和宫相仿的佛教大寺院，内有佛殿和僧舍。章嘉国师主持了盛大的开光仪式，并担任这些初出家的满族僧人的堪布，给他们传授居士戒和中间戒（即沙弥戒）。皇帝谕令："在此寺聚诵时全都必须用满语诵经，因此所诵经典，务必译成满文。"章嘉国师翻译了各种仪轨和修法的书籍。并因为西藏诵经语调不适合满语念诵，于是专门为满语诵圣者制定了新的诵经音调。④

从上面的记载中可以看出，清王朝在北京香山修建满族寺院无疑。而首座满族寺院是乾隆皇帝降旨修建的，章嘉国师在其中起了重要作用。从时间上看，这座"形式与雍和宫相仿的佛教大寺院"应该是宝

---

① 王家鹏：《乾隆与满族喇嘛寺院》，载《故宫博物院院刊》1995年第一期。
② 博克多汗：指皇太极。
③ 莫顿：即满语 mukden hoton（盛京），今沈阳。
④ 土观·洛桑却吉尼玛：《章嘉国师若必多吉传》，民族出版社1988年版。

谛寺。宝谛寺当时是香山一带最大的满族寺院，有喇嘛200多人。《日下旧闻考》一书中说："宝谛寺，乾隆十六年建，其制仿五台山之菩萨顶。寺前为台，台上建石牌坊，额曰：乃至无有语言文字是菩萨真人。凡十三字。正殿檐额曰：金轮宝界。殿内额曰：天东鹫岭。联曰：地即清凉，白马贝书开震旦；山乃天竺，青鸳兰若近离宫。后殿额曰：法云慈荫。殿内联曰：国满栴香，古枝分鹿苑；天高竺梵，晴呗接鱼山。佛楼额曰：万法圆融。皆皇上御书。"① 这座寺院有正殿、后殿、佛楼及台、石坊等建筑，并仿五台山之菩萨顶，其建筑规模可见一斑。乾隆帝谕旨，此寺必须用满文诵经。这也是有史以来的第一次。因为在此之前满族人并没有出家当僧人的习惯，用满语诵经也是不可能的。又是章嘉国师奉命翻译佛经，并制定了新的诵经音调，为佛教在满族人中间传播做出了贡献。

用满文翻译佛经在清代也是一项重大的工程。从现有资料来看，清王朝曾组织人力先后翻译过《大藏全咒》《御制首楞严经》《长寿佛经》《般若波罗密多心经》《金刚经》《佛说阿弥陀经》《地藏菩萨本愿经》以及《大藏经》等。这些佛教经典大都是从乾隆年间开始翻译的。而其中最有影响的就是满文《大藏经》。《大藏经》是佛教的经典丛书，全书包括《甘珠尔》和《丹珠尔》两大部分。《甘珠尔》为佛语部，包括显密经律，有书约一千一百零八种；《丹珠尔》为论部，包括经律的阐明和注疏、五明杂著、密宗仪轨等，有书约三千四百六十一种。在我国有汉文《大藏经》、藏文《大藏经》、蒙文《大藏经》、满文《大藏经》及西夏文《大藏经》。由于满文《大藏经》中保留了一些其他《大藏经》中所没有的经典，更具特殊价值。

满文《大藏经》翻译于乾隆五十五年（1790年），现存于北京故宫博物院，为国内外仅存的一部。满文《大藏经》原有一百零八函，新中

---

① （清）于敏中等：《日下旧闻考》，北京古籍出版社1985年版。

国成立以前几经周折，有二十二函被盗往海外，现存七十六函，共三万三千七百五十页，包括六百零五种佛经。其中，有《大般若经》《华严经》《金刚经》《楞严经》《涅槃经》《大宝积经》等著名经典，可以说是佛经的集大成之作。乾隆皇帝在《御制清文翻译大藏经序》中说：

> 为事在人，成事在天。天而不佑，事何能成？人而不为，天何从佑？然而为事又在循理。为不循理之事，天不佑也。予所举之大事多矣，皆赖昊乾默佑，以致有成，则予之所感贶奉行之忱，固不能以言语形容，而方寸自审，实不知其当何如也。武功之事，向屡言之，若夫订四库全书，及以国语译汉全藏经二事，胥举于癸巳年六旬之后，既而悔之，恐难观其成，越十余载，而全书成。兹未逮二十载，而所译汉全藏经又毕藏。夫耳顺古稀，已为人生所艰难，而况八旬哉。兹以六旬后所创为之典，逮八旬而得观国语大藏之全成，非昊乾嘉庇，其孰能与之于斯！而予之所以增惕钦承者，更不知其当何如也。至于国语译大藏，恐人以为惑于祸福之说，则不可不明示其义。夫以祸福趋避教人，非佛之第一义谛也。第一义谛佛且本无，而况于祸福乎？但众生不可以第一义训之，故以因缘祸福引之由渐入深而已，然予之意，仍并不在此。盖梵经一译而为番，再译而为汉，三译而为蒙古。我皇清至中原百余年，彼三方久属臣仆，而独阙国语之大藏可乎？以汉译国语，俾中外胥习国语，即不解佛之第一义谛，而皆知尊君亲上，去恶从善，不亦可乎！是则朕以国语译大藏之本意，在此不在彼也。兹以耄耋观事，实为大幸。非溺于求福之说，然亦即蒙天福佑。如愿臻成所为，益深畏满怵惕儆戒而已耳。是为序。
>
> 　　　　　　　　　　　　　　　乾隆五十五年二月初一

满文《大藏经》的翻译，在中外翻译史上也可以说是罕见的。清王朝当时集结了国内众多的既懂佛学，又懂藏文、汉文、满文的高级人才，历时近二十年才翻译完成。其工作量之大，困难程度之高是难以想象的。以至乾隆在六十岁时下旨翻译时"既而悔之，恐难观其成"。但经过多方面的不懈努力，满文《大藏经》终于完成了。是年，乾隆皇帝八十岁。并欣然命笔，作如上之序，以抒"尊君亲上，去恶从善"之旨。

据有关的史料记载，当时在京的许多大喇嘛都参加了《大藏经》的翻译工作，其中包括章嘉国师及其弟子土观活佛等。章嘉国师是清王朝所封的唯一一个国师。康熙四十四年（1705年），活佛阿旺却丹被封为"灌顶普善广慈大国师"（即章嘉国师二世）以后，历辈章嘉活佛都受封这一称号。三世章嘉国师若必多吉（1717—1786年），生于康熙五十六年，卒于乾隆五十一年，曾深受乾隆皇帝的赏识。他既是与达赖、班禅、哲布尊丹巴平等的大喇嘛，掌管内蒙格鲁派事宜，又是"国师""驻京掌印喇嘛"，在皇帝身边讲经论法。与此同时，章嘉国师还经常被乾隆皇帝委以重任，曾奉旨护送七世达赖喇嘛进藏，认定达赖喇嘛转世灵童，亲自迎接六世班禅进京，剃度哲布尊丹巴出家等。章嘉国师在翻译满文佛经方面更是做出了极大的贡献。藏文本《章嘉国师若必多吉传》中曾记录了他主持翻译《甘珠尔》的过程：

> 文殊大皇帝认为，自己出身的满族人口众多，对佛教获得信仰者也为数不少，但是语言文字与别族不同，以前也没有译为满文之佛教经典，若将佛说《甘珠尔》译成满文，实在是造于后代之善举，遂命章嘉国师将《甘珠尔》译成满文。从学府中成绩优异人员和在京喇嘛中选择通晓语言文字者，与几名学识精深的和尚一起开始翻译经卷。每译完一函，由章嘉国师详加校审，逐卷进呈皇上审阅。皇上在审阅中又更正其中一些有疑惑及不妥当之处。皇上悉心审阅后，还要作译记，因此经过多年，始告全部译成。①

---

① 土观·洛桑却吉尼玛：《章嘉国师若必多吉传》，民族出版社1988年版。

不仅如此，在乾隆所撰《御制楞严经序》中，也提到了章嘉国师参与翻译《楞严经》的情况。"因命庄亲王董其事，集章嘉国师及傅鼐诸人悉心编校，逐卷进呈，朕必亲加详阅更正；有疑，则质之章嘉国师。盖始事则乾隆壬甲，而译成于癸未，庄亲王等请叙而行之"。从上面论述中，我们可以看出，他不仅为佛教从雪域高原传到中原做出了贡献，而且为清王朝维护西藏的主权和安定、维护祖国的统一做出了自己的贡献。章嘉国师一生精通多种语言文字，不仅通过语言和翻译文字传播宗教，也向中原及满族传播了西藏文化。乾隆皇帝为迎接六世班禅来承德祝寿，曾向章嘉国师学习藏语，并且为他后来"御制"各种佛经打下了基础。从一定意义上说，章嘉国师不仅是一位宗教使者，而且是一位藏满文化交流的使者。通过章嘉国师的不懈努力，使雪域高原的藏族更多地了解了满族，也使地处中原的满族更加了解了藏族。

由于满族人从上至下地长期接触藏传佛教，佛教及其文化势必影响满族的社会生活。我们在满族宗教信仰中，在民间祭祀中，在文学艺术中，或多或少地都可以看到一些藏传佛教的影响。

满族的传统宗教信仰是萨满教。当他们接触佛教时，原始宗教萨满教与现代宗教佛教发生了冲突。在两种宗教的冲突中，满族既没有像藏族那样，将苯教与佛教结合为藏传佛教；也没有像蒙古族那样，消灭萨满教，而是保存了自己的传统宗教萨满教，将佛教的一些成分融进了萨满教。最能代表这种冲突结果的，就是满族的宗教经典之作《钦定满洲祭神祭天典礼》一书。这部著作于乾隆十二年（1747年）用满文写成，并于乾隆四十五年（1780年）译成汉文。从严格意义上讲，它是第一本满族萨满教的规范之书，里面所述的祭神祭天仪、背灯祭仪、求福仪注、堂子立杆大祭仪注以及所祭众多神祇、所录众多神歌，都属于满族原始宗教萨满教的范围。但我们在这部书中也不时地可以看到一些佛教特色，在众多的祭神祭天仪式中，有"浴佛仪注"

及"浴佛祭词",在众多的神祇中出现了佛、菩萨等形象。例如,在"浴佛祝辞"中记载:

四月初八日浴佛于堂子绘殿内。祝辞:
上天之子
佛及菩萨
大军先师
三军之帅
关圣帝君
某年生小子等
今敬祝者
遇佛诞辰
偕我诸王
敬献于神
祈鉴敬献之心
俾我小子
丰于首而仔于肩
卫于后而护于前
畀以嘉祥兮
齿其儿而发其黄兮
年其增而岁其长兮
根其固而身其康兮
神兮贶我
神兮佑我
永我年而寿我兮①

这首神歌是在浴佛时所唱,内容是在四月初八日佛诞生之日,歌

---

① (清)允禄等编:《钦定满洲祭神祭天典礼》,见《辽海丛书》,辽沈书社1985年影印本。

颂佛主，祈求保佑。从中看出，"佛"在满族祭祀中已经成为一个神祇，可以与萨满教中的天神、日神、月神、星神及鄂谟锡玛玛（生育之神）等一起享祭。祭词虽然是一首典型的萨满神歌形式，但在内容上却是用来祭祀佛主，使颂佛、浴佛的主题得到了很好的表现。这不能不说是佛教与萨满教在内容与形式上完美的结合。除了在浴佛祭仪中出现佛及菩萨的形象外，在整部《钦定满洲祭神祭天典礼》的许多祭祀中，也经常出现佛及菩萨的形象，从而形成了一种原始宗教中的神与人为宗教中的佛并列的情况。例如，在"堂子立杆大祭仪注"中要"于神幔上悬菩萨像，又次悬关帝神像"。在祭祀"鄂谟锡玛玛"时，也忘不了"佛"与"菩萨""关圣帝君"。正如神歌中所唱："上天之子，佛及菩萨，大军先师，三军之帅，关圣帝君，佛立佛多鄂谟锡玛玛之神位"。其实，满族的"立杆大祭"和"柳枝求福之祭"是地道的传统的萨满祭祀，所祭"乌鸦""柳枝""鄂谟锡玛玛"，与"佛""菩萨"及"关帝"是风马牛不相及的神祇。但在《钦定满洲祭神祭天典礼》中，这些神却友好地相处在一起，成为满族宗教信仰方面的一大特色。满族原始宗教萨满教与人为宗教佛教接触的结果，不但没有让佛教取而代之，或者融合，反而吸收了一些佛教的神祇和特点，使两种宗教得以和平相处。满族这种以萨满教为主，吸收佛、儒、道等宗教成分的宗教信仰，从乾隆年间颁布《钦定满洲祭神祭天典礼》时起，就基本上确定下来了，并且一直沿用到清末。

如果说《钦定满洲祭神祭天典礼》多少有些宫廷祭祀味道的话，那么在满族民间长期流传的一些神本子，却是满族下层人民祭祀的规范。过去，满族人家每个姓氏都有一本记录本姓祭祀的本子，里面包括祭祀过程、神歌等内容。从流传下来的一些神本子看，满族民间祭祀时也有"神佛"共祭的情况。在一些满族人家，西墙祖宗板下立一菩萨像的情况经常可以看得到。又比如，在满族瓜尔佳氏《新注本族祭祀规则》中说："近年祭日已过，竟将祭猪肉十天半月存放，甚至一两月收存。再不懂事者，留为年用。未审是敬神也，是检省也。似此殊非尊敬神佛之道。"① 此"神佛之道"明文写在了满族普通百姓的祭祀规则里。此外，在满族民间祭祀中，在萨满所唱的神歌里，也可以找到这种情况。吉林石克特立氏家祭神歌中唱道：

> 众姓之中的哪一位？
> 石姓子孙
> 在此祈祷
> ……
> 口中诵唱神歌
> 祈祷神灵
> 乞请各位师傅
> 各位瞒尼善佛。②

在祈请舞蹈之神"玛克鸡瞒尼"时唱道：

> 玛克鸡瞒尼善佛
> 手提着神铃
> 光亮如托立（神镜）
> 摇晃着戏耍着
> 金色神铃
> 诵唱着神歌进来了③

在满族民间祭祀中，似乎佛与神已经没有什么界限了，佛即是神，神即是佛。二者一视同仁，相提并论。那"瞒尼善佛"，"玛克鸡瞒尼善佛"的称呼，让人们难以区别哪个是萨满教之神，哪个是佛教之神。

藏传佛教传到满族地区之后，西藏传统的歌舞也随之而来。佛教

---

① 赵志忠：《一部珍贵的满族民间祭祀规则——兼论满族家祭》，载《世界宗教研究》，1993年第2期。

②③ 宋和平译注：《满族萨满神歌译注》，社会科学文献出版社1993年版。

歌舞是随着法会等形式，逐渐传到北京、承德等地的。据藏文史料记载①，乾隆年间，皇帝曾下令在京城成立一支表演时轮和胜乐的仪仗队，并从西藏派遣教习歌舞师。于是，从夏鲁寺派来两名舞蹈教师，教习"噶尔"和神兵驱鬼的"羌姆"（跳神）这两种舞蹈。按照章嘉国师的指示，逢年过节及举行法会时，都从府库里拿出准备好的铜鼓、面具、顶髻、骷髅等道具，表演"噶尔"和"羌姆"，并且还先后表演过札什伦布寺中所跳的"羌姆"和萨迦寺的供养宝帐依怙的"羌姆"。值得注意的是，"噶尔"和"羌姆"是西藏传统的宗教歌舞形式，尤其是"羌姆"更具有西藏原始文化的特征。这种歌舞的传入，不仅带来了西藏的宗教歌舞，而且带来了藏族的传统文化。

在满族文学作品中，佛教的思想、观念、人物、名胜等时有出现，而最有代表性的作品就是满文《尼山萨满》传说。这个传说在满族民间影响很大，并有多种手抄本流传，同时还先后被译成俄、日、英、德、意、朝、汉等文字，在国内外流传。严格地说，《尼山萨满》是一部萨满的传说。它叙述了一个女萨满到阴间取回富家子弟灵魂的故事，其中对萨满教仪式、萨满神歌、萨满服饰等方面都作了详尽的描绘。但同时，我们也从中看到了一些佛教的色彩。故事中的主人翁五十岁时仍膝下无子，被认为是"前世作恶，今世无子"。所以，夫妻二人只好"尽行善事，修补庙宇，求神拜佛，到处烧香，扶危济贫，助寡怜孤"，于是感动了上天，让他们得了一子。在《尼山萨满》传说中，还出现了一些与佛教有关的人和事。比如，阎罗王、小鬼、十殿阎王、佛、菩萨以及丰都城、望乡台等。所有这些，都为满族的《尼山萨满》传说罩上了一层佛教的神秘面纱。这说明佛教的影响已经渗透到了满族的下层，在满族社会的许多方面已经有所表现。

两种文化接触以后，总是互相影响、互相借鉴的。清代，藏族文

---

① 土观·洛桑却吉尼玛：《章嘉国师若必多吉传》，民族出版社1988年版。

化对满族文化有所影响是显而易见的。反过来，满族文化对藏族文化也应该有所影响。尽管我们对这个题目还很陌生，但从一些现象中似乎也能看出一些端倪来。

清王朝是由满族建立起来的封建政权，其所使用的语言——满语曾被定为"国语"。在整个清代，尤其是在嘉庆朝之前，满语占有十分重要的地位。国家的行政命令、皇帝的谕旨、皇帝的实录、宫中文书档案、各级官员人等的奏折以及对外国的一些交往文件等，都必须用满文来写。国语通行全国各地，作为中国一部分的西藏当然也不例外。在清代，藏族人懂得满语的人也不少。在北京的理藩院中，设在弘仁寺的喇嘛印务处，就有几个藏族笔帖式，专门办理有关喇嘛事务的公文。在章嘉国师的周围同样有一大批懂得满文的西藏喇嘛，在京处理日常的喇嘛教事宜。如果没有一大批这样的喇嘛，也就不可能用二十年时间翻译完满文《大藏经》。章嘉国师作为皇帝身边之人，在与皇帝交往中不懂得满语、满文是不可想象的。与此同时，在北京的一些主要格鲁派寺庙中，都有由西藏来的喇嘛主持寺庙事务。这些人或长住，或短行，在北京与西藏之间穿梭不断，也把两地的文化联系到了一起。还有就是达赖、班禅及其他大喇嘛的进贡队伍，茶马道上的经商队伍。他们每年、每月甚至每日都出现在驿道之上，不但担负着政治与经贸的责任，还充当了满藏文化交流的使者。他们把皇帝的赏赐、交换来的商品以及在内地学习来的各种思想、技能等，统统带回了西藏，同时也带回了一些满族的文化。

在西藏，至今仍保留着一系列带有满族文化色彩的档案、图书、绘图、碑刻等文物。在布达拉宫内有乾隆皇帝亲赐的"金奔巴瓶"，有清代皇帝亲颁达赖喇嘛的用满、藏、汉文写的金册、金印。在布达拉宫前有满文的击退廓尔喀侵藏的记功碑等碑刻。在罗布林卡壁画中，我们可以看到一幅象征达赖喇嘛归附清中央王朝的壁画《清世祖与五世达赖喇嘛》。在札什伦布寺有康熙皇帝册封五世班禅的满、藏、汉文金印，有乾隆皇帝册封六世班禅的满、藏、汉文的玉册、玉印。同时，一大批清代满文图书、档案也在西藏有所保留。

在藏族民间，满族传统的礼节、服饰及歌舞等也有一定的影响。满族人的长辫发式在藏族中至今还可以找到影子，满族人的长袍、马褂式的衣着在藏族人的舞蹈中仍有所保留。青海玉树地区是清代入藏的门户，迎来送往的玉树藏族对清代的迎送仪式非常熟悉。凡是有到玉树的钦差大臣和有名望的大喇嘛，本地的所有官员都穿上官服（即满族服装）迎送。在玉树民间，藏族人仍保留着一种传统的民间歌舞形式——国哇（武士舞）。至今，在国哇舞中那些洁净场地的乐手仍然穿着清朝的官服。又比如，在玉树寺庙羌姆中有一个羌叫"佳羌"（即汉舞），其实是地道的满族舞。表演中，演员们身着满族服装，手持利斧进行表演，其舞蹈动作特点与满族的猎人舞十分相近。[①]

所有这些都说明，满族文化在清代对藏族地区确有影响。在一系列商贸交易、政治往来、宗教交流、语言接触、民间联系的过程中，满族文化或多或少地传到了藏族地区，并产生了一些影响。这些文化对于西藏文化的丰富与发展起到了一定的促进作用。

---

① 嘉雍群培：《玉树武士舞的研究》，载《西藏艺术研究》1997年第2期。

第 八 章
国家一统　雪域繁荣：
清王朝统治西藏的历史功绩

清王朝在藏统治二百六十余年，从五世达赖派使者去盛京与清王朝修好到清王朝灭亡为止。在这二百多年里，清王朝通过一系列的政策，把西藏与祖国紧紧地连在了一起。使得西藏在中国版图的最后确定，在建立一个统一的多民族的国家等方面做出了自己的贡献。西藏自身也在这百年的安定中，发展了自己的经济文化，在藏族社会历史发展进程中走上了一个新台阶，从而奠定了西藏在中国历史上的地位。

第一节　中国版图的最后确定

翻开中国历史地图册，你会很容易发现，清王朝前期的地图面积最大，幅员最为辽阔。其面积东至库页岛、台湾岛；西至巴尔喀什湖；南至南沙群岛；北至外兴安岭，与西伯利亚相连。这个呈"枫叶状"的版图，是由清王朝最后确定下来的，并且为我国今天的版图奠定了基础。作为清王朝国土的一部分，西藏也理所当然地被划在其中。

清王朝前期，顺治、康熙、雍正、乾隆时期是清代版图的初创和基本确定的时期。顺治、康熙时期，清王朝刚刚入主中原，全国形势还不稳定。面对明王朝的残余势力、面对三藩之乱、面对噶尔丹的分裂阴谋。清王朝屡屡出兵，四处平定。雍正、乾隆时期的局势基本稳定，但也战争不断，如阿睦尔撒纳之乱、廓尔喀之入侵等，都是极为重大的战役。清王朝之初，为了稳定西藏的形势，维护藏蒙地区的安定，曾多次出兵西藏，并先后平定了准噶尔侵藏之乱、阿尔布巴杀康济鼐之内乱及廓尔喀人侵藏事件。同时，通过对五世达赖、五世班禅的册封，驻藏大臣的派遣，六世班禅内地之行等一系列措施，将西藏牢牢地掌握在自己的手里，使得西藏成为清王朝不可分割的一部分。

清朝版图的最后确定是包括藏族、满族在内的全国各族人民共同努力、流血牺牲换来的。在反对沙皇俄国的侵略中，东北的达斡尔族、鄂伦春族、赫哲族、鄂温克族等人民都积极参战，英勇献身，为保卫国土贡献出了自己的力量。在反对英、法帝国主义的斗争中，南方的壮族、佤族以及西藏的各族人民也同样做出了自己的贡献。总之，在祖国的每一个危急时刻，各族人民都能挺身而出，为祖国而战。在平定三藩的战争中，在平定准噶尔叛乱中，在收复台湾的战斗中，在驱逐沙俄的雅克萨战役中，在击败廓尔喀入侵的战斗中，在鸦片战争中，各族人民并肩作战，为消灭侵略者，为祖国的和平统一，立下了不朽的功绩。

锡伯族是东北民族之一，但人们有时又把她说成是西北民族。因为在祖国的西北边疆伊犁察布查尔锡伯自治县还生活着几万锡伯人。这些锡伯人是乾隆二十九年（1764年）四月十八日从东北迁到这里来的。① 至今，锡伯人将迁徙之日定为"四一八节"来纪念此事。

乾隆二十二年（1757年），清王朝彻底平定了准噶尔之乱。又于乾隆二十四年（1759年）平定了南疆大、小和卓之乱。乾隆二十七年（1762年）在伊犁设置了将军，用以管辖除阿勒泰地区之外的全疆各地及归附清朝的中亚和哈萨克各部。清王朝统一新疆后，为了加

---

① 《察布查尔锡伯自治县概况》编写组：《察布查尔锡伯自治县概况》，新疆人民出版社1986年版。

强西北边疆的防务，开发边疆，建设边疆，从内地陆续调来了许多满、汉、蒙古、达斡尔等族的兵丁。乾隆二十九年（1764年）又从辽宁的沈阳、辽阳、开原、义州等地，抽调了一千零二十名锡伯族官兵到伊犁驻防。他们在沈阳集结，告祭了锡伯家庙太平寺，向新疆进发。这支队伍加上家属一共四千余人，从沈阳起程，出彰武台边门，经今蒙古国的克鲁伦路，过杭爱山、乌里雅苏台、科布多，进新疆的阿勒泰、塔城、巴尔鲁克、博尔塔拉、塔尔奇等地，直到伊犁。行程万余里，用时一年三个月，将原计划三年完成的西迁提前了一年多。这是锡伯族历史上的一次壮举，这是一次历尽艰难的万里长征。路上的冰雪、瘟疫、饥渴、严寒，挡不住他们保卫边疆的意志；流血、流汗、牺牲，换来的是祖国的安全。这支勇敢的锡伯军队，在保卫边疆，与沙俄斗争中起到了重要的作用。几百年过去了，他们一代代不负众望，日夜守卫祖国的边疆，并将查布察尔视为锡伯人自己的第二故乡。

光绪三十年（1904年）英国侵略者再次入藏，西藏人民开始了第二次抗英战争。当侵略者来到江孜城的时候，受到了藏族军民的顽强抵抗，一场震惊中外的江孜保卫战打响了。当三千多英国侵略军集中了全部的武器，向江孜扑来的时候。英勇的藏军毫不示弱，他们面对现代化的武器和武装到牙齿的侵略者，誓死坚守阵地，不让敌人前进一步。没有水喝，喝泥水；没有弹药，用石块砸。就这样他们打退了敌人一次又一次的进攻，坚守江孜城一天两夜。直到弹尽粮绝，火药库被炸燃烧，他们才开始后撤。而那些来不及后撤的藏军，与敌人展开了肉搏，有的甚至跳崖牺牲。从江孜保卫战中，我们看到的是藏族军民的勇气和力量，看到的是他们为保卫祖国、保卫家乡所进行的不屈不挠的斗争。

道光二十年（1840年）英国人发动了对华的鸦片战争。两年以后，在攻下了上海、吴淞、宝山之后，他们直攻镇江。英国侵略军全部兵力有一万五千人，并有七八十艘军舰、十二艘汽船和四十艘运输船。

守护在城外的八旗兵,在参赞大臣齐慎的指挥下,与侵略者进行了殊死战斗。夜里,齐慎率军退出,英军集中了所有兵力来攻打镇江城。这时,镇江城内只有满洲八旗兵一千五百人,仅是侵略军的十分之一。在满族副都统海龄的带领下,他们与敌人展开了顽强的战斗。面对拥有来复枪、大炮的英国侵略军,八旗兵丁们用自己的弓箭、长矛以及血肉之躯,誓死保卫镇江城。他们打退了敌人一次又一次的进攻,使侵略军久攻不下。于是,敌人集中全部火炮轰城,并用炸药炸开了西门,才攻入城内。但满洲兵丁并不屈服,他们与侵略者展开了巷战,利用庭院、墙壁继续打击敌人。最后,这些满洲八旗兵丁终因寡不敌众,纷纷壮烈牺牲。副都统海龄亦举火自焚,以身殉国。

镇江满洲八旗兵丁,在英国侵略者面前所表现出来的英勇斗争精神,誓死保卫祖国领土的爱国主义精神,以及为了国家、民族流血牺牲的献身精神,是中国人民不屈不挠的民族精神的具体体现。他们的精神,也同样感动了远在欧洲的革命导师恩格斯。他在《英人对华的新侵略》一文中,盛赞中国镇江守军说:"清朝军队虽然没有军事技术,可是绝不是没有勇气和奋发精神。那里的清朝军队,总共只有一千五百人,但他们却勇敢拼死地应战,直至全军覆没为止","如果英军在各地都遇到了同样的抵抗,他们就不会取得南京"。①

是的,正是这些为了祖国的领土完整,为了人民的安定和平而英勇斗争的全国各族人民,才使中国成为亚洲乃至世界最大的封建帝国。人们也一定不会忘记,西藏各族人民在维护祖国统一,西藏安定以及祖国版图确定等方面所做出的杰出贡献。

---

① 中央编译局编:《马克思、恩格斯论中国》,人民出版社1997年版。

第二节 多民族国家的形成

我国自古以来就是一个由多民族组成的国家。各族人民在长期的历史交往中,通过政治上的协调,经济上的互助,文化上的交流,促进了整个中华民族的发展。清王朝时期,由于是少数民族之一的满族统治全国,其各民族之间的关系尤为重要。多民族国家的形成与统一,更具有特殊的意义。清王朝是中国历史上地域辽阔、人口众多、民族较为和谐的重要时期。

满族入主中原以后,身处汉族及其文化的大背景下,他们必然要受到汉文化的影响。尤其是在清初,他们更是主动靠近、学习汉族文化。在他们大多数人不懂得汉族语言文化的前提下,翻译了大量的汉族经典,供满族人学习。这些经典包括政治、经济、历史、文学、宗教、军事、医学、自然科学等各方面。满文创制于1599年,其后不久就开始了翻译汉文典籍的工作。据《清太宗实录》天聪二年(1629年)记载:

> 上降旨。儒臣分为两值。命达海榜式翻译汉字书籍。……库尔缠榜式 记本朝政事。①

这一记载是满文翻译汉文献发端的极好记录。也就是说,在1632年达海改进老满文之前就已经开始了翻译工作。达海受命于皇太极,在后金主持翻译事务。有关他的翻译政绩,《满文老档》中有所记载:

> (天聪六年)七月十四日未时卒。末年,三十八岁。达海自九岁始读汉书,通晓满、汉文,自太祖至天聪六年,撰拟与明国及

---

① 《清太宗实录》天聪三年。

朝鲜往来书札。……达海用满文译汉籍有：《万全宝书》《刑部会典》《素书》《三略》。始译而未竣者有：《通鉴》《六韬》《孟子》《三国志》《大乘经》。昔满洲国未深谙典故，诸事皆以意创行。达海巴克什始用满文译历代汉籍，颁行国中，满洲人不曾闻知之典故文义，由此通晓之。①

从这段记载中我们可以得知：达海所译诸书大都使用老满文，因其改进老满文后不久就去世了；所译九种汉籍内容相当丰富，涉及政治、军事、法律、文学、宗教等方面，基本上代表了早期满文翻译的内容；达海一生短暂，其改进老满文功勋卓著，其翻译汉文典籍数量之多、时间之早是后人无法比拟的，堪称"满族翻译第一人"。

除了上面我们知道的达海所译九种满文翻译文献外，后金的皇太极时期还翻译过一些历史书籍。据《清入关前内国史院满文档案》记载：

（天聪九年五月）二十日，汗召集三院书生曰："我观汉文书，虚伪之词甚多，虽全览无用也。今宜于大辽、金、宋、大元四史内，其四国勤于治国而祚昌隆，或所行悖逆而基业废坠，用兵行师之方略，以及佐理之忠良，乱国之奸佞，有关政要者，择录编译，以备常观览。②

这段记载说明，皇太极为了吸取历史上的经验教训，重在学习先朝的统治经验。所译《辽史》《金史》《宋史》《元史》是当时所译的第一批历史书籍，对于满族人了解汉族的历史与社会，学习其文化起到了重要作用。

从上面的引述中我们可以看出，满文翻译文献始于老满文创制后的后金时期，达海巴克什是这一时期翻译文献的杰出代表。这一时期

---

① 《满文老档》，中国第一历史档案馆、中国社会科学院历史研究所译注，中华书局1990年版。
② 《清入关前内国史院满文档案》，中国第一历史档案馆译编，光明日报出版社1989年版。

的翻译文献注重于实用性，注重于对一般官吏和老百姓的教化。满族入关后，满文翻译文献更加丰富，清初的顺治、康熙、雍正、乾隆四朝是满文翻译文献的繁荣时期。这一时期翻译文献不论在质量上、数量上都有了长足的进展。满文翻译文献在清代繁荣的原因，除了政治上的原因，为了实行统治和教化之外，满语满文在当时所处的地位也是很重要的原因。满族入关前后，大多数的满族人都在使用自己的民族语文，而不懂汉语汉文，为了让他们早日了解中原，熟悉汉族文化，用满语翻译汉文经典就显得十分重要。从流传至今的满文翻译文献看，早期文献偏重于教化，所译之书大都是《四书》《五经》《金史》《元史》《大乘经》之类。入关之后所译诸书更为丰富，文学、艺术、医学、自然科学等都有出现。而其中文学类译书最为突出，汉族文学中的经典作品基本上都有所译，从《诗经》、诸子百家到戏剧、小说无所不包。据不完全统计仅长篇小说就有一百余种译本。

《四书》是汉族教化之书的经典，满文译书有多种版本。据清人昭梿在其所著《啸亭杂录》中记载：

> 崇德初，文皇帝患国人不识汉字，罔知治体，乃命达文成公海翻译《国语》《四书》及《三国志》各一部，颁赐其旧，以为临政规范。①

达海所译《四书》应为最早版本，其次又有康熙三十年（1691年）满汉合璧译本、乾隆六年（1741年）满文译本、乾隆二十年（1755年）满汉蒙合璧译本等。其中以乾隆二十年，鄂尔泰等人译本最为流行。是书又称为《御制翻译四书》，其中《大学》《中庸》《论语》《孟子》全部译出，以后历朝多有刊刻。《四书》乃是我国封建社会儒家之经典，几千年封建教化之根本。而满族在入主中原不久，直接地接触到了汉族文化，就将《四书》等儒家经典放到了重要的位置上。

---

① （清）昭梿：《啸亭杂录》，中华书局1980年版。

《四书》及后来翻译的《五经》《孝经》《忠孝经》《三字经》等儒家著作,对满族人思想观念的变化,对整个满族社会的封建化,起到了一定的历史作用。

在众多满文翻译的汉文经典中,文学作品比较突出,包括诗歌、戏剧、小说等作品。《诗经》作为《五经》之一,也是儒家的重要经典。现存满文《诗经》有两种文字形式本,一为满文本,一为满汉合璧本。满文本有顺治年间精写本和顺治十一年(1654年)刻本。满汉合璧本有顺治十一年听松楼刻本、乾隆三十三年(1768年)殿刻本。现存乾隆三十三年殿刻本是流传比较广的本子。全书四册八卷,为满汉合璧本。这个本子又称《御制翻译诗经》,除卷首有朱熹《诗集传》原序外,还有译者的一篇序言。这篇序言比较详尽地说明了翻译满文本《诗经》的重要性及翻译过程。《诗经》的翻译比起其他书籍来要有一定的难度。一方面,它不但要求用最短的句子来表达丰富的情感,而且要求诗歌的韵律和谐。另一方面,《诗经》是汉族历史上的第一部诗歌总集,已有几千年的历史,而满文又是刚刚规范完善的文字,以其完全表达作品的原意绝非易事。但从满文本《诗经》中,我们却看到了很流畅、漂亮的译文。此外,满文戏剧《西厢记》,以及众多的满文翻译小说——《三国演义》《水浒传》《西游记》《金瓶梅》《封神演义》《隋唐演义》《聊斋志异》等数量相当可观,大约有百种之多。这些汉文经典的翻译出版极大地满足了满族人民学习汉族文化的需求。

不仅如此,清代的皇帝、王公大臣们对学习汉族文化都持有积极的态度。他们从小就学习汉语、汉文,并且能诗会画,为后人留下了墨宝和诗集。那些满族文人更是熟练地掌握了汉语汉文,并且用汉语汉文创作出令世人瞩目的作品,如了纳兰性德的词、曹雪芹的《红楼梦》等。在清代的八旗学校中,汉语文也是一门重要的功课,人人都要学习,不论是宗室学、觉罗学,还是八旗官学。这些学校的基本课程包括:满语、汉语和骑射。也就是说,除了要学习满族自己的语言满语外，还要学习汉语经典《四书》《五经》。据《八旗通志》记载：

> 八旗官学，每学额设满洲助教二员，满洲教习一人，汉教习四人，掌教满洲、汉军学生。蒙古助教一员，蒙古教习一人，掌教蒙古学生。弓箭教习一人，掌教合学学生骑射。凡有关于学务者，皆助教所职掌。①

雍正七年（1729年），关于觉罗学的上谕中说："令其读书学射，满汉兼习。"②也就是说，在清代八旗学校中，不论是满洲学生、汉军学生，还是蒙古族学生，除了学习骑射外，还要学习满语和汉语。

清王朝从顺治年间开始，就对西藏实行管治，并且分封了全部的达赖与班禅，从五世至十三世等九位达赖喇嘛，从五世至九世等五位班禅。其中五世达赖喇嘛、六世班禅和十三世达赖喇嘛曾受中央王朝的邀请，先后到达过内地的承德和北京。他们不远万里，从遥远的雪域高原来到内地，克服了重重困难，甚至病死他乡，充分反映出他们心系中央王朝，以祖国为后盾的强烈的向心力。

作为中国封建社会的最后一个多民族的国家，清王朝也成为中国封建社会文化比较发达的重要时期——"文艺复兴时期"。梁启超先生在他《清代学术概论》一书的"自序"中说："余于二十八年前，尝著《中国学术思想变迁之大势》，刊于《新民丛报》，其第八章论清代学术，章末论云：此二百余年间，总可命为中国之'文艺复兴时代'"③，并且进一步说："'清代思潮'果何物耶？简单言之，则对于宋明理学之一大反动，而以'复古'为其职志者也；其动机及其内容，皆与欧洲之'文艺复兴'绝相类"④。从学术上说，清王朝对整个中国封建文化进行了总结，并且出现了一代大师，如戴震、段玉裁、王念

---

① ② 纪昀等纂修：《钦定八旗通志》，吉林文史出版社2002年版。
③ 梁启超：《清代学术概论》，中国人民大学出版社2004年版。
④ 梁启超：《清代学术概论》，中国人民大学出版社2004年版。

孙、王引之、康有为、梁启超等。他们在经学、小学、音韵学、史学、天文地理、金石、典章制度等方面的研究达到了前所未有的水平。其编撰的《古今图书集成》《康熙字典》《佩文韵府》《大清会典》《皇舆全览图》《四库全书》等，都是中国文化史上的重要著作。

最值得一提的是，在清代出现了中国历史上少见的"康乾盛世"。人们常说中国历史上曾出现过"文景之治"和"贞观之治"，认为这两个时期是中国历史上的最好时期。所说"文景之治"是指西汉文、景两帝在汉初采取的"与民休息""轻徭薄赋"的政策，使得土地开辟、人口增长，生产逐渐恢复、发展，出现了多年未有的富裕景象。文帝刘恒在位二十三年，景帝刘启在位十六年，"文景之治"仅仅三十九年。所说"贞观之治"是指唐太宗李世民在位的贞观年间（627—649年），人口增长，封建经济得到较快发展的时期。此时，注意百姓的休养生息，继续推行均田制，选拔统治人才，发展科举制度。"贞观之治"的时间也仅仅二十二年。

而"康乾盛世"是指清代康熙、雍正、乾隆三朝的空前繁荣时期。其时间之长，地域之广，是"文景之治""贞观之治"所不及的。时间长达一百二十多年，地域遍及全国。百姓安居乐业，人口大增，生产力空前发展。在当时的世界上，中国综合实力强盛，成为东方的强大帝国。从康熙元年（1662年）到乾隆六十年（1795年），西方资本主义还没有真正发展起来，大多处在相对落后的中世纪。1769年苏格兰人瓦特（1736—1819年）发明了人类第一台蒸汽机，揭开了资本主义工业革命的序幕。英国在十八世纪上半叶才确立了资本主义制度。法国大革命完成于1789年。在当时，中国应该是发达国家。

对于清王朝多民族国家形成的贡献，周恩来总理有这样的说法："清王朝是中国最后一个王朝，它做了许多坏事，所以灭亡了。但也做了几件好事：第一件，把中国许多兄弟民族联在一起，把中国版图确定下来了，九百多万平方公里。第二件，清朝为了要长期统治，减低了田赋，使农民能够休养生息，增加了人口，发展到四万万人，给现在的六亿五千万人口打下了基础。第三件，清朝同时采用满文和汉文，使两种文化逐渐融合接近，促进了中国文化的发展。"这是对整个清王朝比较客观公正的评价。著名学者余秋雨在他的《一个王朝的背影》中说，"满族是中国的满族，清朝的历史是中国历史的一部分；统观全部中国古代史，清朝的皇帝在总体上还算比较好的，而其中的康熙皇帝甚至可以说是中国历史上最好的皇帝之一，他与唐太宗李世民一样使我这个现代中国汉族人感到骄傲"。①

是的，中国历来是一个多民族的国家，不论是汉族还是地处边疆的少数民族，他们都在保卫祖国，保卫边疆，发展中国文化方面做出了自己的贡献。大清王朝的多民族国家之所以能有近300年的历史，是与各民族人民的努力，甚至流血牺牲分不开的。

清代多民族国家的一个重要标志是，多民族语言文字共用。为了尊重少数民族语言文字习惯，体现多民族语言文字的特点，不论在清代众多的历史文献、档案，还是书籍、碑文中，我们常常可以看到满文、汉文、蒙古文、藏文、维吾尔文并用的情况。清王朝曾组织了大量的人力和物力，编写出了一系列民族语言文字书籍。比如词典中就有《满汉会话》《满汉合璧四十条》《御制满蒙文鉴》《御制满蒙汉字三合切音清文鉴》《御制四体文鉴》《御制五体清文鉴》等。

《御制五体清文鉴》为乾隆年间编成，现存有清代精写本，1957年民族出版社曾影印出版。《御制五体清文鉴》原书六函，三十六册，二千五百六十三页，黄缎面，宣纸墨笔抄写。本文鉴分为正编、补编，并按卷、部、类、则进行编辑，收词条一万八千余。《御制五体清文鉴》的五种文字排列顺序是满文、藏文、蒙文、维吾尔文、汉文。其中藏文占三栏，维吾尔文占二栏，满文、蒙文、汉文各占一栏，共计

---

① 余秋雨：《文化苦旅》，东方出版中心1992年版。

八栏。其排列顺序如下：

  第一栏 满文
  第二栏 藏文
  第三栏 藏文的满文切音
  第四栏 藏文的满文切音
  第五栏 蒙古文
  第六栏 维吾尔文
  第七栏 维吾尔文的满文切音
  第八栏 汉文[①]

  这部书不仅是一部研究清代满语的重要著作，而且是一部研究清代民族语的重要著作。古代藏语、古代蒙古语、古代维吾尔语的发音、词汇情况在文鉴中记载得很清楚，通过古今语言的对比，我们可以进一步看清这些民族语言的发展变化过程。像这种大型的、多民族文字的古代辞书在中国历史上是十分难得的，但她却出现在十八世纪的中国清王朝时期，不能不令人刮目相看。这些书籍的编辑具有重要的历史价值和现实意义，同时也在一定意义上体现了多民族国家的语文政策。

  除此之外，在清代紫禁城、沈阳故宫、承德避暑山庄等重要场所，在全国各地的碑刻、档案中，也可以看到众多的民族文字在使用。走进北京故宫，你仍然可以看到众多的满文、汉文合璧，满文、汉文和蒙古文三种文字合璧的各种牌匾。昔日紫禁城的第一块门匾"大清门"，就是满汉文字合璧的。承德避暑山庄的"丽正门"是由乾隆皇帝亲笔题写，并由满文、汉文、蒙古文组成。乾隆年间皇帝还亲自降旨，"现在永陵、福陵、昭陵所有下马木牌，俱著改用石牌，镌刻清、汉、

[①] 《御制五体清文鉴》（乾隆朝），民族出版社1957年影印本。

蒙古、西番、回五体字，以昭我国家一统同文之盛"①。此后，还将所有重要场所的"下马碑"都改成了满、汉、蒙、藏、回（即维吾尔）五种文字，进一步扩大了各种民族文字的应用范围与地位。

民族语言文字政策是整个清王朝民族政策的重要组成部分，通过一系列对各民族文字的尊重与应用，提高了各民族在中华民族中的地位，促进了各民族之间的文化交流与团结，体现了清代多民族国家的特点。而藏语藏文在清代使用范围的不断扩大，也正好体现出藏语藏文在多民族国家中的历史地位。

总之，清王朝在建设统一多民族国家方面是比较成功的，也是值得充分肯定的。清朝时期的各少数民族在保卫祖国边疆，建设边疆过程中做出了自己的重要贡献。

第三节　西藏地区的百年安定

从清王朝统治西藏二百多年来看，顺治初年至康熙末年为初期阶段，从乾隆年间开始，尤其是《钦定章程》（二十九条）公布起，为成熟阶段。清朝初期对藏用兵五次，保证了西藏的安定。战乱虽然给西藏带来了一定的混乱，但那不过是局部的、暂时的，对于西藏全局的影响不大。清朝末年，英帝国主义开始侵略西藏，给藏族人民带来了巨大的灾难，但时间也比较短暂，而且不久清王朝就灭亡了。因此，从清王朝统治西藏二百多年的整体上，基本上是西藏历史上安定与发展的好时期。

清初，五世达赖到北京受清王朝册封，以及当时统治西藏的固始汗受册封，意味着西藏的宗教、行政方面接受了清王朝的统治，正式

---

① 《清高宗实录》卷一一八八。

成为清王朝的一部分。但最初受到清王朝保护与支持的格鲁派在西藏还没有站稳脚跟，他们还需要进一步巩固自己的地位。由于格鲁派地位的不巩固，清王朝在藏的统治也很脆弱。因此，在康熙朝、雍正朝、乾隆朝先后出现了几次内忧外患，两战准噶尔，一平西藏上层的内乱，两战廓尔喀。通过这五次出兵西藏，清王朝在藏的统治得到了巩固。并且颁布了全面治理西藏的《钦定章程》（二十九条），以法规的形式制定了一系列的治藏政策。诸如，达赖、班禅的受封，灵童转世制度，驻藏大臣的权限，各级官员的任免，西藏的货币，对外贸易等，都作了详尽的规定。从此以后，直到清末都严格按照这一章程办理藏务，使西藏处于一个相对稳定的和平发展时期。

清代初年，西藏的宗教权力主要掌握在达赖喇嘛手中，行政权力主要掌握在蒙古固始汗手中。达赖喇嘛与固始汗一起行使领导僧俗人等的权力。固始汗的势力在藏统治七十多年后被消灭，其僧俗权力集中于达赖一身，真正实行了政教合一，从而开始了达赖喇嘛在藏的僧俗统治时期，并与驻藏大臣一起治理西藏，直至清末。

在清王朝的统一治理下，西藏的社会、经济、文化、教育等方面发生了很大的变化。与内地经贸关系的发展，文化上的交流以及藏内铸币、对外贸易、经济的发展等方面，都是以往所没有的。古时有一句话，叫作"盛世兹生丁"，也就是说社会安定繁荣才能够人丁兴旺。纵观中国封建社会的历史，"合久必分，分久必合"虽然算不上一条规律，但也有一定的道理。由于各个封建王朝的不断更迭，战争连绵不断，兵丁死亡率极高，人口锐减。但清朝时期却是一个例外。据中国不同朝代的人口普查数字显示：

1. 西汉末年（公元2年）为五千九百九十五万四千九百七十八人。

2. 唐天宝十四年（755年）为五千二百九十一万人。

3. 明永乐元年（1403年）为六千六百五十九万人。

4. 清乾隆六年（1741年）为一亿四千三百四十一万人，突破一亿大关。

5. 乾隆二十九年（1764年）人口突破两亿大关。

6. 道光十四年（1834年）为四亿一千万人，突破四亿大关。[①]

从西汉末年到明代永乐年间的一千四百多年中，中国人口一直在五六千万之间徘徊。而到了清代，从明永乐元年（1403年）到乾隆六年（1741年）的三百多年中，中国人口翻了一番多，突破了一亿大关，达到一亿四千多万。这不能不说是一个奇迹。从乾隆六年（1741年）到乾隆二十九年（1764年）只有短短的二十三年，人口就突破了两亿大关，净增长五千多万。而七十年后，道光十四年（1834年）人口又翻了一番，突破了4亿大关，其增长速度是惊人的。清代人口发展如此之快，这在整个中国封建社会发展的历史上是空前的。人口众多，人丁兴旺，是我国历代封建王朝所期望的。人口发达，也是一个社会安定、繁荣与发展的象征。

西藏人口同全国一样，在清代也有长足的进展。我们不妨来看一看西藏不同历史时期的人口情况：

1. 元朝时期，西藏人口七十万左右。

2. 1737年（乾隆二年），西藏人口为一百三十万。

3. 1949年，西藏人口为一百一十万。

4. 1964年，西藏人口为一百二十五万。

5. 1986年，西藏人口为一百九十五万。

6. 1993年，西藏人口为二百二十八万。[②]

从上面的西藏人口数字看，从元至清的几百年间里，乾隆年间的

[①] 《人民手册》编委会编：《人民手册》，人民日报出版社1979年版。
[②] 见《西藏人口的变迁》（中国藏学出版社）《西藏经济概述》（中国藏学出版社）《藏族史略》（民族出版社）。

人口是西藏历史上较多的年代，其发展速度与全国人口发展速度相合。由于西藏格鲁派的大力发展，喇嘛人口占总人口1/3以上，乾隆年间以后人口发展速度缓慢。直到清末的二百年多年来，西藏人口基本上没有变化。新中国成立以后，西藏人口又有回升趋势，四十多年来翻了一番。

西藏教育一直比较落后，在漫长的封建农奴制度统治下，除了一些僧人为传授经文学习藏文和一些富贵人家子弟接受教育外，其他人基本上是文盲或半文盲。在西藏曾有过为数不多的官学，如僧官学校、俗官学校，主要是为培养政府官员而设。民办的一些私塾，学生人数也很少。清代后期，随着内地与藏地交流的不断增多，满汉官员、汉地商人在藏人数日增，驻藏大臣曾先后在藏设立四所义学，供在藏的汉人子弟学习。

清代末期，驻藏大臣张荫棠、联豫十分重视西藏的文化教育事业，并且提出了许多振兴西藏教育的主张，开办了一些从事现代教育的学校，从而使西藏的文化教育事业有了一个新的发展。张荫棠认为："世界上无论何国，贫者弱而富者强，智者兴而愚者亡。"① 因此，他主张在西藏大办学校，提高藏族人民文化水平，才能强国富民，抵御外侵。并建议在西藏大小寺院里，开设学堂："凡大寺学生三百，中寺以百十名，小寺以八十名为率，俱选十二岁以上、二十岁以下者充学生。前三年专学习汉语，兼习笔算数学、兵式体操。三年后兼习英文，学习程度日高，共以五年毕业。"② 并准备培养汉藏翻译人才，以及工、农、商、矿、路、机械制造、声、光、电、化、医等方面的专门人才。在短短的几年里，驻藏大臣们就先后办起了一批新式学校。据1911年统计表明，在藏新式学校已经建成二十二所。它们分别是：

---

①② 《张荫棠驻藏奏稿》，载吴丰培编：赵慎应校对《清代藏事奏牍》，中国藏学出版社，1994年版。

1. 山南蒙学院，光绪三十年成立，学生二十名。
2. 西藏第一蒙学院，光绪三十一年成立，学生六十名。
3. 西藏第二蒙学院，光绪三十二年成立，学生八十名。
4. 西藏第三蒙学院，光绪三十二年成立，学生五十名。
5. 西藏藏文传习所，光绪三十三年成立，学生十二名。
6. 西藏汉文传习所，光绪三十三年成立，学生二十二名。
7. 西藏第一初等小学堂，光绪三十三年成立，学生二十三名。
8. 西藏第二初等小学堂，光绪三十三年成立，学生二十三名。
9. 达木第一蒙学院，光绪三十三年成立，学生十二名。
10. 达木第二蒙学院，光绪三十三年成立，学生十二名。
11. 达木第一初等小学堂，光绪三十三年成立。
12. 达木第二初等小学堂，光绪三十三年成立。
13. 后藏汉文小学堂，光绪三十四年成立，学生十二名。
14. 西藏汉藏文半日学堂，光绪三十四年成立，学生八十八名。
15. 江达蒙学院，宣统元年成立，学生二十名。
16. 西藏第四蒙学院，宣统元年成立，学生十名。
17. 西藏第五蒙学院，宣统二年成立，学生十名。
18. 江达汉文小学堂，宣统二年成立，学生十三名。
19. 工布汉文小学堂，宣统三年成立，学生十二名。
20. 察木多汉文蒙养学堂一所。
21. 拉里汉文蒙养学堂一所。
22. 靖西汉文蒙养学堂一所。①

这些学校主要课程有：作文、算术、历史、地理、体操、唱歌、游戏等，其教学理论与内容是西藏历史上所没有的。新式学校的开设，

---

① 黄玉成等：《西藏地方与中央政府关系史》，西藏人民出版社1995年版。

对于培养西藏自己的各方面人才，适应于现代社会的发展，使西藏跟上时代的步伐具有十分重要的意义。

清代在西藏统治二百多年，采取了一系列符合西藏实际情况的方针政策，使西藏在经济、文化等方面都有了长足的进展，并将西藏牢牢地掌握在中央王朝的手中。清王朝治理西藏的政策是成功的、有效的，其维护国家统一，领土完整的历史功绩是不可磨灭的。

第八章　国家一统　雪域繁荣：清王朝统治西藏的历史功绩

附　　表

一、清代皇帝一览表

年　号	名　字	生　年	享　年	在位年数	陵　名
天　命	努尔哈赤	1559年	68岁	11	沈阳福陵
天聪、崇德	皇太极	1592年	52岁	17	沈阳昭陵
顺　治	福　临	1638年	24岁	18	遵化孝陵
康　熙	玄　烨	1654年	69岁	61	遵化景陵
雍　正	胤　禛	1678年	58岁	13	易县泰陵
乾　隆	弘　历	1711年	89岁	60	遵化裕陵
嘉　庆	颙　琰	1760年	61岁	25	易县昌陵
道　光	旻　宁	1782年	69岁	30	易县慕陵
咸　丰	奕　詝	1831年	31岁	11	遵化定陵
同　治	载　淳	1856年	19岁	13	遵化惠陵
光　绪	载　湉	1871年	38岁	34	易县崇陵
宣　统	溥　仪	1906年	61岁	3	

二、历世达赖、班禅一览表

达赖世系

世次	本名	出生地	生卒年
一	根敦朱巴	后藏霞堆	明洪武二十四年至成化十年（1391—1474）
二	根敦嘉措	后藏达纳	成化十一年至嘉靖二十一年（1475—1542）
三	索南嘉措	前藏堆垅	嘉靖二十二年至万历十六年（1543—1588）
四	云丹嘉措	蒙古汗部	万历十七年至四十四年（1589—1616）
五	罗桑嘉措	前藏穷结	万历四十五年至清康熙二十一年（1617—1682）
六	仓央嘉措	前藏门隅	康熙二十二年至四十五年（1683—1706）
七	噶桑嘉措	理塘	康熙四十七年至乾隆二十二年（1708—1757）
八	强白嘉措	后藏托布甲	乾隆二十三年至嘉庆九年（1758—1804）
九	隆朵嘉措	甘孜邓柯	嘉庆十年至二十年（1805—1815）
十	楚臣嘉措	理塘	嘉庆二十一年至道光十七年（1816—1837）
十一	凯珠嘉措	康定	道光十八年至咸丰五年（1838—1855）
十二	成烈嘉措	沃卡巴卓	咸丰六年至光绪元年（1856—1875）
十三	土登嘉措	拉萨朗敦	光绪二年至民国二十二年（1876—1933）

班禅世系

世次	本名	出生地	生卒年
一	克珠杰	后藏拉堆	明洪武十八年至正统三年（1385—1438）
二	索南确朗	后藏恩萨	明正统四年至弘治十七年（1439—1504）
三	罗桑丹珠	后藏恩萨	明弘治十八年至嘉靖四十五年（1505—1566）
四	罗桑曲结	后藏拉柱甲尔	明隆庆元年至康熙元年（1567—1662）
五	罗桑益喜	后藏托布加	清康熙二年至乾隆二年（1663—1737）
六	巴丹益喜	后藏南木林	清乾隆三年至四十五年（1738—1780）
七	丹白尼玛	后藏白朗吉雄	清乾隆四十七年至咸丰三年（1782—1853）
八	丹白旺修	后藏竹仓	清咸丰四年至光绪八年（1854—1882）
九	曲吉尼玛	前藏塔布	清光绪九年至民国二十六年（1883—1937）

三、清代历任藏王、摄政一览表

藏王及摄政名	任期时间
索南绕登	明崇祯十五年至清顺治十五年（1642—1658）
成烈嘉措	顺治十七年至康熙七年（1660—1668）
罗桑图多	康熙八年至十四年（1669—1675）
罗桑金巴	康熙十四年至十八年（1675—1679）
桑结嘉措	康熙十八年至四十三年（1679—1704）
隆 素	康熙四十三年至五十五年（1704—1716）
达孜哇	康熙五十六年至五十九年（1717—1720）
康济鼐	康熙六十年至雍正五年（1721—1727）
颇罗鼐	雍正六年至乾隆十二年（1728—1747）
珠尔墨特那木札勒	乾隆十二年至十五年（1747—1750）
七世达赖（兼）	乾隆十六年至二十二年（1751—1757）
德勒嘉措	乾隆二十二年至四十二年（1757—1777）
阿旺楚臣	乾隆四十二年至五十六年（1777—1791）
土登贡布	乾隆五十六年至嘉庆十六年（1791—1811）
晋美嘉措	嘉庆十六年至二十三年（1811—1818）
绛贝楚臣	嘉庆二十四年至道光二十四年（1819—1844）
七世班禅（兼）	道光二十四年至二十六年（1844—1846）
楚臣坚赞	道光二十六年至同治元年（1846—1862）
旺曲加布	同治元年至三年（1862—1864）
钦绕旺曲	同治三年至十二年（1864—1873）
十二世达赖（兼）	同治十二年至光绪元年（1873—1875）
阿旺班朱曲吉坚赞	光绪元年至十二年（1875—1886）
成烈绕结	光绪十二年至二十一年（1886—1895）
十三世达赖（兼）	光绪二十一年至三十年（1895—1904）
罗桑坚赞	光绪三十年至宣统元年（1904—1909）
十三世达赖（兼）	宣统元年至二年（1909—1910）
策 林	宣统二年至民国二十二年（1910—1933）

注：二、三表资料源于《达赖喇嘛传》（牙含章编著）《班禅额尔德尼传》（牙含章编著）《清实录藏族史料》（十）等。

四、清代驻藏大臣一览表

姓名	职衔	驻藏时间
赫寿	管理藏务	康熙四十八年一月二十七至四十九年三月十三（1709.3.8—1710.4.11）
延信	都统	康熙五十九年一月三十至六十年四月三十（1720.3.8—1721.5.25）
策旺诺尔布	公	康熙五十九年一月三十至六十年九月初六（1720.3.8—1721.10.26）
阿琳宝	副都统	康熙五十九年一月三十至雍正元年三月初五（1720.3.8—1723.4.9）
阿宝	额驸	康熙五十九年一月三十至雍正元年三月初五（1720.3.8—1723.4.9）
常授	侍读学士	康熙五十九年一月三十至雍正元年三月初五（1720.3.8—1723.4.9）
马见伯	提督	康熙五十九年一月三十至雍正元年三月初五（1720.3.8—1723.4.9）
马麟	总兵官	康熙五十九年一月三十至雍正元年三月初五（1720.3.8—1723.4.9）
武格	都统	康熙六十年三月二十八至雍正元年三月初五（1721.4.24—1723.4.9）
吴纳哈	副都统	康熙六十年三月二十八至雍正元年三月初五（1721.4.24—1723.4.9）
噶尔弼	总督	康熙六十年四月三十至六十年九月初六（1721.5.25—1721.10.26）
策旺诺尔布	公	康熙六十年九月初六至雍正元年三月初五（1721.10.26—1723.4.9）
鄂赖	礼部侍郎	雍正元年三月二十至二年三月十三（1723.4.24—1724.4.6）
鄂齐	大臣	雍正三年十一月初一至五年一月三十（1725.12.5—1727.2.20）
班第	大臣	雍正三年十一月初一至五年一月三十（1725.12.5—1727.2.20）
玛喇	副都统	雍正五年一月三十至六年十一月二十三（1727.2.20—1728.12.23）
僧格	总理藏务	雍正五年一月三十至十一年一月初六（1727.2.20—1733.2.19）
周瑛	驻扎大臣	雍正六年十一月二十三至七年六月初八（1728.12.23—1729.7.3）
迈禄	驻扎大臣	雍正六年十一月二十三至七年六月初八（1728.12.23—1729.7.3）
	协理藏务	雍正七年六月初八至十年四月初五（1729.7.3—1732.4.29）
包进忠	协理藏务	雍正七年六月初八至十年六月初九（1729.7.3—1732.7.30）
李柱	协理藏务	雍正十年四月初五至十一年一月初六（1732.4.29—1733.2.19）
玛喇	总理藏务	雍正七年六月初八至九年二月十六（1729.7.3—1731.3.23）
苗寿	总理藏务	雍正九年二月十六至十二年二月二十八（1731.3.23—1734.4.1）

附表

续表

姓名	职衔	驻藏时间
青保	总理藏务	雍正九年二月十六至十二年二月二十八（1731.3.23—1734.4.1）
玛喇	协理藏务	雍正十一年一月初六至三月初一（1733.2.19—1733.4.14）
	总理藏务	雍正十一年三月初一至乾隆元年八月（1733.4.14—1736.9）
阿尔逊	散秩大臣	雍正十二年二月二十八至八月（1734.4.1—1734.9）
那苏泰	副都统	雍正十二年二月二十八至乾隆二年闰九月初一（1734.4.1—1737.10.24）
杭奕禄	侍郎	乾隆元年四月二十二至三年九月初五（1736.6.1—1738.10.17）
周起凤	总兵官	乾隆二年闰九月初一至四年五月二十四（1737.10.24—1739.6.29）
纪山	副都统	乾隆三年九月初五至六年九月二十九（1738.10.17—1741.11.7）
索拜	副都统	乾隆六年初九月二十九至九年六月初七（1741.11.7—1744.7.16）
傅清	副都统	乾隆九年六月初七至十三年三月十九（1744.7.16—1748.4.16）
索拜	协办	乾隆十二年三月十六至十三年九月十五（1747.4.25—1748.11.5）
拉布敦	副都统	乾隆十三年四月初七至十四年二月十八（1748.5.3—1749.4.4）
纪山	办事大臣	乾隆十四年二月十八至十四年十二月二十八（1749.4.4—1750.2.4）
傅清	办事大臣	乾隆十四年十月二十一至十五年十月十三（1749.11.30—1750.11.12）
拉布敦	侍郎	乾隆十四年十二月二十八至十五年十月十三（1750.2.4—1750.11.12）
同宁	侍郎	乾隆十五年四月初五至十五年四月二十六（1750.5.10—1750.5.31）

续表

姓名	职衔	驻藏时间
班第	副都统	乾隆十五年四月二十六至十六年十二月十二（1750.5.31—1752.1.27）
那穆札勒	侍郎	乾隆十五年十一月十五至十七年五月二十八（1750.12.13—1752.7.9）
多尔济	副都统	乾隆十六年十二月十二至十九年四月初六（1752.1.27—1754.4.27）
舒泰	副都统	乾隆十七年五月二十八至二十一年六月（1752.7.9—1756.5）
兆惠	侍郎	乾隆十八年二月二十一至二十年（1753.3.25—1755）
萨剌善	副都统	乾隆十九年四月初六至二十二年五月二十五（1754.4.27—1757.7.10）
伍弥泰	将军	乾隆二十年十二月至二十四年四月二十五（1756.1—1759.5.21）
官保	副都统	乾隆二十二年五月二十五至二十六年一月二十三（1757.7.10—1761.2.27）
集福	副都统	乾隆二十四年四月二十五至二十六年九月二十五（1759.5.21—1761.10.22）
辅鼐	办事大臣	乾隆二十六年一月二十三至二十九年一月初六（1761.2.27—1764.3.7）
傅景	办事大臣	乾隆二十六年九月二十五至二十九年十一月初四（1761.10.22—1764.11.26）
阿敏尔图	办事大臣	乾隆二十九年一月初六至三十一年四月初二（1764.3.7—1766.5.20）
玛瑞	都统	乾隆三十年九月至三十一年十二月初五（1765.10—1767.1.5）
官保	办事大臣	乾隆三十一年四月十二至三十二年七月二十九（1766.5.20—1767.8.21）
托云	副都统	乾隆三十一年十二月初五至三十四年七月二十五（1767.1.5—1769.8.26）

续表

姓名	职衔	驻藏时间
莽古赉	办事大臣	乾隆三十二年七月二十九至三十八年十一月十七（1767.8.21—1773.12.30）
常在	副都统	乾隆三十四年七月二十五至三十六年三月十二（1769.8.26—1771.4.26）
索琳		乾隆三十六年三月十二至三十八年一月二十一（1771.4.26—1773.2.12）
恒秀	副都统	乾隆三十八年一月二十一至四十二年三月（1773.2.12—1777.4）
伍弥泰	办事大臣	乾隆三十八年十一月十七至四十年十月初五（1773.12.30—1775.10.28）
留保住	副都统	乾隆四十年十月初五至四十四年一月初六（1775.10.28—1779.2.21）
恒瑞	副都统	乾隆四十二年三月至四十五年十一月初九（1777.4—1780.12.4）
索琳	副都统	乾隆四十四年一月初六至四十五年一月初三（1779.2.21—1780.2.7）
保泰	协办	乾隆四十五年一月初三至四十八年二月十四（1780.2.7—1783.3.16）
博清额	统帅办理	乾隆四十五年十一月初九至四十九年十一月二十九（1780.12.14—1785.1.9）
留保住	办事大臣	乾隆四十九年十一月二十九至五十一年八月十九（1785.1.9—1786.10.10）
庆麟	帮办	乾隆四十八年二月十四至五十一年八月十九（1783.3.16—1786.10.10）
	领办事件	乾隆五十一年八月十九至五十三年十月十四（1786.10.10—1788.11.11）

续表

姓名	职衔	驻藏时间
佛智	办事大臣	乾隆五十三年八月二十二至五十四年二月十八（1788.9.21—1789.3.14）
雅满泰	协办	乾隆五十一年八月十九至五十三年十二月初四（1786.10.10—1788.12.30）
舒濂	钦差大臣	乾隆五十三年十月十四至五十五年五月十八（1788.11.11—1790.6.30）
巴忠	驻藏大臣	乾隆五十三年十二月初四至五十三年十二月二十六（1788.12.30—1789.1.12）
普福	协办	乾隆五十三年十二月二十六至五十五年五月十八（1789.1.21—1790.6.30）
	办事大臣	乾隆五十五年五月十八至五十五年七月初一（1790.6.30—1790.8.10）
雅满泰	帮办	乾隆五十五年五月二十一至五十六年九月二十（1790.7.3—1791.10.17）
保泰	办事大臣	乾隆五十五年八月十八至五十六年九月二十（1790.9.26—1791.10.17）
奎林	办事大臣	乾隆五十六年九月二十至五十六年十一月初十（1791.10.17—1791.12.5）
舒濂	帮办	乾隆五十六年九月二十至五十六年十二月（1791.10.17—1792.1）
鄂辉	办事大臣	乾隆五十六年十一月十至五十七年十月二十一（1791.12.5—1792.12.4）
额勒登保	帮办	乾隆五十七年一月十六至五十七年十一月初四（1792.2.8—1792.12.17）
成德	帮办	乾隆五十七年十一月十七至五十八年十一月初五（1792.12.30—1793.12.7）

续表

姓名	职衔	驻藏时间
和琳	办事大臣	乾隆五十七年二月三十至五十九年七月十九（1792.3.22—1794.8.14）
和宁	帮办	乾隆五十八年十一月五至嘉庆五年一月二十四（1793.12.7—1800.2.17）
	办事大臣	嘉庆五年一月二十四至六年一月（1800.2.17—1801.2）
松筠	办事大臣	乾隆五十九年七月十九至嘉庆四年一月二十一（1794.8.14—1799.2.25）
英善	办事大臣	嘉庆四年一月二十一至五年一月二十四（1799.2.25—1800.2.17）
福宁	帮办	嘉庆六年四月十七至八年十一月初十（1801.5.29—1803.12.23）
	办事大臣	嘉庆八年十一月初十至九年十月十九（1803.12.23—1804.11.20）
英善	办事大臣	嘉庆六年一月至八年十一月初十（1801.2—1803.12.23）
成林	帮办	嘉庆八年十一月初十至十年十月十三（1803.12.23—1805.12.3）
策拔克	办事大臣	嘉庆九年十月十九至十年十月初五（1804.11.20—1805.11.25）
玉宁	办事大臣	嘉庆十年十月十三至十三年十月十三（1805.12.3—1808.11.30）
文弼	帮办	嘉庆十年十月初五至十三年十月十三（1805.11.25—1808.11.30）
	办事大臣	嘉庆十三年十月十三至十六年二月初四（1808.11.30—1811.2.26）
隆福	帮办	嘉庆十三年十月十三至十四年六月初五（1808.11.30—1809.7.17）
阳春保	帮办	嘉庆十四年六月初五至十六年二月初四（1809.7.17—1811.2.26）

续表

姓名	职衔	驻藏时间
	办事大臣	嘉庆十六年二月初四至十七年三月十八（1811.2.26—1812.4.28）
庆惠	帮办	嘉庆十六年二月初四至十七年三月十八（1811.2.26—1812.4.28）
瑚图礼	办事大臣	嘉庆十六年十月三十至十八年八月十八（1811.12.15—1813.9.12）
丰绅	帮办	嘉庆十七年三月十九至十七年四月十四（1812.4.19—1812.5.24）
祥保	帮办	嘉庆十七年四月十四至十九年闰二月初六（1812.5.24—1814.3.27）
喜明	帮办	嘉庆十九年二月二十一至十九年闰二月初六（1814.3.12—1814.3.27）
	办事大臣	嘉庆十九年闰二月初六至二十二年五月十八（1814.3.27—1817.7.2）
赛冲阿	钦差将军	嘉庆二十一年一月二十三至二十一年九月二十一（1816.2.20—1816.11.10）
珂什克	帮办	嘉庆十九年闰二月初六至二十四年十一月初八（1814.3.27—1819.12.24）
玉麟	办事大臣	嘉庆二十二年五月十八至二十五年十月初五（1817.7.2—1820.11.10）
灵海	帮办	嘉庆二十四年十一月初八至道光元年十月初七（1819.12.24—1821.11.1）
文干	办事大臣	嘉庆二十五年十月初五至道光三年七月十六（1820.11.10—1823.8.21）
那丹珠	帮办	道光元年十月初七至十月初八（1821.11.1—1821.11.2）
保昌	帮办	道光元年十月初八至五年十月二十一（1821.11.2—1825.11.30）
松廷	办事大臣	道光三年七月十六至七年一月二十七（1823.8.21—1827.2.22）

续表

姓名	职衔	驻藏时间
敦良	帮办	道光五年十月二十一至五年十二月二十四（1825.11.30—1826.1.31）
广庆	帮办	道光五年十二月二十四至八年十月十六（1826.1.31—1828.11.22）
惠显	办事大臣	道光七年三月二十八至十年七月二十二（1827.4.23—1830.9.8）
盛泰	帮办	道光八年十月十六至十年闰四月十五（1828.11.22—1830.6.5）
兴科	帮办	道光十年闰四月十五至十年十月十九（1830.6.5—1830.12.3）
隆文	办事大臣	道光十年十月十九至十三年一月初七（1830.12.3—1833.2.26）
隆文	帮办	道光十年十月十九至十三年一月初七（1830.12.3—1833.3.26）
徐锟	办事大臣	道光十三年一月初七至十四年八月二十一（1833.2.26—1834.9.23）
徐锟	帮办	道光十三年一月初七至十四年八月二十二（1833.2.26—1834.9.24）
文蔚	办事大臣	道光十四年八月二十二至十五年十二月二十（1834.9.24—1836.2.9）
嵩濂	帮办	道光十四年八月二十二至十四年九月初七（1834.9.24—1834.10.9）
那当阿	帮办	道光十四年九月初七至十四年十月初六（1834.10.9—1834.11.6）
庆禄	帮办	道光十四年十月初六至十五年十二月二十（1834.11.6—1836.2.6）
鄂顺安	办事大臣	道光十五年十二月二十至十六年八月初五（1836.2.9—1836.9.5）
鄂顺安	帮办	道光十五年十二月二十一至十七年九月二十三（1836.2.7—1837.10.22）
关圣保	办事大臣	道光十六年八月初五至十九年十月二十九（1836.9.15—1839.12.4）
讷尔经额	帮办	道光十七年九月二十三至十八年十月二十二（1837.10.22—1838.12.8）

续表

姓名	职衔	驻藏时间
孟保	帮办	道光十八年十月二十二至十九年十月二十九（1838.12.8—1839.12.4）
	办事大臣	道光十九年十月二十九至二十二年十一月初三（1839.12.4—1842.12.4）
海濮	帮办	道光十九年十月二十九至二十二年十一月初三（1839.12.4—1842.12.4）
	办事大臣	道光二十二年十一月初三至二十三年三月二十三（1842.12.4—1843.4.22）
讷勒亨额	帮办	道光二十二年十一月初三至二十二年十一月初七（1842.12.4—1842.12.8）
钟方	帮办	道光二十二年十一月初七至二十四年五月二十四（1842.12.8—1844.7.9）
孟保	办事大臣	道光二十三年三月二十三至二十三年十月十一（1843.4.22—1843.12.2）
琦善	办事大臣	道光二十三年十月十一至二十六年十二月十九（1843.12.2—1847.2.4）
瑞元	帮办	道光二十四年五月二十四至二十六年四月二十五（1844.7.9—1846.5.29）
斌良	办事大臣	道光二十六年十二月十九至二十八年一月十四（1847.2.4—1848.2.18）
文康	帮办	道光二十六年四月二十五至二十六年六月十一（1846.5.20—1846.8.2）
穆腾额	帮办	道光二十六年六月十一至二十八年一月十四（1846.8.2—1848.2.18）
	办事大臣	道光二十八年一月十四至咸丰二年六月二十三（1848.2.18—1852.8.8）

附表

205

续表

姓名	职衔	驻藏时间
崇恩	帮办	道光二十八年一月十四至二十八年十二月十五（1848.2.18—1849.1.19）
鄂顺安	帮办	道光二十八年十二月二十五至咸丰元年三月初二（1849.1.19—1851.4.3）
额勒亨额	帮办	咸丰元年三月初二至二年二月二十五（1851.4.3—1852.4.14）
海枚	办事大臣	咸丰二年六月二十三至三年二月二十三（1852.8.8—1853.4.30）
宝清	帮办	咸丰二年二月二十五至三年一月二十（1852.4.14—1853.2.27）
文蔚	办事大臣	咸丰三年三月二十三至三年五月十四（1853.4.30—1853.6.20）
谆龄	帮办	咸丰二年九月初六至四年十月初十（1852.10.18—1854.11.9）
赫特贺	办事大臣	咸丰三年五月十四至七年闰五月十五（1853.6.20—1857.7.6）
毓检	帮办	咸丰四年十月初十至五年一月（1854.11.9—1855.2）
满庆	帮办	咸丰五年一月十一至七年闰五月十五（1855.2.27—1857.7.6）
	办事大臣	咸丰七年闰五月十五至同治元年五月初八（1857.7.6—1862.6.4）
安成	帮办	咸丰七年闰五月十五至七年七月十六（1857.7.6—1857.9.4）
恩庆	帮办	咸丰七年七月十六至同治元年五月初八（1857.9.4—1862.6.4）
崇实	办事大臣	咸丰九年十月二十六至十年七月十五（1859.11.20—1860.8.31）
景纹	办事大臣	咸丰十一年七月二十二至同治八年二月初九（1861.8.27—1869.3.21）
瑞昌	帮办	同治五年二月初七至六年三月二十五（1866.3.23—1867.4.29）
恩麟	帮办	同治六年三月二十五至七年六月十七（1867.4.29—1868.8.5）
	办事大臣	同治七年六月十七至十一年七月十六（1868.8.5—1872.8.19）
德泰	帮办	同治七年六月十七至十一年十二月十三（1868.8.5—1873.1.11）
承继	办事大臣	同治十一年七月十七至十三年九月初三（1872.8.20—1874.10.12）
希凯	帮办	同治十一年十二月十四至光绪二年四月十三（1873.1.12—1876.5.6）

续表

附表

姓名	职衔	驻藏时间
松溎	办事大臣	同治十三年九月初三至光绪五年十一月初一（1874.10.12—1879.12.13）
桂丰	帮办	光绪二年四月十三至四年十月十一（1876.5.6—1878.11.5）
锡缜	帮办	光绪四年十月十一至五年二月二十七（1878.11.5—1879.3.19）
色楞额	帮办	光绪五年二月二十八至五年十一月初一（1879.3.20—1879.12.13）
	办事大臣	光绪五年十一月初一至十一年十一月二十二（1879.12.13—1885.12.27）
维庆	帮办	光绪五年十一月初一至八年一月初十（1879.12.13—1882.2.27）
鄂礼	帮办	光绪八年一月初十至八年三月二十四（1882.2.27—1882.5.11）
崇纲	帮办	光绪八年三月二十四至十二年五月初五（1882.5.11—1886.6.6）
文硕	办事大臣	光绪十一年十一月二十二至十四年一月二十一（1885.12.27—1888.3.3）
尚贤	帮办	光绪十二年五月初八至十二年十月二十（1886.6.9—1886.11.15）
升泰	帮办	光绪十二年十月二十至十六年五月初八（1886.11.15—1890.6.24）
	办事大臣	光绪十六年五月初八至十八年八月十一（1890.6.24—1892.10.1）
长庚	办事大臣	光绪十四年一月二十一至十六年五月初七（1888.3.3—1890.6.23）
绍缄	帮办	光绪十六年五月初八至十七年二月十二（1890.6.24—1891.3.21）
奎焕	帮办	光绪十七年二月十二至十八年九月十九（1891.3.21—1892.11.8）
	办事大臣	光绪十八年九月十九至二十二年二月初七（1892.11.8—1896.3.20）
延茂	帮办	光绪十八年九月十九至二十年四月二十二（1892.11.8—1894.5.26）
讷钦	帮办	光绪二十年五月十二至二十四年七月二十一（1894.6.15—1898.9.6）

207

续表

姓名	职衔	驻藏时间
文海	办事大臣	光绪二十二年二月初十至二十六年三月初八（1896.3.23—1900.4.7）
裕纲	帮办	光绪二十四年七月二十三至二十六年九月初六（1898.9.8—1900.10.28）
	办事大臣	光绪二十六年九月初六至二十八年十一月初三（1900.10.28—1902.12.2）
庆善	办事大臣	光绪二十六年三月十二至二十六年九月初六（1900.4.11—1900.10.28）
安成	帮办	光绪二十六年九月初七至二十八年十一月二十六（1900.10.29—1902.12.25）
有泰	办事大臣	光绪二十八年十一月初三至三十二年十月二十（1902.12.2—1906.12.5）
讷钦	帮办	光绪二十八年十一月二十六至二十九年一月十八（1902.12.25—1903.2.15）
桂霖	帮办	光绪二十九年一月二十五至三十年四月初七（1903.?.??—1904.5.21）
凤全	帮办	光绪三十年四月初七至三十一年三月初一（1904.5.21—1905.4.5）
联豫	帮办	光绪三十一年三月十九至三十二年十月二十（1905.4.23—1906.12.5）
	办事大臣	光绪三十二年十月二十至宣统三年十二月（1906.12.5—1912.2）
张荫棠	帮办	光绪三十二年十月二十至三十二年十月三十（1906.12.5—1906.12.15）
赵尔丰	办事大臣	光绪三十四年二月初四至宣统三年三月二十三（1908.3.6—1911.4.21）
温宗尧	帮办	光绪三十四年六月二十五至宣统二年一月十七（1908.7.23—1910.2.26）

续表

姓名	职衔	驻藏时间
罗长裿	左参赞	宣统三年三月初四至三年九月（1911.4.2—1911.10）
钱锡宝	右参赞	宣统三年三月初四至三年九月（1911.4.2—1911.10）
钟颖	代理	宣统三年十一月二十六至三年十二月二十六（1912.1.14—1912.2.14）

注：上表主要参考《清朝驻藏大臣大事记》（贺文宣编著）《清朝驻藏大臣制度的建立与沿革》（吴丰培、曾国庆著）。

参 考 文 献

1. （清）昆冈等续修：《清会典》，中华书局影印本1991年版。

2. （清）赛尚阿等：《理藩院则例》（51卷），清刻本。

3. （清）魏源：《圣武记》，中华书局1984年版。

4. 《清太祖武皇帝实录》，载《清入关前史料选辑》第一集，中国人民大学出版社1984年版。

5. 陈燮章等辑：《清史稿辑录》，《藏族史料集》之四，四川民族出版社1993年版。

6. 丹珠昂奔：《历辈达赖喇嘛与班禅额尔德尼年谱》，中央民族大学出版社1998年版。

7. 邓锐龄：《元明两代中央与西藏地方的关系》，中国藏学出版社1989年版。

8. 东嘎·洛桑赤列：《论西藏政教合一制度》，唐景福译，甘肃民族出版社1984年版。

9. 格勒：《论西藏文化的起源、形成与周围民族的关系》，中山大学出版社1988年版。

10. 顾祖成：《清实录藏族史料》（1—10），西藏人民出版社1982年版。

11. 贺文宣：《清朝驻藏大臣大事记》，中国藏学出版社1993年版。

12. 胡起望：《〈十三世达赖喇嘛北京行记〉题记》，载《庆祝王锺翰先生八十寿辰学术论文集》，辽宁大学出版社1993年版。

13. 黄奋生：《藏族史略》，民族出版社1985年版。

14. 黄玉生等：《西藏地方与中央政府关系史》，西藏人民出版社1995年版。

15. 嘉木央·久麦旺波：《六世班禅洛桑巴丹益希传》，西藏人民出版社1990年版。

16. 李朋年等：《清代中央国家机关概述》，黑龙江人民出版社1983年版。

17. 李燕光、关捷：《满族通史》，辽宁民族出版社1991年版。

18. 土观·洛桑却吉尼玛：《章嘉国师若必多吉传》，民族出版社1988年版。

19. 王辅仁：《西藏佛教史略》，青海人民出版社1982年版。

20. 王辅仁、陈庆英：《蒙藏民族关系史略》，中国社会科学出版社 1985 年版。

21. 王森：《西藏佛教发展史略》，中国社会科学出版社 1987 年版。

22. 吴丰培、曾国庆：《清朝驻藏大臣制度的建立与沿革》，中国藏学出版社 1989 年版。

23. 吴丰培、曾国庆：《清代驻藏大臣传略》，西藏人民出版社 1988 年版。

24. 吴丰培辑：《清代藏事辑要》（续编），西藏人民出版社 1984 年版。

25. 吴丰培校订：《番僧源流考》，西藏人民出版社 1982 年版。

26. 吴丰培整理：《西藏志》，松筠：《卫藏通志》，西藏人民出版社 1982 年版。

27. 吴健礼：《西藏经济概述》，中国藏学出版社 1995 年版。

28. 肖怀远：《西藏地方货币史》，民族出版社 1987 年版。

29. 谢启晃、李双剑、丹珠昂奔：《藏族传统文化辞典》，甘肃人民出版社 1993 年版。

30. 牙含章：《班禅额尔德尼传》，西藏人民出版社 1987 年版。

31. 牙含章：《达赖喇嘛传》，人民出版社 1984 年版。

32. 杨公素：《中国反对外国侵略干涉西藏地方斗争史》，中国藏学出版社 1992 年版。

33. 张其勤：《西藏宗教源流考》，西藏人民出版社 1982 年版。

34. 张其勤原稿，吴丰培增辑：《清代藏事辑要》，西藏人民出版社 1983 年版。

35. 张天路：《西藏人口的变迁》，中国藏学出版社 1989 年版。

36. 张羽新：《清政府与喇嘛教》（附：清代喇嘛教碑刻录），西藏人民出版社 1988 年版。

37. 中国第一历史档案馆：《清初内国史院满文档案译编》（上、中、下），光明日报出版社 1989 年版。

38. 中国第一历史档案馆、中国藏学中心：《元以来西藏地方与中央政府关系档案史料汇编》，中国藏学出版社 1993 年版。

39. 中国第一历史档案馆、中国社会科学院历史研究所译注：《满文老档》，中华书局 1990 年版。

40. 庄吉发：《清高宗十全武功研究》，中华书局 1987 年版。

后　记

我不是研究藏学的。我的研究领域主要在满学和中国少数民族文化。但在从事满学研究过程中，发现清代满族文化与藏族文化有着千丝万缕的联系。后金时期，努尔哈赤、皇太极对佛教的支持；清初，顺治、康熙皇帝对达赖、班禅的册封；康乾盛世，承德避暑山庄、外八庙的修建，满文本《大藏经》的翻译；清代近三百年间，达赖、班禅与中央王朝的亲密关系以及几位达赖、班禅的承德、北京之行；清代满族服饰对藏族服饰的影响等，让你不得不去思考"清王朝与西藏的关系问题""清代满族文化与藏族文化的关系问题"。经过几年的努力，又经过诸位师长的点拨，终于写出了这本拙作，算是一点学习心得吧。希望诸位满学专家、藏学专家批评指正。

本书从满学与藏学相结合的角度，去论述清王朝与西藏地方的关系问题，其清代满族文化与藏族文化关系问题待以后专论。

最后，感谢我国著名清史专家、满学家王锺翰教授为本书作序，感谢著名藏学家审阅了书稿，并提出宝贵意见。

赵志忠
1998年9月于京西糊涂斋